仇英　松陰琴阮　國立故宮博物院藏

仇英　東林圖　局部　國立故宮博物院藏

文徵明　仿趙伯驌後赤壁賦圖　局部　國立故宮博物院藏

文徵明　長松平皐　國立故宮博物院藏

文徵明　古木寒泉　國立故宮博物院藏

仇英　仙山樓閣　國立故宮博物院藏

明四家傳

（四）

沈周
文徵明
唐寅
仇英

王家誠 著

目次（四）

第七十七章　袁安臥雪圖

「惟庚寅吾以降」，係文徵明鈐在書畫上的朱文印章，語出屈原「離騷經」：「攝提貞於孟陬兮，惟庚寅吾以降」。文徵明和唐伯虎同生於成化六年，歲在「庚寅」。「惟庚寅吾以降」，可能刻於嘉靖九年，在文徵明生命里程上，屬於周甲之慶；遺憾的是同庚至友唐伯虎早歸道山，未能和他一同邁進耳順老境，享含飴弄孫之樂。

不過，這方閒章，竟意想不到的惹出一些笑話：

傳說有位不文的官吏調職蘇州，甫一下馬便到處打聽蘇州書畫家中，以誰爲最？有人以「文徵明」對。

文徵明既然高高在上，然則文氏心中是否還有尊崇效法的對象？成了這位上任新官的另一個疑問。當有人告訴他文徵明最敬重的無過於「唐寅」時，乃恍然大悟道：

「怪不得的，文徵明書畫上蓋著『惟唐寅吾以降』的印章。」原來此公誤把章中的「庚寅」二字，認成「唐寅」，一時聞者，無不爲之絕倒。

此外，也有人指問話的並非上任新官，乃是外地縉紳和一位蘇州旅客的對話；類似傳說，不一而足，使文徵明啼笑皆非。

十年五月，王寵辭別停雲館，赴南京國子監後，文徵明的心靈，愈感岑寂，有時與王寵之子，伯虎子婿太學生王陽（龍岡）閒談伯虎的往事。伯虎、都穆雖然均已物故，但言及唐伯虎的含冤受謗，抑鬱而終，一向不論人過的文徵明，心中也不免激動，詞色俱厲地告訴王陽：

「人但知穆爲文人，不知媢嫉反覆若此。」（註一）

文徵明因懷念故友所興起的情緒波動，可能和袁袠編輯〔唐伯虎集〕接近完成，到處搜集伯虎遺作，訪求當日史實，以便付梓作序有關。對唐伯虎瞭解最深刻的莫如文徵明，對其獎掖、協助不遺餘力的，也無過於文林和文徵明父子，因此，袁袠的編輯任務，請益於文徵明，也就在所難免。憶述往事，固然使他惆悵，但見到英姿煥發的王陽，心中就會感到一絲安慰；王陽與伯虎獨女婚後，已育有一子，這不僅是王氏宗祧所賴，也是唐門骨肉，他不禁爲王寵和伯虎兩位生死知交，暗自稱慶。

不過，王寵南京之游，並未停留太久，依文徵明的說法，他那羸弱的身體，在勉強支持下，總算卒業太學，並參加了嘉靖十年的中秋鄉試；只是再一次帶著失望和滿身的倦憊，鎩羽而歸。自正德五年始，王寵八試八斥；依他身體的狀況，似乎不得不結束三年一度的鎖院生涯。

其年十月六日，文徵明邀王守兄弟及陳淳泛舟太湖，憩息於洞庭西山蔡羽的天桂樓，多少帶有爲王寵接風洗塵和安慰其場屋失意的意味。而蔡氏所珍藏的趙孟頫行書「樂志論」書畫合璧，更予王寵、陳淳兩位處士以極大的啓發。

高平（幹）的「樂志論」的主張是：「凡遊帝王者，欲以立身揚名耳；然名不長存，人生易滅，思卜居清曠，以樂其志。」（註二）

而這種「卜居清曠」之樂也就是有良田美池、背山臨流、果木豐盛的田園之樂。其目的不外乎風景幽美，可以怡神悅目。有舟車可以代步，有僕婢以供使令，則自己和妻孥都可免於勞苦。珍饈既能養親，酒肴亦足以歡娛佳賓。在精神生活方面，「樂志論」以爲：

「……思老氏之元虛，呼吸精和，求至人之髣髴。與達者數子，論道講書，俯仰二儀，錯綜人物。彈南風之雅操，發清商之妙曲。消搖一世之上，睥睨天地之間，不受當時之責，永保性命之期；如此則可以陵霄漢，出宇宙之外矣，豈羨夫入帝王之門哉。」（同註二）

趙孟頫筆下的「樂志論」圖，則以細緻的筆法，繁複的風景人物構圖，充份繪寫出隱士高平文中的高蹈境界。蔡羽出示此圖，不知是有意抑無意，卻使王寵和陳淳感到他們的越溪莊、陳湖農舍，以及所過的生活方式，豈不正是古人求之於夢寐的境界？披圖誦文之餘，飽受科名挫折的心靈，不覺爲之開闊。文徵明是趙孟頫書畫的崇拜者，見之，如睹至寶，遂提筆跋於卷後：

「……余生平見魏公片楮，輒欲下拜。此卷精妙絕倫，以己意兼古法，行筆設色，俱非人工可到。昔人評之云，上下五百年，縱橫一萬里，信非虛語耳。堪與『江山雪霽』、『寒江獨釣』二卷，鼎足而三。……」（同註二）

比之「樂志論」圖中的景物，乃至王寵的越溪莊、陳淳的陳湖農舍，則停雲館、玉磬山房的狹隘簡陋無異於小巫見大巫。因此，文徵明飽覽趙氏書畫雙璧，神情朗快之餘，更把精神寄托於王獻臣的拙政園上。規劃已久的拙政園圖和詩冊，在腦海中呼之欲出。此外，嘉靖七年冬為王寵畫的「關山積雪圖」，也該加緊潤飾，以慰好友病中寂寞。

△　△　△　△

從書畫著錄和流傳下來的作品來看，嘉靖「庚寅」歲後，不僅步入花甲之年的文徵明，書畫創作進入新的高峰，精心鉅製頻頻完成，其藝業上的夥伴仇英，也靈思湧現，屢有佳蹟。

仇英作品，向少年款，往往只能從其好友名流的題跋中，推測大約的創作年代；這是一種令人無可奈何的歷史迷障。

嘉靖九年（庚寅）四月既望，文徵明以字逕寸許的行草書，寫「桃花源記」，並錄七古、五古各一首。其後為好事者，與仇英「桃源圖」，合裝成卷（註三），使兩位巨匠的詩文書畫互相輝映。仇氏青綠設色的絹本桃源圖，長逾丈六。清溪白鷺，碧草如茵。在凌霄喬松和夾岸桃花的掩映下，使人不禁生出世外之想。在泊置的漁舟，釣竿和崇山複嶺的另一面，平疇茅屋、古柏、桃林……仇英自自然然地把觀者帶進雞犬之聲相聞，村婦攜童、耕牛引犢，男女衣著不同於時的古昔而寧謐的世界。

同年，當袁袠倩文徵明補繪「江南春圖」並和詩時，雖不善詠，但卻能深深體會倪雲林詩中三昧的仇英，也同時應邀，以生動而深邃的畫意，來傳達倪雲林的詩情。由之可見，出身寒微的仇氏，經過周臣的教導、唐伯虎和文徵明的提攜，以及不斷努力鑽研畫藝、受千古名蹟的涵泳，早非吳下阿蒙；其人品、造詣，以及筆墨間的書卷氣，不但逐漸見重於士林，在藝術國度裡，且可與望重一時的文徵明相頡頏。尤其在老畫師周臣生命之火搖搖欲滅的嘉靖十年左右，仇英已成爲周氏僅有的衣鉢傳人，愈發增加了其在蘇州畫壇的重要性。如果說白手起家的畫師仇英，心中仍有甚麼遺憾的話，則是其孫仇世祥（玉洲），雖然像女兒仇珠一樣能傳家學，但卻是一個聾子。「仇聾子」，反而掩蓋了他的眞名，聽在仇英耳中，心中不覺有些悵然。

嘉靖十年，另一件文仇書畫合璧問世。十月八日，也就是文徵明和陳淳、王守兄弟同客蔡羽天桂樓，跋趙孟頫「樂志論」的後兩日，文徵明完成爲仇英所作「孝經圖」十八幅（註四）寫經的工作。仇英這件絹本設色畫，係每章一圖，文徵明則以小楷，書經圖下。仇英款署：「仇英臨李如璋筆。」類此仇畫文書的孝經，十五載後的嘉靖廿五年，也有一卷（註五）。惟據卷後文跋，是卷所臨爲宋朝山東畫師王端（子正）手筆。王端以寫眞宗御容名著一時，勅入圖畫院，王端謙讓不受，止乞國子監書各一部。以此可見，仇英、文徵明臨畫書經之餘，對古賢風骨和經文，也含有一種尊崇服膺的意味。

在仇英的「園居圖」後，有王寵一則跋語：

「此二作余爲王敬止先生題其園居詩也，今倩仇實甫畫史繪爲小卷；敬止暇中出示命書，漫錄於後。時嘉靖壬辰夏四月六日，雅宜山人王寵識。」（註六）

壬辰，是嘉靖十一年，從王寵園居圖跋，可知是其賦詩在先，仇英補圖於後，王獻臣覽圖欣喜之餘，再請王寵書詩卷尾，成爲詩書畫三絕。

這卷頗富田園馨寧的書畫卷，雖然歷經多少人世滄桑，幸而流傳下來，但卻讓人蒙上一層不得其解的迷惑：

仇英　園居圖

「園居圖」和仇英爲去世未久的錢元抑（東林）所作的「東林圖」（註七）布局設色極相類似；如謂由東林圖稿稍加裁剪、更動而成並不爲過；唯缺乏整幅畫所應有的抑揚頓挫的變化，和那種餘味無窮的韻緻。

東林圖並無年款，卷後有唐伯虎和張靈的題詩。由此推測，當作於唐伯虎和張靈在世之日，錢氏以太學生試吏部入格授官（正德十六年）之前。及至元抑致仕返鄉，則唐、張二氏均已回歸道山。

「抑抑威儀武肅支，鄉吾同舉學吾師，百年舊宅黃茅厚，四座諸生絳幙垂。……」元抑爲武肅王錢繆之後，宏治十一年和唐伯虎同時中式南京。中進士前，一直隱居漕湖從事絳帳授徒的生涯；伯虎題詩，不僅道出錢元抑的身世、兩人的同年關係，也生動地寫出錢氏的氣度、才德，和他所過的隱者生活。

「……撫膺問學錢君富，屈指庚年愧我同，行展經綸佐天子，鶺鴒何日附冥鴻。」依文徵明撰「明故鴻臚寺寺丞致仕錢君墓志銘」，元抑卒於嘉靖九年，享年五十有九；由此上溯，應生於明憲宗成化八年，壬辰。張靈生年，一直缺乏記載，其題東林圖詩中的：「屈指庚年愧我同」，則無意間透露出自己的生年。

從唐、張二氏詩中，既可瞭解彼此交誼中的一些細枝末節，對錢氏氣度和生活情境的描寫，更與畫意互相吻合。

王寵的園居詩，既見於〔雅宜山人集〕，也見於其他著錄。其時王獻臣造園已就，遍請藝壇高手，士林名宿繪圖賦詩，裝點盛事，自在意料之中。仇英既然應邀依詩爲圖，想必參照園中實景，勾勒粉本；揆之情理，絕不可能以舊稿本裁剪應付。其次，東林錢元抑，隱居漕湖，所謂：「舊宅黃茅厚」，自然園林中的舊宅古院，當別具一種幽深沉鬱的氣氛，和新成於城市中的林園，在境界和氣勢上，應有所差異。仇英園居圖，無論比之文徵明嘉靖十二年五月中旬完成的「拙政園圖」三十一景，或歷經無數劫難後，晚清戴熙所描繪的拙政園全圖（註八）都難找到與仇英圖景物相類之處。

此外，細審園居圖，不僅茅屋之上，有明顯的筆誤，連階除軒室的界畫線條，也多由點線連續而成，既不似東林圖線條勁力之均勻流暢，人物衣紋勾劃，也和仇英其他工筆人物頗異其趣。

仇英生平留給人可資考據與憑弔的線索，已然非常有限，加以種種人爲的迷障，其廬山眞面目，也就愈發難以窺見了。

△　△　△　△

自從文徵明返鄉，爲袁鼒六十壽詩畫册補詩，應邀爲袁氏別業「聞德齋」的齋友之後，與袁氏六俊交游日漸頻繁。蘇州城西，除王寵的越來溪莊之外，袁氏的幾處別業，也成了文徵明經常流連雅集之處。無論架上的詩書和古代名畫，屋外的溪流和桃林，都使他心曠神怡，啓發創作的靈思。另一個微妙的變化，就是他對素所崇拜的趙孟頫，學習效法，也日甚一日，說他是「言必文敏」，似乎並不爲過；是否和袁氏豐富的收藏有關？值得玩味。

「竹林深處小亭開，獨鶴徐行啄紫苔；小扇不搖紗帽側，晚涼青鳥忽飛來。」（註

仇英　東林圖（局部）

九）

嘉靖六年，他返鄉未久。六月的停雲館，花木蓊鬱，清風時來，文徵明倦談伏案小憩。醒來誦趙孟頫這首小詩，感覺那種幽靜閒適的生活，很像自己致仕後的情境。人稱王維「詩中有畫，畫中有詩」，仔細咀嚼趙孟頫此詩，也可當之無愧。於是搦管就趙氏詩意衍爲山水軸：

「……惜無摩詰思致，有愧松雪耳。」跋中語雖然是文徵明自謙之辭，但也表現出他對王維和趙孟頫藝術的尊崇。

嘉靖十年冬天，他跋趙孟頫「樂志論書畫合璧」，及爲仇英孝經十八圖書經文不久。一日雪後，袁氏六俊中的袁褎（與之）來訪玉磬山房。袁氏弟兄中，袁褎身長七尺，聲如鉅鐘，才貌極爲出衆。他潛心讀書，不喜歡佛老之術，是位爲人推重的太學生。此外，袁褎的輕財好施也名傳遐邇。七年初夏，王寵向他立據借銀，至期既未見催逼，也未累及作中的文彭；可見他輕財帛重情誼的一般。

寒陰的天氣，站在皚皚白雪中的高大身影，以及臉上那種英爽的氣概，使文徵明聯想到松江朱氏所藏，趙孟頫爲好友袁靜春所作的那幅「汝南高士圖」。（按，汝南高士即指後漢袁安）

袁安微時客居洛陽，衣食往往無以爲繼。雪後，於破屋之中，擁被高臥，而不願求助於人。洛陽令巡行到袁安門前，見柴門緊閉，雪中沒有出入的足跡，恐有不測，遂啓門探視。知道袁安寧可忍受饑寒而不欲干人的賢者行逕，乃舉爲孝廉，累拜楚郡太守，終生守正不移；「袁安臥雪」亦傳爲千古佳話，成爲詩人歌詠、畫家描繪的題材。

憑著原有的記憶，參照眼前袁季子袁褒的器宇，文徵明背臨一幅「袁安臥雪圖」。冰雪深積，蒼松翠柏照映之下，柴扉茅茨中，隱約可見袁生擁被高臥的情狀。木栅外面的衣冠車馬，和流露在人物臉上的關懷神色、啓扉探視前的猶豫，生動地寫出古賢的風範，和守令關心民膜，愛惜賢才的心意。

嘉靖十一年，文徵明從松江朱氏借得趙孟頫原作，和自己背臨的臥雪圖，互相加以對照的結果，文徵明覺得原作筆力簡遠，意境高雅，頗有自愧不如之感。是年冬天十一月十日，袁褒把裝裱完成的臥雪圖，請文徵明過目時，後者於感嘆之餘，爲書小楷「袁安本傳」以歸（註十）。

在畫「臥雪圖」和書「袁安本傳」，長達一整年期間——也就是十一年六月，文徵明另爲袁褒臨了一本趙孟頫的「袁安臥雪圖」軸（註十一）。趙氏此圖，自謂係其生平得意之筆，但，當代平江畫家龔璛（子敬），卻在跋中評：如果能在袁安臥雪的老屋一角，畫上幾葉芭蕉，使蕭然意象中，帶有幾分生意，豈不更加完美！文徵明則採納了龔璛的見解；也可以說是採取了王維和乃師石田老人的遺意，在雪中加繪幾筆敗蕉，成了另一種趣味。此外，他又匠心別運地在摹本中，加上崇山峻嶺、蒼松茂林爲背景，以求顯示出袁安那種孤高拔俗的氣概。於此可見，文徵明於崇古摹古之餘，也力求有所突破。

除一再爲袁褒畫袁安臥雪圖，寫袁安本傳；十一年正月初七，文徵明在北城袁氏別業雅集，風雨中未破的梅萼，成爲他們舉杯吟哦的主題。暮春，芍藥盛放，又在此地爲袁氏寫生。當他避暑東禪寺時，也不忘爲袁袠（紹之）秀才，作設色山水；可見居鄉後的文徵明，和袁氏諸子往來之密切。

「……希哲於古帖，靡所不摹，而又縱橫如意，真書中之聖也。余見而賞之，特為補圖。……」（註十二）十一年二月二十五日，文徵明跋故友祝枝山所書的「蘭亭序」。然而，興至所補的「蘭亭修禊圖」，又是一件深受趙孟頫浸潤之作：

「……偶得趙松雪畫卷，精潤可愛，故行筆設色，一一宗之，不免效顰之誚；安能如晞哲學書，師心匠意，前無古人也。」

爲祝枝山蘭亭序補圖後一個多月，徵明應虞山石門王氏之請，摹趙孟頫「虞山七星檜圖」（註十三）。

對於這幅偃仰蛣屈，絞紐相聯，形相古怪得無法形容的水墨七星檜圖，文徵明揮灑之不足，更以一首七古長詩，爲之詠歌。從六年後，文氏弟子陳淳的跋中，可看出文徵明此際學習趙孟頫的造詣：

「……蓋吾師得意作也，其筆法得松雪公三昧；故染勒秀潤，若出一手。當不易畀人，今君（按，指石門王氏，本卷藏家）乃不煩請謁，遽爾得之，非高標儒雅，有以愜其神情，莫能與也；石門子，其十襲寶藏之。」（同註十三）

△　△　△　△

王寵體質本來衰弱，北上京師、南赴太學、失意場屋的結果，誠如後來袁袠在「雅宜山人集序」中所說的：

「……而山人病矣。」

從他給侶上人朱日宣的詩意，知其所患爲隨季節而時好時壞的「肺氣」：

「肺氣秋來覺漸蘇，此生無恙甘江湖，左手持螯右把酒，仰天擊缶歌烏烏。」——西齋雨坐與日宣三首（其三）（註十四）

王寵養病於越來溪莊，遠離塵囂的煩憂，拋卻困擾他二十餘年的科名夢魘，生活充實而美好。平日，依舊吟詠、書寫、授徒不輟，也許結習難改吧。

當入秋，芙蓉花沿溪盛放時，他滿心著急，很想泛舟持酒，對花朗吟，卻被醫者和家人勸止，唯恐遭受風寒，結果只能讓書僮日摘三朵，生養瓶內，供他欣賞。

「美人縹緲欲凌波，日對三花可奈何；為爾多情更多累，紅粧惱殺病維摩。」——越溪芙蓉盛開病不可風童子日摘三花作供二首（其一）（仝註十四）

病榻岑寂，有時他會寄札湯珍，囑其邀徵明同來，像以前一樣，重整詩社，作數日之歡：

「石湖風景頗佳，蘆荻漁舠，點綴秋色，足下何不拉徵仲丈過我；菱角雞頭可供也。一咲，王寵頓首拜子重社兄。」（註十五）

而此際文徵明正在玉磬山房中，埋首於歷時已近五載之「關山積雪圖」，供王寵病中臥遊。

註一、〔唐伯虎全集〕水牛版頁二四三、二四四「遺事」篇。

二、〔石渠寶笈〕續編册三頁一五六三。

三、〔美術叢書〕册二八，六集五輯〔選學齋書畫寓目記〕卷上頁六四。

四、〔石渠寶笈〕續編册二頁一〇四一。

五、〔仇英作品展圖錄〕圖一七之一～八、黑白圖版頁八三。〔吳派畫九十年展〕圖一五三、參考圖版頁二七四。

六、〔仇英作品展圖錄〕圖一四、黑白圖版頁七五。〔吳派畫九十年展〕圖一二〇、頁三〇九「彩色圖說明」。

七、〔仇英作品展圖錄〕圖一三、黑白圖版頁七三。〔吳派畫九十年展〕圖一五六、頁三一四「圖說」。

八、〔文衡山拙政園詩畫册〕，華正書局版，戴熙補繪園景全圖，附於册後。

九、依〔文徵明與蘇州畫壇〕頁一四〇載，本圖爲香港私人所藏。二玄社版〔虛白齋書畫選〕圖一，或即此圖。

十、見〔墨緣彙觀錄〕頁一七二，台灣商務印書館版。〔辛丑消夏記〕卷五頁三八。

十一、〔江邨消夏記〕頁四二二。

十二、〔石渠寶笈〕續編册四頁二〇六九。

十三、〔文人畫粹編〕册四圖六四、頁一七〇「圖說」。

十四、〔雅宜山人集〕頁三六五。

十五、〔式古堂書畫彙考〕册二頁四三二。

第七十八章　意趣自來

嘉靖十一年重陽，石湖一帶天氣晴和，平靜的湖水，映照著疊疊的山影。文徵明為了安慰王寵病中寂寞，邀同幾位好友，燕集于越溪山莊。

他們像袁氏兄弟一樣，每次前來探病，都自備茗酌肴果，並贈送一些珍貴的藥材或補品；因為山莊生活雖然寧靜幽清，但是也很簡陋。遇到王寵精神好時，可以花下共飲，言笑吟哦，彷彿重新回到在石湖草堂的歲月。

文徵明記得春天攜十三歲長孫文肇祉來時，桑蔭遍地，僕婢們紛紛忙著蠶事，連莊中所畜的四隻白鶴，也在場院中翔集舞動，似乎和主人因佳賓蒞臨而展顏歡笑互相呼應。肇祉對莊中景象，感到無限驚奇，啼聲初試地賦了一首五律：

「隨翁訪叔度，放棹越溪深，竹徑數椽屋，桑園十畝陰。汲泉頻洗硯，促膝坐鳴琴，高士平生慕，今朝慰夙心。」——侍大父過王二丈王寵越溪莊（註一）

對貧、病和齋居的寂寞，王寵一向很看得開，然而重陽，究竟是個容易懷人和惆悵的節日。儘管簷下、籬邊黃菊盛開，竹叢中鶴唳時傳，舉杯持螯，把臂朗吟的都是他最敬重的長執和好友；但眉宇間，卻仍有一抹掩飾不住的孤寂和茫然。不久就在他的詩中，撥動出那難以排遣的心絃：

「十日風雨今日晴，秋湖倒映千峰明，溪堂炯炯德星見，崖壁冥冥嵐翠生。風花節序

轉姿媚，人物山川稀合并，手把萸杯獨惆悵，天涯鴻雁想南征。」——九日衡山內翰燕集溪堂有懷涵峰伯氏（註二）

遊宦帝京的王守，一度奉命監軍關西，其時兄弟不但無法見面，連音訊也稀少了。

「……念與親愛辭，痛結迴中腸，奈何同巢鳥，不得雙翱翔。……」（前已引錄），「每逢佳節倍思親」，想到嘉靖九年，離開北京前留別長兄的詩句，王寵眼中，不禁浮起一片煙霧。

△　△　△　△

「……曩於戊子冬，同王寵寓於楞伽僧舍，值雪飛幾尺，千峰失翠，萬木僵仆。王寵出佳紙索圖，乘興濡毫，演作關山積雪，一時不能就緒。嗣後攜歸，或作或輟，五易寒暑而成。但用筆拙劣，不能追蹤古人之萬一；然寄情明潔之意，當不自減也，因識歲月歸之，嘉靖十一年壬辰冬十月既望　衡山文徵明記。」（註三）

十月既望，在開闊的楞伽山邊，恐怕又是飛雪幾尺，千峰失翠，萬木僵仆的時節。文徵明看着圖中冰封雪凍，肅穆蕭索的景象，心中就不由得想到五年前品茗、賞雪、呵著凍手，乘興揮毫的情境。他希望時光能夠倒流，願意重耗五年心血；或一直爲這位忘年知交「十日畫一水，五日畫一石」地點染下去。當然，也希望這幅一丈三尺餘的長卷，能給年近不惑的王寵帶來欣慰，以度過他生命的嚴冬。

重陽燕集不久，身體日益虛弱的王寵，就在弟子朱浚明陪伴下，棹舟前往虞山白雀寺養病。他把那裡稱作「白雀行窩」。三十年前，祝枝山也曾下榻於此，有他所書的「黃庭經」遺留寺中；王寵感覺上，好像重睹這位前輩書家的音容笑貌。在這一面臨海，一面可以望見虞山前廣闊湖面的古寺中，肺疾漸入末期的王寵，對著斑剝的古佛，耳邊梵音繚繞，依舊手不停揮地作詩寫字。以小楷所寫〔會眞記〕中，崔鶯鶯和張生秋暮離懷詞，則是這年九月十六日的遣閒之作（註四）

「碧雲天，黃花地，西風緊，北雁南飛。曉來誰染霜林醉，總是離人淚。……」

詞中寫的是男女別離前所感受到的淒涼景象，但他即將告別人生之際，卻只感到處處都充滿澄明之美。

「玉箸流膏紫蟹肥，山堂開醆白雲飛，柴門靜掩無塵到，舞鶴當堦弄雪衣。」—石民望朱日宣正上人雨集草堂摘芙蓉作二首（其二）（註五）

他不時吟詠不久前在越溪草堂，與好友摘花對酌的詩句。

「木魚聲起梵音長，子夜焚香禮道場，病客齋心渾不寐，萬緣都掃事空王。」—宿白雀寺二首（其一）（註六）

他深深地領略著古寺子夜的禪意，有時移舟於山前的綠水白雲之間，飽覽山光水色，偶而，也會到離白雀寺數里之遙去訪友。雖說是在白雀行窩養疴，實際上，從白雀寺到山下的尙湖、華蕩，從虞山往返於石湖、越溪，反而比一般人還要奔波，只爲他熱愛山林、家園和濃厚的友情，或者說是熱愛人生。

王寵最後一次離寺返莊，是嘉靖十二年四月上旬的事。四月八日佛誕之後，他忽然思念起故園的蠶事、溪中的鯈魚和紅得彷彿要燃燒起來似的櫻桃：

「山空鳥聲樂，日晏病客眠，輟耕石湖田。遙想蠶事作，桑者日閑閑。綠竹粉猶膩，紅櫻爛欲然，游鯈詠綠水，戴勝鳴高天。飛絮乘風颺，新荷貼水圓，故園風日好，嘆息此芳年。」—憶故園作（註七）

返棹之際，兩位虞山好友殷殷相送，望著拂水巖的煙霧，樹木掩映的樓影，反射出斜日的餘暉。王寵詩興勃發，連賦絕句六首，爲他如詩似畫的短暫一生，留下無窮的餘韻：

「故人相送且夷猶，煙渚微茫起白鷗，他日更期徐孺榻，今宵還醉李膺舟。」—白雀返棹李王二子送余過虞山下作六絕句（其六）（註八）

四月廿九日，距虞山返棹不足兩旬，王寵夢見一雙蝴蝶，飛入袖中，醒後長嘆一聲說：

「吾殆已矣，夫莊叟之言，殆謂我也。」（註九）

次日，行將易簀時，以懇摯的語氣囑咐弟子朱浚明：

「〈白雀集〉可傳矣；諸藁爾藏之石湖草堂。」（註十）

隨即溘然而逝；年僅四十。他念念不忘的胞兄王守，這時仍宦羈京師，稍後，則以都御史出鎮湖北鄖陽府，便道過家，料理他的喪事。

「……奈何同林鳥，不得雙翺翔？羽翼既差池，倦彼東路長，別時思鬱紆，別後魂飛揚。……」（前已引錄）誦及王守離京前王寵的詩句，豈止王守淚流滿面，文徵明也不禁爲之唏噓。他的眼前，不時浮起王守和王寵兄弟二人，首次造訪停雲館。請求爲他們取字的景象。那時，兩人都不過十六七歲，秀穎好學，剛剛作博士弟子。此後便與他經常杖履出游，文徵明居鄉寂寞，王寵失群孤單，兩人心中無時不在懷念石湖草堂琴書相對的日子，不意忽成永訣。

在「王寵墓志銘」中，文徵明幾乎一字一淚地敍途其生平遭遇，追憶他含醺賦詩，倚席而歌或徜徉於山水長林的神態：

「……迹其所為，豈碌碌尋常之士哉！是其志之所存，必有出於言語文字之上者，曾不得少見於世，而僅僅以文傳；而其所傳，又出於文場困躓之餘，雅非其至者，嗚呼，豈不重可惜哉……」（註十一）

「（白雀集）可以傳矣。」由於王寵詩文，有弟子朱浚明積極整理，並按體裁年代編排順序，使他聯想到伯虎詩文集的付梓；看來，此事只好仰仗袁氏兄弟的豐裕財力了。他搦管在所藏唐伯虎「濯足圖」上題：

「十年不見唐居士，轉楮驚看畫裡身，回首桃花塢尚在，江湖難覓浪遊身。」（註十二）

△　　△　　△　　△

文徵明經營已久的（拙政園詩畫册）（註十三），竟工於嘉靖十二年五月十六日。停雲館中有「玉蘭堂」，拙政園中也有玉蘭堂；王獻臣的用意，可能一方面便於文徵明臨窗揮灑，一方面使年歲日高的文氏寄寓其間，能有家的舒適感。在這種淸幽適意環境裡所點染出來的鉅構，直可跟他六七年來爲王寵所畫的「松壑飛泉圖」和「關山積雪圖」，鼎足而三。

「若墅堂」、「夢隱樓」、「槭香塢」……

此一絹本設色的圖冊，共繪三十一景，佈局簡單樸素，雖然拙政園地處鬧市，但筆墨當中，卻有置身於山村野渡的感覺。竹籬茅舍，古木修篁，桃柳參差；連燕居或登眺吟詠的人物，其神情狀貌，也恍如來自古昔。畫的對頁，先釋景物的名稱位置，續以詠景之詩。繪畫的風格，或唐或宋元，筆法不一，而寫景的詩體和字體，也各不相同。七絕、五律、七古、五古，幾乎諸體俱備，書則行楷隸篆無所不包。總之，拙政園詩畫冊不僅集文徵明詩書畫之大成，也顯示出他法書上與祝枝山相頡頏的造詣。

文徵明初識王獻臣，兩人年紀都只三十出頭。王獻臣中進士授行人未久，就傳出有關其爲人處世的風骨；文林一度去信北京，向當時翰林檢討潘辰（南屏），探聽這位特立獨行青年的身世和表現。潘辰覆函中，不但說明王氏的家世和年里，並極口稱贊王獻臣爲不可多得的「奇士」。文林從此對這尙未謀面的同鄉後進，寄以無限的關懷。及至王氏由行人遷爲御史，懍於有明以來言官得禍之夥，文林告訴徵明說：

「王君有志用世，其不能免乎！」（註十四）

宏治十三年，王獻臣果然直言賈禍，下詔獄、被廷杖，左遷爲福建上杭丞；其時，預見其事的文林，卻已離開了人世。

文徵明和王獻臣締交，是因潘辰的引介，兩人相見，則是在王氏被放赴上杭途中，便道還吳的宴集上。

當舉座紛紛賦詩，頌揚王獻臣的才華與風骨之際，外界有的議論他不自省約，歛怨時人，招至禍敗；有的說他感慨激昂，不能俯仰，因而得罪，同時，這也是他所樂於承受的……與會者，共推文徵明執筆爲敍時，文徵明一本他對事件的瞭解，把王獻臣職責所在不得不言，以免循習之弊，禍及國家後世等情勢，加以剖析。他推論：

「……故操切屏捍，惟法之循，至於得罪以去，固非所樂，而實亦所不暇計，其心誠不欲以一身之故，而遺天下之憂。……」（仝前註）

文徵明的知言，可能就是兩人恆久友誼的基礎。

及至文徵明致仕南旋後，親身體驗到宦途的崎嶇，才愈發覺得王獻臣毅然盛年致仕，灌園蒔花的識見，遠非常人所及。文徵明在冊尾以蠅頭細楷所書，洋洋近千言的「王氏拙政園記」裡，先是敍述拙政園的位置，各景物的特色。次言王獻臣園名「拙政」的本意。但他把潘岳的人格、作風和取禍之由，與王獻臣的風範、遭際加以比照剖析之後，認爲兩者無論就人生的體驗，官場上的心術和作爲，築室種樹、灌園鬻蔬的動機，都不可同日而語：

「……君以進士高科，仕為名法從，直躬殉道，非久被斥，其後旋起旋廢，迄擯不復，其為人豈齷齪自守，視時浮沉者哉！岳（按指潘安仁）漫為閑居之言，而諂事時人，至於望塵雅拜，干沒勢權，終罹咎禍。考其平生，蓋終其身未嘗暫去官守，以即其閑居之樂也。……」（註十五）

此外，文徵明也把自己掛冠後的境況，以及他對王獻臣經營拙政園的羡慕之情，表露無遺：

「……徵明漫仕而歸，雖蹤跡不同於君，而潦倒末殺，略相曹耦；顧不得一畝之宮，以寄其栖逸之志，而獨有羡於君。……」（仝前註）

文氏停雲館，不僅地方狹窄，多雨之季，排水不良，門外常成沮洳。此外，雅好登眺的文徵明，在體力上，難免有今不如昔之感；因此近在咫尺的拙政園，就愈發爲他所徘徊流連。爲了寄其「栖逸之志」，「而獨有羨於君」，實爲其肺腑之言。

拙政園書畫册一出，頓時洛陽紙貴，除王獻臣一再請其書園記和詩外，也有友人乞書詠拙政園詩，一首乃至多首不等。往昔，文徵明詩作爲人索求最多的，爲作於北京的懷歸詩、西苑詩、出京詩等組作；詠拙政園景詩，膾炙人口，傳誦一時，頗有後來居上之勢。

△　△　△　△

十二年夏天，拙政園書畫册完成不久，文徵明前往洞庭西山避暑，照例客於好友蔡羽家中，王鏊子婿徐縉（子容、崦西）相邀，遂過訪徐氏山莊。

徐縉家學淵源，生有異稟。童年讀書，每日可記誦數百言，命其作對，更使四座皆驚。其時王鏊妻子早喪，長女王儀，在他親自教養中長大，不僅通經史，楷法和五言詩，都有相當的進境。當王鏊正要爲其在孤獨中成長的愛女尋求佳婿時，一見徐縉，就大表驚異地說：

「西山乃有是兒邪！」（註十六）遂把女兒許配給他，攜往京師，命受易經於靳貴，盡得其傳。婚後二十年間，王儀相夫教子，砥礪學問。豈知在徐縉中進士、選庶吉士、授編修……聲譽日隆，官位愈高的時候，王儀竟以四十二歲盛年凋謝，時爲正德十二年暮春。

嘉靖五年冬文徵明致仕出京時，徐縉和幾位翰林好友不但殷殷相送，知其阻冰潞河，更不時遣人慰問；文徵明感激之餘，也和韻爲贈：

「解卻從前供奉衣，朝行除籍簡書稀，非關疏拙明時棄，自惜驅馳雅志違。飄泊又驚年欲暮，蹉跎再見月流輝，玉堂學士青雲上，也念天涯人未歸。」──次韻答子容學士見懷三首（其一）（註十七）

不過當時的徐縉，對於朝政雖然像那些紛紛求去的重臣和好友一樣地憂心忡忡，但他依舊想以經筵講官的地位，影響年輕的君主。每次進講之前，徐縉焚香端坐，靜慮澄懷。天明後正衣冠進宮侍講，溫婉詳盡地爲嘉靖皇帝開陳大道，及治亂安危之理，冀望能有所省悟，從時政的紛擾中，理出一條長治久安的方針策略。嘉靖皇帝也改容聽受，以先皇御製「和順從容」四字爲賜，又賜內府崇文諸書，進爲吏部侍郎之職。但，終因忌者所誣，竟不免牢獄之災，奪職免歸。

返鄉後的徐縉，已口不言時事，足不入城府，蒔花灌園，築「介福堂」以奉養母親。

文徵明長徐縉十歲，兩人相識甚早，一度同官翰林，又先後歸於林下，今後正可爲湖山之侶；因之，相對品茗清話，格外適意。軒外蟬鳴鳥囀，各種奇花異卉，芬芳艷麗，更是賞心悅目。一時之間，文徵明畫興勃發，頗感不能自己；徐縉則適時出佳楮索畫。徵明搦管和墨，時而對花點染，時而憑著清晰的印象，憶寫名花，穿插其間。杏花、荷花、紅蕉、玉蘭……著花的季節既不相同；或水墨，或淺設色，也不拘一格；但覺心隨手應，無不生意盎然。

文徵明猛然記起，沈周也曾畫過寫生册：萱草、玉蘭、菊、荷、葡萄，乃至蟹、蛤、鴿子、毛驢之屬。筆墨鮮活，栩栩如生。其時，石田師已六八高齡，自己不過是二十五歲青年，距在雙峨僧舍，求石田師授畫不過數年。

「我於蠢動兼生植，弄筆還能竊化機，明日小窗孤坐處，春風滿面此心微。」（註十八）沈周在册後自題。接著他又自我詮釋：

「戲筆此册，隨物賦形，聊自適閒居飽食之興；若以畫求我，我則在丹青之外矣。」自己的隨意點染，不也在求物性、化機和了無掛礙的心境，相互冥合，古賢又何嘗不是如此！

於是，他也在畫後，寫出心領神會的愉悅：

「……大抵古人寫生，在有意無意之間，故有一種生色；余於此册，不知於古法何？援筆時亦覺意趣自來，非效邯鄲故步者耳。」（註十九）

註一、〔吳都文粹續集〕「文氏五家集」卷十二頁一。

二、〔雅宜山人集〕頁三〇四。

三、〔文人畫選粹〕册四圖五六、頁一六九。〔吳派畫九十年展〕圖一一九、頁二四八、頁三〇九。〔吳門畫派〕圖一四六—七。

四、〔美術叢書〕四集七輯，〔聽颿樓書畫記〕卷四頁二九四。

五、〔雅宜山人集〕頁三六二。
六、〔雅宜山人集〕頁三六九。
七、〔雅宜山人集〕頁一〇四。
八、〔雅宜山人集〕頁三七一。
九、〔雅宜山人集〕頁一，袁袠撰「雅宜山人集序」。
十、〔雅宜山人集〕頁四五一，朱浚明識。
十一、〔甫田集〕頁七六七。
十二、〔唐伯虎全集〕，漢聲版頁三一六。
十三、全名〔文衡山拙政園詩畫冊〕，華正書局，六十三年印行。
十四、〔甫田集〕頁三六〇「送侍御王君左遷上杭丞」。
十五、〔文衡山拙政園詩畫冊〕頁六六。
十六、〔蘇州府志〕頁一九五七「徐縉」條。
十七、〔甫田集〕頁二九四。
十八、〔文人畫粹編〕冊四圖三三—六，頁一六二。〔吳派畫九十年展〕圖〇四四、頁二四〇—三。
十九、〔吳派畫九十年展〕圖一二二、頁二五〇—三。〔石渠寶笈續編〕冊四頁一九九七。

沈周　寫生冊　貓（局部）

第七十九章　消夏小景

嘉靖十二年十月，有兩件使文徵明永難忘懷的事：其一，補題三十年前的一幅山水畫；其二，含悲為橫山好友盧襄（師陳）撰寫墓表。

十月四日，當來客把那絹本水墨山水長卷，攤開在他的畫案上，文徵明簡直不敢相信自己的眼睛。那繁複的佈局，精微細緻的筆墨，飛瀑、危橋中寧謐的山村。巉巖聳峙間的屈曲山路……卷尾尚未完成部分，則漸形水闊天空，「孤帆遠影碧山盡，唯見長江天際流」，那種天水一色的無窮韻味，彷彿仍在他的想像之中。

這是他壯歲時心目中的世外桃源，時為宏治十五年，父喪過後未久所作，尚未完成，就為家僮竊去。此後三十年間他幾乎無時去懷。他細看恍如隔世般的心血結晶，不僅現在昏眊的眼力，難以勝任，恐怕繪畫的情思，也不會像當時那樣曲折細密。

失去已久畫卷的重現，使他心裡沉痛而矛盾；從來客的態度，他知道此卷為好者所得，恐怕很難珠還合浦，不免再度從他手中離去。比三十年前的首次失落，今後將更令他魂縈夢繞。驀然，他想到韓文公「畫記」中的故事。

唐德宗貞元十年，韓愈在京中閒居無事，與獨孤申叔玩彈棊之戲，贏得一幅人馬圖卷。畫面非常複雜，遠近大小，各種動態的人、馬、牛、羊、駱駝，以及各類器物，共有四五七件，無論動物比例、神態，器物的性質和款式，無不曲盡其妙。

獨孤生神色黯然地把畫交給韓愈時表示，這幅畫恐怕不是一位畫家所能運思，可能要集衆工之長：「雖百金不願易也」；韓愈耳邊，不時浮起獨孤申叔的嘆息。

第二年，在河陽，韓氏與二三客論畫品時，出示他無意間所得到的瑰寶。座中有位以君子著稱的趙侍御，一見到這幅人馬圖卷，臉上立刻戚然若有所感。文徵明似乎可以體會到，趙侍御心中的震撼，一定不亞於此際的自己。

過了一陣之後，趙侍御才無限感嘆地說，那是他年輕時所臨摹的古本，於遊閩中時失去。由於臨摹的辛苦，和生平的篤好，漫長的二十年歲月中，可謂無時忘懷。接著，他無奈地表示：

「今雖遇之，力不能爲己，且命工人存其大都焉。」

韓愈既愛其畫，又感於趙侍御失畫後的悵惘，他並未找工人臨其大概，而是詳詳細細地以文字記述人馬器物的形狀與數量，以備時時懷念之用。然後，慷慨異常地把原畫歸還給趙侍御。

七百多年過去了，不但人馬圖沒有流傳下來，連趙侍御的名字也漫無所聞，只有韓文公短短數百言的「畫記」，傳爲千古美談。

同樣地戚然和無奈，但，文徵明卻不敢奢望今日有像韓愈那樣豁達大度的人，他只能搦管在畫後寫出山水卷失而復現的經過，和心中的抑鬱：

「……今此卷既為好者所得，余不敢望還，顧安得如韓公者記之，以抒余耿耿之懷也。」（註一）

徵明此畫與跋，其後爲王穀祥和袁袠所見，前者在跋中以：「神物流傳眞有數，楚人何用覓亡弓」，後者以：「……此圖興意高深、布置茂密，精工奇古，髣髴董巨，殊不多見也，不知趙侍御所畫馬，方此何如耳？獨愧余荒陋，無昌黎公筆力以記之也。」（仝註一）既爲文徵明曠世之作惋惜，也對其心中的惆悵，加以寬慰。

盧襄（師陳）卒於嘉靖十年閏六月八日，葬於十二年十月廿六日，墓在離家不遠的橫山之陽。最令文徵明悲戚的，不單是失去了盛年謝世的同鄉好友，而盧師陳與其兄盧雍相繼中進士，任顯官，得朝廷信任，中外稱揚；卻突然間與其老父先後離開人世。彷彿整個家族，從光輝奪目中，投入黑暗的深淵，使文徵明也不得不以疑惑的口吻，仰首蒼天：

「……吾不知造物者果何如也；余交君兄弟僅二十年，見其始出而仕，仕而歸，以及於死，始終盛衰如電露，奄忽能不有槩於中乎。……」（註二）

嘉靖二年，文徵明和蔡羽入貢京師那年，盧師陳剛中進士，先授刑部主事，後改兵部職方主事。由於思鄉情切，文徵明和家住吳縣橫山的盧師陳，便經常聚集，述說家鄉近況，和那些令人魂縈夢繞的蘇州勝景。

「此身無翼不能飛，相對鄉人謾說歸……清樽細雨黃花瘦，短髮西風敗葉稀……」——與師陳燕坐師陳有詩次韻（註三）

從文徵明這些滿懷鄉愁的詩句，不難看出他們當日酬酢，好像在相濡以沫。其時盧師陳年方四十三歲，初爲法比之官，他那高大孑立的身材，肅穆的神情，以及善於訪察事情眞相的能力，免不了會引起人們的畏懼；但他不僅不輕易入人於罪，反而抗拒權勢，極盡所能地平反冤獄。他對文學的素養，使他一度奉命典試江南。由於他讐閱明審，取捨惟公，很多久困場屋的江南名流，都爲他所識拔，名登黃榜，一時莫不稱爲得人。

嘉靖四五年間，文徵明上疏乞歸，而猶困守京師，未得即刻掛冠歸去之時，盧師陳以兵部主事奉使直隸易縣西面的紫荊關。遠游他鄉的好友，離別本來就愁緒萬千，而隆冬歲暮的離別，也就更添愁懷。在送行的長詩中，文徵明一面憐惜生長江南的盧氏此去邊塞所受的風霜之苦，一面有感於自己未來的孤單時日：

「季冬繁霜雪，塞草寒不菲，之子遵朔方，駕言即長岐，揚舲灞水北，促轡漁陽西……念惟羇愁中，復此相仳離，長風西北來，吹我雙鬢絲，高歌激清商，顧倒風前卮。」——送盧師陳奉使紫荊關（註四）

嘉靖六年潞河冰解，文徵明揚帆南下之後，師陳官運日隆，由禮部員外郎、兵部職方郎中、武選郎中，到十年春天的陝西布政使司左參議；他抱病勉力到陝西赴任不久，得到家鄉傳來的父喪訃聞，再力疾奔喪。返家不過數日，便追隨前此而逝的長兄和老父於黃泉之下。

△　△　△　△

當同輩友人日益零落的時候，文徵明的感情也就愈發寄托於蘇州的後起之秀身上，其中有的跟他學舉業，有的學書學畫，也有誼介於師友之間，很難確定學習的方向。例如時常替文徵明捉刀的朱朗，和被他認作書法傳人的周天球，出身孤貧的錢穀（叔寶）等。錢穀家無典籍，卻無書不讀，每次來到停雲館，就抽取文徵明架上藏書乃至文氏與師友間唱酬的詩稿，手不停揮地邊讀邊鈔。其日後所輯的﹝吳都文粹續集﹞五十六卷，加上﹝補遺﹞上下卷，堪稱洋洋大觀。舉凡古賢與時人的墓誌、行狀、詩文集序、紀游詩詞……幾乎無所不包，爲古往今來蘇州的藝文活動，留下完整而寶貴的文獻。讀書之餘，錢穀也點染水墨。在風格上，他有自己的見地：

「夫丹青者，鎔以神，模以天，吹噓吐抹，纖穠空有之間，惟吾指筆所向，而（疑何字誤）曾是拘拘意設方置哉！」（註五）

錢穀的繪畫見解，和性情端方，較重規矩理性的文徵明頗異其趣，因此，他的畫風像陳淳那樣習「文」而近「沈」。

另一位他時刻無法去懷的蘇州才彥，則是生長長洲縣，出身醫藥世家的王穀祥（祿之）。王穀祥和徵明次子文嘉同庚，性情高潔俊朗，類如王寵。文徵明和他時爲石湖之泛，相互唱和，成爲忘年交；這種交誼，也很像他和王寵，只是兩人年齡的差距更大了些。

王穀祥中嘉靖四年應天鄉試，嘉靖七年，文徵明返鄉後的第二個夏日，王氏可能正全力準備進京，參加第二度春闈，難以和他朝夕往還。當時孤寂、懶散、茫然、重新適應退隱生涯的文徵明，朝思暮想之餘，竟少有地塡了首詞—風入松，寄給王穀祥，發抒內心空虛和對知友的懷念：

「近來習靜厭煩愁，十日廢梳頭，避風簾幕何曾捲！悠然處，古鼎浮。興至間書棐几，困來時覆茶甌，新涼如水簟紋流，六月類清秋。盍簪坊裡人如玉，空相憶，相

見無由；最是詩成酒醒，月明徐度南樓。」（註六）

嘉靖十三年四月十四日，王穀祥翩然來訪停雲館之玉磬山房。離嘉靖五年中高科、選庶吉士僅短短五年的時光，王穀祥不但去官歸來，且以三十四歲壯齡，便立志永絕仕途；變化之巨，令文徵明一則以驚，一則以喜。

五年中，王穀祥歷經翰林院工部主事、吏部文選員外郎代理郎中。由於吏部尚書汪鋐秉銓不公，職司選事執法不阿的王穀祥，便與這位上司，常相牴觸。這位鬱鬱不樂的蘇州才俊，也就頓然萌生退意。他以母老為由，乞請歸養。懷恨在心的汪鋐並未因而放過屢次使之難堪的下屬，他引用王代理郎中，有兄侍母，不合歸養之例，非但不准所請，且官謫眞定通判，使其陷於進退兩難的困境。

王穀祥感於宦海波瀾，永難止息，索性乞請致仕，遠離是非。

掛冠歸來的王穀祥，手持六年前文徵明所贈「風入松」詞箋到訪，不僅堅定了他們的友誼，也意味即將實現他們徜徉湖山，同棲共隱的宿願。

談話中，文徵明忽然若有所思地，翻檢案頭堆積如山的楮絹。找出來的是幅山水小畫，大約作於賦「風入松」前後。偉岸高聳的石壁，上面喬林密佈，石下俯蔭著一座老屋。三數幽人雅士，席地展卷，似在析賞品評。一仕獨立遠眺，看來別有所寄。一個小小童子，正引火烹泉。這種幽人雅集以消永晝的意趣，和「風入松」詞中的境界彷彿合而為一。於是搦筆急揮，把特有的停雲館花箋上的「風入松」，移寫於那幅稱之為「消夏小景」圖上，成為一個完整的紀念。

到了這一年的八月初九日，又是前往金陵應試的生員、僮僕、負販，絡繹於途的時候。暮空中隱約的新月；幾聲蒼涼的歸雁，使白髮蕭蕭的文徵明，頓然感到幾分寒意。花木間凝結著的露氣和草叢裡斷斷續續的秋蟲，把他的神思引向半生爲些許科名落魄奔波的歲月，最後無非像王鏊、錢元抑、王穀祥和他那樣泊然而歸。如果能夠早些勘破，擺脫羈縻，不知省卻多少憂煩？文徵明不自覺地向月微吟：

「暮空雲斂月初弦，露氣星光共渺然；回首棘幃供試事，秋風夢斷十三年。」——八月初九日見月（註七）

不知是應邀題跋、鑒定書畫，或是靜極思動，文徵明冒著臘月的嚴寒，棹舟無錫，往訪華雲（從龍）。

舟至中途的望亭，突然北風大作，雪花夾著冷雨，使船無法前進，文徵明只好收帆，尋覓沙渚暫避。入暮的天空烏雲四合。蕭條的林木，發出陣陣怒號，饑餓的鳥雀，時而傳來幾聲驚叫。左右空村只見些微的煙火和少數漁舟。

「御亭一迴望，風塵千里昏」；梁朝詩人庾信的詩句，不覺浮現腦際。「望亭」原名「御亭」，至唐始改爲「望亭驛」，從庾氏詩中，就不難想見此地曠野的氣象。然而這卻是文徵明一生中，最驚恐孤獨的旅程。在漫漫的寒夜裡，燃起昏暗的燈火。密閉的船艙中，連喝杯酒都感到索然無味。偶而自言自語幾句，算是一種自我安慰；他在詩中，寫下這充滿孤獨、驚險而富有飄泊意味的經驗：

「……野泊不成眠，羈魂還惻惻，昏燈黯欲絕，歸夢迷咫尺。戍遠更漏沉，川寒聲影

息，不知積雲深，夜久孤蓬仄。」──無錫道中遇雪夜泊望亭二首（之二）（註八）

所幸次日，狂風雨雪逐漸消歇，想著五十里外的久別好友，文徵明只好打起精神，揚帆北上。

五年前的臘月，次子文嘉與袁袠，同舟往遊宜興的張公洞和善權寺。中途邂逅華雲及他家的塾師、少子也前往荊溪尋幽探勝；遂方舟並進。每到風景佳處，便停泊下來，留連觴詠。歸舟時，又各補小圖，以紀勝遊。文徵明暗悔當年沒有父子偕行，否則那種美景佳友之樂，比之今日的孤獨旅程，何止天壤之別？然而，近年識者多認爲文嘉紀遊畫皴染清脫、墨氣秀潤，頗得徵明家學，使作父親的大感欣慰。此外，他也依稀記得文嘉那次遊善權寺的七律：

「石室山人去不返，亭亭一柱玉當門，飛流實聽雷霆鬥，怪石虛疑虎豹蹲。梁帝斗壇荒草積，十仙題字古苔昏，聞道潛通二萬里，幾時騎鹿看真源。」（註九）

往昔，善權寺僧方策，曾將寺內金石和近時名賢篇詠，輯爲〈古今文錄〉，爲善權寺的主要文獻，文徵明則應邀撰「宜興善權寺古今文錄敍」（註十），其後，承好友吳大本等邀游，乃一再泛舟荊溪，遍訪古蹟名山，對三洞之勝，更無時或忘。

吟哦愛子紀遊之詩，回憶故友往事，不但沖淡了舟中的孤寂，似乎也縮短了望亭至無錫的航程。

華雲的庭園依舊，劍光閣依舊，只是兩人頭上都增添了霜雪，四目相對，感覺中恍如隔世。回想昨夜荒渚孤舟，雨雪交加的景象，文徵明好像從一場噩夢中，轉入溫馨寧謐的幻境，頗有不知莊周夢蝶，抑蝶夢莊周的迷茫。這位出身於已故南京禮部尚書邵寶，和王陽明門下的書畫鑒藏家華雲，欣然開甕，舉酒壓驚，剪燭話舊。窗外遠山疊疊，流泉淙淙，似與二人的款款清言互相呼應。屋外蕭疎的樹木，有如環立諦聽；由這種靜與動所交織成的冬夜，予人一種樸素恆永，復歸太初的韻味。文徵明為好友揮翰，留下一幅既肅穆又溫馨的畫面。更以深情款款的筆緻，題詩畫上，形成詩、書、畫和情的完美結構：

「木葉蕭蕭夜有霜，清言款款酒盈觴，碧窓重剪西風燭，白髮還聯舊雨床。秋水不嫌交誼淡，寒更何似故情長；不堪又作明朝別，次第鄰雞過短墻　嘉靖甲午臘月四日訪從龍先生，留宿西齋。時與從龍別久，秉燭話舊，不覺漏下四十刻，賦此寄情，並系小圖於此。徵明。」——徵仲西齋話舊圖（一作秉燭話舊圖）（註十一）

前文言及，進入壯齡以後，每年除夕守歲，文徵明鮮少參與家人忙碌，僅獨坐啜茗，整理一年來的詩稿。是故〔甫田集〕中，詩稿井然有序。由於不以體裁分類，以賦詠的年月列為先後，從中不難見出其生命歷程，乃至心緒思想的脈絡。尤其自不惑之齒至耳順之年，命運途中峰嶺起伏；詩，成了探求其時代、環境和其人格與藝術變化發展的指針。但，掛冠未久，集中的足跡，則時斷時續，零落難求。

而嘉靖甲午（十三）年的除夕，六五高齡的文徵明，卻一反往例地畫了幅「寒林鍾馗」圖。

這幅高兩尺有餘，寬不及尺半的水墨畫，流泉紆曲湍急，樹木蕭瑟而蒼勁，似乎二者息息相應，愈發顯出那種凜冽肅殺，與蓄勢待發的懾人氣勢。林間的一抹雲霧，對於畫面上強烈的動感，多少有些緩衝與平衡的作用，卻也增加了酷寒和詭異。在筆觸粗獷的木石映襯下，人物的畫法顯得細緻秀潤。攏手於袍袖裡的鍾馗，把牙符插於腰間，推測是沿著右面平台徐行到澗邊，正欲俯察激射如玉的寒泉時，突然警覺身後有異，於是一面以凌厲而略帶揶揄的眼神轉頭察看，一面暗中蓄勢，準備迎頭一擊。

鍾馗故事，可謂家喻戶曉。唐宋兩代，多懸鍾馗像於歲暮，元代以後，則多用於端午，文徵明自題：

「寒林鍾馗，甲午除夕戲作」（註二），自然是遵照宋唐古俗。

畫鍾馗者，除隨俗辟邪之外，也各有寄托：有的藉以表現英雄末路，一種磊落不平之氣躍然紙上。也有繪寫沉醉的鍾馗，為衆鬼恣意地戲弄揶揄；或許寓有世無是非，鬼魅橫行的悲憤吧。至於鍾馗嫁妹，在嗩吶長鳴，陰氣繚繞中，鬼衆執儀仗、奏鼓樂、駕喜車、抬軟轎，使陰森詭異之外，別有一種詼諧情趣……

然而，文徵明寫於除夕的「寒林鍾馗」，寓意究竟何在？令人難以窺測。

註一、〔文人畫選粹〕冊四圖五一、頁一六六「圖說」。

二、〔甫田集〕頁八四九「陝西市政使司左參議盧君墓表」。

三、〔穰梨館過眼錄〕冊二頁七一八。

四、〔甫田集〕頁二九〇。

五、〔書畫譜〕卷五六「畫家傳」十二，「錢穀」條。

六、〔石渠寶笈〕三編册七頁三一一二。

七、〔莆田集〕頁三一四。

八、〔莆田集〕頁三一四。

九、〔明詩紀事〕册七頁一七七三。

十、〔莆田集〕頁四〇五。

十一、〔式古堂書畫彙考〕册四頁四四八、〔唐宋元明名畫大觀〕續足本卷下頁三一六。

十二、〔吳派畫九十年展〕圖一二六、〔故宮書畫錄〕卷五頁三九〇、〔文徵明畫系年〕圖一五。

文徵明　寒林鍾馗

第八十章　眞衡山假子朗

嘉靖十四年元宵節次日，金陵書畫收藏家嚴賓（子寅）造訪停雲館。嚴賓時常往來於顧璘與文徵明之門；其書法頗有米意，所畫山水小景，則酷似文徵明。但是，此次持以求跋的畫卷，卻使文氏大感意外。

沈周「西山雨觀圖」，算來已有四十七年的歷史，其時文徵明侍父游宦，剛剛回到蘇州定居，充博士弟子；而老父則僕僕風塵，轉往滁州南京太僕寺赴任。六十二歲的石田老人沈周喪偶未葬。眼見離卜期只有半個多月，卻是陰雲四合，豪雨不止。沈周在有竹莊中，爲西山墓地工程難以進行而焦慮時，有客以米元暉山水相示，一時畫裡雲煙，觸動了老人心緒，曾賦七絕一首。可喜次日雨止，沈周復觀米圖，心情也就隨之轉變。見卷後有段空方，遂自爲「西山雨觀圖」，以與米作前後呼應，並加題識。

對沈周的人品和畫藝，文徵明永遠感到仰之彌高。觀其畫、讀其詩，彷佛如見其人。他對米氏父子的特有畫法，也極爲珍視和尊崇，文徵明曾在他自己所倣米氏雲山圖幷跋中，論及米氏畫法：

「…大要父子無甚相遠，余所喜者，以能脫略畫家意匠，得天然之趣耳；元章品題諸家，謂皆未離筆墨畦逕，晚乃出新意，寫林巒間煙雲霧雨陰晴之變，自謂高出古人。…」（註一）

不過，使他感覺美中不足的是，不知何時，石田老人跋中所稱米氏雲煙，已被割去，因此只餘沈畫。沈跋之後，接以好友陳沂和顧璘兩跋：

「隱侯孤興發，摹出米南宮。」

「雲山惟米氏爲佳，石翁此紙，妙在淡中。」

陳、顧題詩、題句，固然推崇沈氏；唯均隱指「西山雨觀圖」爲沈周傲米之作。此際雖失米圖的直接比照，但深知此中三昧的文徵明，卻直覺到乃師胸中自有丘壑，並非以米氏雲煙爲其藍本。跋中，一面表現濃厚的緬懷之情，有意無意間，也不忘肯定沈周的自出機杼：

「…石丈高情點筆間，悠然胸次白雲閒；憑君莫作元暉看，自寫吳門雨後山。吳門何處墨淋漓，最是西山雨後奇，一段勝情誰會得，千年摩詰畫中詩。…」（註二）

八月的洞庭西山，又是橘實纍纍，只待嚴霜染成漫山的橙黃，徐縉取出珍藏的岳丈王鏊所留傳的趙孟頫「洪範授受圖」，請文徵明爲跋。

王鏊既在跋中盛讚孟頫筆墨精妙，更對畫中人物的氣度稱賞不置：

「觀此圖武王謙沖虛受之心，箕子諄復指授之意，宛然見於眉目顏面之間，可謂善寫聖賢授受之際之氣象矣。…」（註三）

太傅王鏊乃朝廷元老重臣，跋中所論僅限於「洪範授受圖」的技法和表現。關於宋王孫趙孟頫日後仕元，雖是歷史話題，但事涉個人節操、春秋大義乃至種族問題，敏感而複雜，王鏊隻字未提，不知是否有意迴避？

文徵明許多書畫題跋，不僅極力推崇趙孟頫詩畫，更將其視爲遙承二王餘緒，書道中興的功臣。對趙氏應召仕元，也往往能從不同的角度加以剖析和詮釋。

首先，他認爲這幅沒有年款的書畫卷，畫既古雅，小楷亦復精絕，可謂完美無缺的不世之作。考據年代，與趙孟頫初仕兵部郎中時所書「莊子馬蹄篇」的書風相近；推測可能係同期所作。

趙孟頫素精〔尙書〕嘗爲〔尙書集註〕，何以生平不書他篇唯獨以精楷書「洪範」，並繪授受圖？恐怕因出仕異族，招人非議，用以爲無言的辯解吧！

文徵明再就「洪範授受」故事本身來加以剖析，前面的假設，可能性相當之大。故事中的箕子爲紂王至親，然武王伐紂之後，箕子非但接受周朝的封贈，且諄諄指授治世之道，武王則虛心接受。千載之下，未聞以箕子爲非；文徵明的疑問與結論是：

「然則公獨不得引以自蓋乎？…今皆不書而獨書此篇，不可謂無意也。」（仝註三）

△　△　△　△

在蘇州流傳著這樣一則趣事：

當文徵明鎌素山積，懶於應酬的時候，就以筆札召弟子中畫風最肖似他的朱朗（子朗），前來「過軍橋」南，曹家巷的停雲館，幫他「一了前債」。久而久之，人們知道文徵明的眞蹟難求，也爲了貪求便宜，索性就請朱氏畫幅「文畫」，裝飾門面，或轉售圖利。

有位寓居蘇州的金陵人，遣童子攜帶禮物，向朱朗求作「文畫」，豈知童子錯把禮物縑素送到文府，並說明主人心意。得知原委後的文徵明微微一笑說：

「我畫眞衡山，聊當假子朗，可乎？」（註四）

朱朗是吳縣人，繪畫酷似文氏，但其青綠山水峰岫皴法不淸，樹木刻板，缺乏那種迎風搖曳之勢。

對於出自門生、親友，乃至傭筆者的贋作，文徵明一向以寬容的態度來對待。有持畫請其鑒定眞僞，文徵明也表現得頗爲含蓄，並不直言其僞，以顯示自己的善鑒。他意思和乃師沈周頗爲接近；以爲書畫不過風雅之士適情適性之物，但，對於傭筆、負販者流，卻是生活所賴，造假作僞，何忍苛責？再者，後世之獨具慧眼者，自能分辨眞僞，又何必過份關懷！

其後，王世貞在「文先生傳」中，寫出文徵明此一寬容氣度：

「…然諸所欲請於先生，度不可，則為募書生、故人子、姻黨重價購之；以故先生書畫遍海內，往往真不當贋十二。而環吳之里居者，潤澤於先生之手，幾四十年。…」（註五）

嘉靖十四年八月中旬，當舉家大小正爲節日忙碌之際，文徵明且喜連日晴霽，正可以舉杯對月，顧影徘徊，享受燕居閒適之樂。近年，由於陳淳經常往返城南和蘇州東北的陳湖，隱居作畫，師生之間相聚較少，弟子朱朗便每多隨侍，成爲詩酒之伴。

「月近中秋夜有暉，幽人戀月臥遲遲；及時光景寧須滿，明日陰晴不可期。…」（註六）在朱朗陪伴下，文徵明詠於十四年八月十四的賞月詩。耽心天有不測風雲，可能是老年人的特有心態，非僅明年之事難以預料，連來日陰晴，都在不可期之數，因此，面對一簾清影，金尊引滿，及時行樂，才是達者應有的胸懷。

八月十五夜，仍舊萬里無雲，一輪滿月當空輝映，弟子隨侍在側，吟哦言笑，文徵明滿懷欣慰：

「銀漢無聲夜正中，十分秋色小樓東，空瞻朗月思玄度，誰有高懷似庾公。把酒金波浮桂樹，捲簾清露滴梧桐，碧雲何處人如玉，惆悵東欄一笛風。」（仝註六）

「空瞻朗月思玄度」、「碧雲何處人如玉」；流暉下面所思念的「玄度」，所惆悵期待的「人如玉」，究竟是何所指？不免令人迷惘。但，讀他嘉靖七年所賦「風入松詞」，和他另一幅小畫上的題詩和跋，就不難恍然而悟。

「蕭齋梧竹手題詩，曾寫新圖為祿之，幽客又逢朱子朗，虛堂如水月明時　偕陳道復過祿之書齋不值，為作此圖。」（註七）由之可見朋輩凋零，年邁孤獨的文徵明對幾位入室弟子，在感情上的依賴。

十六夜的月色，依然明朗如故，但感覺上，即將由盈轉缺。面臨晚境的文徵明，懷人之外，別添一種惆悵：

「入眼冰輪積漸摧，白頭顧影重徘徊；極知物理盈當缺，自惜年光去不來。……」（仝註六）

由於朱朗的連日相陪，文徵明錄了三個月夜所賦的三首七律爲贈，並贈以「中秋對月圖」一幅。

類似的師生深宵步月佳話，也見於嘉靖十一年十月十三日。兩人在玉磬山房小酌，微醉後相偕步月中庭。蕭疎的桐影交織著人影，彷彿流水般游動。文徵明拽杖賦詩，極盡逍遙之緻。命童子烹苦茗啜之，還坐風簷之下，仰望星月交輝，寒霜暗降，不覺至丙夜。他在贈朱朗的「中庭步月圖」中跋：

「東坡云：『何夕無月，何處無竹柏影，但無我輩之閒適耳。』」（註八）

△　△　△　△

名滿江南，與浙派畫領袖戴進（文進）並駕齊驅的老畫師周臣（東邨、舜卿），其生卒年月，和他的高足仇英一樣撲朔迷離。一般推測，周氏卒於嘉靖年間，享壽八十左右。

學者彭年於嘉靖壬子（三十一年）臘月，題仇英為長洲陳官所作「職貢圖卷」（註九），上有「…實父名英，吳人也。少師東村周君，盡得其法，尤善臨摹。東邨既歿，獨步江南者二十年，而今不可復得矣。…」

人們一則據此推論仇英當卒於嘉靖三十一年之前；並進而認為，由此上推二十年左右，即乃師周臣可能逝世於嘉靖十幾年。果眞如是，則周氏作於嘉靖十三年八月既望的「松泉詩思」（註十），和嘉靖十四年九月十五日所完成的「長江萬里圖」（註十一），可能是其生命末季的遺蹟。

論者以為，周臣此一高一尺三寸，長六丈一尺餘的絹本長卷「長江萬里圖」，由於山水景觀形勢不同，在筆墨丹青的變化上，時而思訓、晉卿，時而右丞、李成、郭熙、大痴。及至煙靄蒸雲，雨洗峰林，則又採用元章父子和高房山的筆緻墨韻；因此可謂集衆人之長於筆端腕下。

在周臣完成其「長江萬里圖」的前四天，文徵明檢篋，找到自己四十前的一幅舊畫，憶及亡友伯虎，心中又是一番感傷。

徵明此畫，大約作于伯虎父母妻子亡故之後。奔波忙碌的徵明，經常每隔旬月，才得前往吳趨里和伯虎相聚，安慰這位因家庭巨變，陷於孤獨、寂寞而貧困的好友。兩人在臨街小樓上共飲。面對滿架圖書，不僅排除了鬧市的喧囂，也容易引發思古之幽情。

談到畫時，由於石田師素日的啓示，文徵明曾大發高論：

「作畫須以六朝爲師，然古畫不可見，古法亦不存，漫浪爲之，設色行墨，必以閒淡爲貴。」（前已引錄）

回想起來，對當時的大言不慚，自覺多少有些可笑。但是，再看看四十年前的筆墨，仍舊有著一份淡雅古樸的意趣，比時下某些畫家的穠塗麗抹，不可同日而語；顯見時雖年輕，所言並非空泛之論。因此，對二十五六歲時的見地和揮灑，也就倍加珍惜。除於跋中憶敍昔日情景，並系七絕一首：

「墨痕依約濬蒼蒼，斷楮回看四十霜，古意猶存顏色外，只應桃李愧嚴妝　嘉靖乙未九月十一日。」（註十二）

〔唐伯虎集〕編輯工作，已於十三年年尾竟工，付之梨棗；是文徵明既關懷，也爲故友感到安慰的事。集分二卷，樂府、詩總三十二首，賦二首，雜文一十五首；若與伯虎平日所作相較，恐怕十不及一二，難以窺其全豹，但他深知海內蒐輯其詩文者，仍有人在。

集中詩文，多爲伯虎早歲之作，益發使文徵明思緒，沉緬於往昔的青春歲月。稿中爲他們共同友人劉嘉所撰的墓志，讀之仍有無盡的悲思和悵惘。劉嘉獨子稚孫，長成之後，他已將長兄徵靜之女爲配，相信足以告慰亡友於泉下。伯虎罹禍後的幾封「與文徵明書」，向爲文氏所秘藏，鏗鏘的字句，彷彿一直敲擊著他的心弦。從此，千載而下，除了知道江南才子的風流蘊藉外，也將一窺其胸中鬱勃不平之氣。

袁袠在序中形容伯虎晚歲情況：

「…築室桃花塢中，讀書灌園，家無儋石，而客常滿。風流文采，照映江左；外若奢汰，而中慕沉元；勤究內典，旁精繪事。袠童時，嘗獲持高論，接杯酒之歡。哲人已遠，九京不作；撫頌遺文，慨仰遐烈；爰加蒐摭，庶存梗概云爾　嘉靖甲午臘月望日，胥臺山人袁袠謹序。」（註十三）

嘉靖十五年，也就是文徵明跋四十年前舊作的次年，得唐伯虎所用「墨霞寒翠硯」，文徵明視如至寶，以行書銘硯側：

「硯爲子畏遺物，衡山於丙申年得之，書此，如見其人也。徵明」（註十四）

△　△　△　△

嘉靖十五年五月十六日，文徵明破例於其所書小楷千字文後面，加識：「時年六十有七」（註十五）；可能是他於書畫中紀年的開始。也許，他自認爲生命已經眞正邁入了老境。但他作書之勤，卻絲毫未見鬆懈。此本眞書之外，單是兩年內所遺留下來的各體千字文，便有四本之多。

十四年，四月廿九日，楷書一本。六月廿八日，面對窗外漫天陰雨，作草書一本。十五年，端陽後二日，爲隸書一本。及至陰雨惱人的中元前二日，又書異常難得的篆體千字文一本。

這四本千字文，爲弟子陸師道（子傳、五湖）所得，裝裱成卷，不知羡煞多少書家和藏家。他的法書傳人周天球二十五六年後回憶：

「…余從衡山太史公游，垂三十年，見其書千字文不下數百本。家殊體異，不特篆隸行草四種；而好事者刻以行世，亦凡六七家。嘗爲余言：『少日學書，日以千字文二刻本自課，尤究心隸書』；畢竟功深意到，咸臻其極。…」（註十六）

自古寫千字文既妙且夥者，無如王羲之後裔，陳朝的智永禪師。據傳智永所臨眞草千字文數千本之多，浙東諸寺，各施一本。可是周天球所能見到的，只有眞行二體刻本，且只一種而已。智永千字文的成就，可能傳說失實，也可能是歲久失傳；文徵明的千字文，則是這位太倉書家自少至長所親自目睹的。

十六年二月，文徵明父子忙於《停雲館帖》第一卷，他們所最珍愛的「晉唐小字」上石的工作。仍由堪稱江南名工章文來刻。其中單以「黃庭經」就三易其石，始得徵明首肯。

正在忙亂不堪之際，文徵明長媳錢氏不幸病故。

去年五月二十日，長兄徵靜逝世。這位一生正直，不畏權貴，好面詆人過，但也不記前嫌的人，對生死倒也極爲豁達。病篤時，不忘告訴乃弟徵明：

「吾生無善狀，即死愼無爲銘譽我，取人譏笑，無益也。」（註十七）

兩人從小失去母愛，稍長，同游學官。自中年一場官司，徵明營救乃兄出獄之後，兄弟間感情逾恒；居家時，幾乎無日不見，如影隨形。至是，忽成永訣，文徵明內心的空虛和哀傷，當非短短一篇墓志銘所能表達的。

是年冬天，金陵好友許彥明也離開人世。許彥明之喪，由顧璘撰墓誌，徵明書石，陳沂題篆。

「卜以丁酉正月二十二日葬隱君於宣德鄉王家山祖墓之次。持謝少南狀乞余爲銘，徵仲書石，魯南篆題其蓋；並先好也。」（註十八）

「並先好也」數字一出，立刻觸動了文徵明的隱懷，時至今日，不知多少好友，相待於九泉；留之於世的，彷彿寒風中顫動的幾片枯葉。

長子文彭，年逾不惑，此際失偶，正所謂「中年喪偶大不幸」。文徵明不僅替兒子感傷，次孫元發，年只七八歲，淘氣、好奇，處處需人看顧，卻突然失恃。想到自己幼年時代的孤苦，文徵明不由得格外心疼次孫，從此臥起相攜；雖然諸多不便，且喜身側有伴。

年已十六七歲的長孫肇祉，非但能獨訪陳淳，相與詩酒唱和，且欲陪父親前往金陵應試。

「青衫潦倒髮垂肩，一舉明經二十年，老大未忘餘業在，追隨剛為後生憐。槐花十日金陵雨，桂子三秋玉露天，壯志鄉心兩無著，夜呼兒子話燈前。」（前已引錄）

想起兵荒馬亂的正德十四年秋天，在兒子陪伴下前往南都赴試的心緒和情境，看看長孫肇祉的一片孝思，和相隨文彭入京的興緻，使文徵明感到眞是長江後浪推前浪；繼祖父和父親，自己和兒子之後，現在則是孫子陪伴著屢試屢仆的兒子，來往於金陵路上。一代一代的青春和心血，都浪擲在同一條窄路上。

註一、〈式古堂書畫彙考〉册四頁四七六「文徵明倣米氏雲山圖幷題卷」。

二、〈石渠寶笈〉續編册五頁二七九五「沈周西山雨觀圖」。

三、〈石渠寶笈〉續編册一頁三四二「趙孟頫洪範授受圖幷書」。

四、〈書畫譜〉卷五六頁三九「朱朗」條。

五、〈甫田集〉頁一「文先生傳」。

六、〈虛靜齋所藏名畫集〉；本文間接引自〈文徵明與蘇州畫壇〉頁一七二。

七、〈壯陶閣書畫錄〉册三頁六四四。

八、〈壯陶閣書畫錄〉册三頁六四三、〈虛齋名畫錄〉卷八頁五；二者均錄「中庭步月圖」，題跋大同小異。

九、〈大觀錄〉册四頁二四八三。

十、〈故宮書畫錄〉卷八頁七八。

十一、〈江邨消夏錄〉頁四四六。

十二、〈壯陶閣書畫錄〉册三頁六四一。

十三、〈唐伯虎全集〉水牛版序二、漢聲版列爲首序。

十四、〔文徵明書畫簡表〕頁七四。

十五、〔文徵明年表〕頁一八五、〔文徵明書畫簡表〕頁七三。

十六、〔石渠寶笈〕續編册四頁一九九八。

十七、〔甫田集〕頁七六三「亡兄雙湖府君墓志銘」。

十八、〔文徵明書畫簡表〕頁七四。

第八十一章　翰林坊

「種竹開三徑，編籬翠作屏；憐公千載調，憶別兩秋螢。杯盞香醪白，盤飧菜甲青；因過問奇字，醉臥子雲亭。」－過陳丈白陽田舍留集浩歌序（註一）

時常前往石湖草堂和楞伽僧舍讀書的文肇祉，最感到慶幸的，是在雅宜山人王寵仙逝前，隨祖父造訪越溪草堂，瞻仰這位高人的丰采氣度，參與詩酒唱酬。

他像父親和叔父一樣，對祖父文徵明這位早年弟子，性情狂傲不羈的陳淳，有種說不出的景仰和好奇。他知道曾祖父溫州公文林和陳淳的祖父，已故南京都察院左副都御史陳璚的深厚交誼；而祖父書齋西側的「假息菴」，就是陳淳學習舉業時，由其尊人陳鑰出資興建的。

在文徵明歸隱前後，陳淳也自北京太學卒業歸來。但，由於陳淳不顧堂弟兵部郎中陳津、中書舍人陳渼、和侄兒荆州太守陳椿的勸告，前往南都就選，因此，陳淳多少年來，就只那樣閒閒散散。經常與幾位名士在竹圍花繞，背山臨水的浩歌亭中飲酒賦詩。酒酣之後，不是點染花卉山水，就是揮灑作大草數紙；自己也以爲是神來之筆。

陳淳曾賦「秋日浩歌亭」五律一首：

「老去惟求志，荒亭日日開，一尊聊自適，三益幾時來？回首碧山暮，驚秋紅樹衰，忘機吾已久，魚鳥不須猜。」（註二）

從少年時代起，文肇祉就夢想能在陳湖田舍的浩歌亭畔，和這位散仙般的書畫前輩，接杯酒之歡。由前錄詩中，不難感受到文肇祉心中的歡悅與驕傲。

高隱陳湖田舍的陳淳，偶而也會駕著他的書畫船，沿著葑溪航向葑門內的「城南草堂」。草堂屬其先人遺產，他留兒子陳枚、陳栝和陳樹輪流看管；讀書並奉祀先人。他之入城，探視兒子之外，有時訪友，有時勉強赴守、令之邀而至，不過停留數日，隨即返航湖上。他喜歡把船在僻靜的地方野泊，自由自在，不受干擾。肇祉對陳淳形容那首船的題畫詩，記憶猶新：

「蘭舟來去任西東，書畫琴棋滿載中；試問如何閒得甚，一身清癖米家風。」（註三）

肇祉覺得，這倒可以和傳說中「葑門二朱」，朱存理的野航號，先後輝映了。

年逾知命的陳淳，每到玉磬山房中，仍舊和年輕時一樣，面對文徵明新栽的奇花異卉，玩賞得如醉如痴。偶然興至，借徵明筆墨揮灑，少用丹青，多以水墨點染；下筆迅速，頃刻而成，卻別有一種神韻。對此，王穀祥至表欽佩，他贊賞陳淳的水墨花卉：

「每下筆寫生，似草草立就，而天真爛發，自臻妍妙。」（註四）

玉磬山房初成，文徵明把得自京中的書畫和秘笈，陳列架中；其中不乏內府賞賜。陳淳感動之餘，曾留下五律一首：

「秋暑殊未解，言向城北隅，爰登君子堂，如坐冰玉壺。縱觀循吏傳，載展醉仙圖，如恐褫襫說，此意真成孤。」——新秋扣玉磬山房獲觀秘笈書畫（註五）

久知陳淳寄情聲色的文肇祉，對陳氏早年因當筵的歌衫舞袖，與祖父間所發生的不快，也微有所聞。背著性情嚴肅的祖父，陳淳風流蘊藉，引人遐思的「如夢令」，更能琅琅上口：

「前夜那人雖小，世事胸中了了，執手已堪憐，況復歌聲窈嫋。傾倒，傾倒；不計酒籌多少！」五闋之五（註六）

這位視金錢如糞土，名滿蘇州的高士陳淳，彷彿夜空中的朗星，吸引著文肇祉的注目。

△　　△　　△　　△

嘉靖十七年五月十七日，徵明的愛徒王穀祥造訪停雲館。也許由於暑熱蒸人，話題從窗外搖曳的竹影談到畫竹上面。文與可、蘇東坡、顧定之……兩人歷數宋元畫竹名家，分析各種不同的風貌和章法。

文徵明筆下蘭竹不在少數，近年於竹姿竹影之外，對於如何表現竹聲，也別有一番心得。不久前，曾作「聽竹圖」一幅。佈局十分簡單，墨枝數莖，略分遠近，卻含著若斷若續，不疾不徐的天風和涼意。他知道，這是竹聲與心聲互相應和的表露。他幾乎無日不面對著竹，更經常沐浴於竹風、竹雨之中，何以只有此際，才感到與竹同其聲息？那麼微妙、細緻、冷冷然的相求相應？似乎僅能說是出於一種閒、寂的心境。其中況味，很近於宏治五年，沈周在其「夜坐圖記」中，所描繪那種體認：

「……余性喜夜坐……然人喧未息，而又心存文字間，未常得外靜而內定於今夕者。

沈周　夜坐圖

凡諸聲色，蓋以定靜得之，故足以澄人心神情，而發其志意如此。且他時非無是聲也，非不接於人耳目中也；然形為物役，而心趣隨之，聰隱於鏗，明隱於文華，是故物之益於人者寡，而損人者多。……」（註七）

宏治五年，沈周已六十六歲高齡，如今，文徵明也年近古稀，他深覺一個人的體驗、悟力和心境，與年歲也有著密切的關係；他在「聽竹圖」上題：

「……誰云聲在竹，要識聽由己；人清比脩竹，竹瘦比君子，聲入心自通，一物聊彼此。傍人漫求聲，已在無聲裡；不然吾自吾，竹亦自竹爾，雖日與竹居，終然藐千里，請看太始音，豈入箏琶耳。」（註八）

當文徵明和王穀祥閒話畫竹，並回憶畫竹往事時，知道雅好花卉木石的王穀祥，有意於畫竹，乃尋覓楮筆，意欲示範一二。不料王穀祥已先自案頭，檢出裝好的素冊，共壹拾壹頁。晴窗之竹、風竹、霧竹、白描竹、和荆棘同生共長的野竹……文徵明似乎已經忘掉暑熱，口述筆畫地就筆法、墨法、佈局，一一加以指授。並於尾頁，以行書作跋，寫出課徒、消暑、閒窗清話的風範（註九）。

師生言談中，也提及文徵明另一件索筍、寫竹的趣事：

退隱林下的文徵明，不但對藩邸禮物概不收受，即使巡撫、守、令邀宴或有所饋贈，也均予婉謝。唯好友所贈陽羨茶、虎邱茶以及惠山泉，不但欣然領受，且往往親自引火煎烹；而以佳種美筍為贈，似乎是鮮有之事。

前一年二月底三月初，文徵明飽嘗友人所贈新筍，大快朵頤，並自煮白泥茶，仔細品味那縷餘甘之後，搦管先寫了一首南宋文學家楊萬里（廷秀、誠齋）的「謝唐德明惠筍」詩。然後，再次韻一首，作爲對友人的答謝。

「……得珍不向街頭賣，知有清貧老饕在。老夫揞鼎煮白泥，試語肉食誰當奇！飽食晏眠無愧怍，何愁門外黃塵惡！」（註十）

綜觀楊萬里生平，不但服膺「正心誠意」之學，於奸佞脅迫之際，更有威武不屈的風骨；文徵明藉書萬里謝惠筍詩並和韻答贈，是否有所寄寓？不得而知。但卻引來友人和韻，以及再次贈筍。文徵明只好再和一詩，並風趣地在詩序中寫：

「再承饋筍，兼貺高篇，雅意不敢虛辱，再疊前韻，奉往一笑。卒章云云，聊用赼韻耳，非真有所覬也。呵呵——」（同註十）

這種風雅的遊戲，經過幾次後，一次比一次鮮嫩的珍味，使文徵明嗜此不疲，最後索性以詩索筍：

「自笑孱軀如束玉，胸次能容渭川竹，故應穢去清虛來，不獨見之心眼開。市上非無禁臠賣，此中別有清風在，竹裡禽呼滑滑泥，竹根稚子斑離奇。甘香能使腥鯖怍，乞索莫嫌吾太惡　徵明頓首　帖上……」（同註十）

本年春二月，徵明畫紫竹一卷（註十一）；繪設色紫竹四竿，未落上款。這與前述的謝筍、索筍詩，原屬不相干的兩件事物；然而，不知何時，卻爲好事者，把詩箋截去受信者的名姓，裝裱在紫竹卷的後幅。幸而兩者都落了年款，否則，究竟謝筍以繪竹，或因畫竹而贈筍，將成爲永遠的懸案。

六十九歲，文徵明即將進入古稀之齡，緬懷生平，榮辱之念，可謂澹泊如水；得知郭巡按奏請爲他建「翰林坊」於德慶橋，以表彰其賢德的時候，心中大感駭異。他自認爲不過是一個貧窮潦倒的儒生，大半生的時間，顛躓於場屋。年逾知命，幸蒙恩寵，廁身於士大夫之間。位卑望輕，並難以適應宦途的繁重複雜，才退隱林下；既不想以此邀名，也並不以之爲高。

即以蘇州而言，位高望重，有功於社稷、鄉里的賢士大夫，比比皆是；倘若他貿然接受表彰，以「賢德」居於諸君子之上，實所不願爲之事。

文徵明以爲，自從祖父文洪、父親文林和叔父文森爲宦，街坊父老，莫不爲之歡喜贊揚。且世居里中，值此歲歉民窮，連賦租都難以籌措的時候，倘若因一己榮耀，大興土木，無絲毫蔭庇，卻苛擾閭里，非僅內心難安，也有違里中父老當初一番贊喜之意。

經過一再思慮，文徵明決定以年老病倦爲由，作書命兒子代陳知府王儀。祈其轉達巡按憲府；以免一旦移文下來，限期督建，再求停止，恐怕已經勢不可能。

王儀字克敬，號肅菴，文安縣人，嘉靖二年進士。當其擢御史，巡按陝西與河南時，曾不畏權勢，劾輔國將軍裕椋，使裕椋遭致奪爵禁錮的處分。

十二年，王儀出任蘇州知府，極受蘇民愛戴。不意被禁錮的裕椋潛行入都，運用一切權勢關節，誣譖清廉正直的王儀。在蘇州士民的關懷和失望中，王儀奉詔回籍，聽候審理。官司過後，王儀爲言官薦起，任江西撫州知府，不久又應蘇民之請，詔許其再度知蘇。

當文徵明把申請免建翰林坊的希望寄托王儀之後，因王儀之耿介性情，在「與郡守肅齋王公書」（註十二）中，除述說所慮各種緣由之外，特別引用〔吳郡志〕中的一則掌故，開悟王儀，以求成全他便民的一番誠意。

「……宋蔣堂希魯，以禮部侍郎致仕居吳時，胡文恭公守郡，以其名德，因即所居，表為『難老坊』。蔣公愀然不樂曰：『此俚俗歆艷，內不足而假之人以為誇者，何以至於我也！』胡公即為撤去，當時以為美談，迄今傳示方冊。……」

接著，文徵明又以委婉、謙虛兼帶幾分幽默的口吻，申訴所望：

「……某自視於蔣公，無能為役；而明公則今之胡公也，且某素蒙垂愛，其忍以俚俗小人待之哉！某雖非足於內者，然竊欲自附於知分守己之士，以求免於務外為名之愆。惟是憲府崇嚴，無由控訴，欲望明公轉達此情，得賜寢罷，實出至幸也。……」

文徵明雖然出於一片謙沖和至誠，但郭巡按表彰賢德之士的初衷，似乎也並未因而動搖，雄偉的翰林坊，終於與德慶橋下的波光船影，相互輝映。

嘉靖十八年四月二十二日，約正午時分，人們忽見一個火球，其大如箕，墮落在郡治前廳的涼棚上。頃刻間，烈焰沖天而起，人聲鼎沸。火因風勢，由前廳延燒到正堂、後廳、架閣，最後，連府庫的東西二廳，也都付之一炬。火起之後，成千上萬的郡民，集聚搶救，卻依舊無法撲滅。災後，一直整建經年，才逐漸恢復府治的原貌。

其中最使文徵明痛心的，莫如儲存府庫中，正德初年所刻﹝姑蘇志﹞（註十三）六十卷的雕板，盡成灰燼。

孝宗宏治末年，由丁憂在籍的吏部左侍郎王鏊主修﹝姑蘇志﹞，一時蘇州俊彥，如文徵明、杜啓（杜瓊之子）、葑門二朱、都穆、祝枝山等，莫不參與其事。及至正德改元，王鏊出山拜相，﹝姑蘇志﹞的修纂工作，幾乎陷於群龍無首。當知府林世遠也接近考滿，行將赴京述職時，衆人愈感光陰緊迫，唯恐因郡守調動，而影響郡志的進展或存廢。遂紛紛主張迅速付雕，隨刻隨校：

「……衆以郡公考績期迫，相趣入刻。雖曰隨刻隨校，專責有人，而要之人情散解，又坐圖籍單寡，日力拘局，不免漫浪……」—上閣老座主太原相公書（註十四）

從擔任修志重要工作的祝枝山上王鏊書中，不難感受到當時的困窘與混亂。而志中「科第表」的採訪和編輯部分，尤其茫無頭緒：

「……又科第表所載，凡諸無傳者悉在；而以急遽有限之秋，欲備登合郡百餘年縉紳之姓字履歷；抑又初無文字依據，祇籍耳目詢訪，欲其一無舛脫，寧可得乎？……」（仝註十四）

京中王鏊，除忙於政務之外，兼充﹝孝宗實錄﹞副總裁。時中官與朝臣，更是水火不容，王鏊周旋其間，以其威望，救助忠直，力挽狂瀾之餘，仍不能忘懷郡志的進展。垂詢、指示、鼓舞、致終抵于成。

在文徵明感覺中，這部﹝姑蘇志﹞，不僅是故太傅王鏊留給鄉曲的紀念，對他和當時年近知命的祝枝山、都穆而言，更是一種極大的鍛鍊。後來他在翰林院中修史、能爲當政者所重，未始不奠基於此。

不過，可以告慰於文徵明的，板燬兩年後，新任蘇州知府順慶王廷，不僅依王鏊舊本復刻〔姑蘇志〕，爲敬重文徵明，並特增「歲貢」一表，以顯彰其賢德和出處。

△　△　△　△

古稀前後的文徵明，作書畫、刻古帖，生活平靜；但知友、長執隕落的噩耗，不時傳來，心裡常爲悲戚色彩所籠罩：

好友陳沂卒於十七年六月，陳氏像當年許多翰林好友一樣，以不附張璁、桂萼，投閒置散，由江西參議、山東參政，再調爲太僕卿。最後從太僕寺致仕，抑鬱以終。每當友人索書「西苑詩十首」，文徵明回憶陳沂和守苑官帶同遊苑的景象，心中便惘然若有所失。

不及兩個月，居孀十四年的嬸母談氏也與世長辭。談氏出身富室，不但能與叔父文森甘苦與共，無論文森出宰慶雲縣，爲監察御史和太僕寺少卿，談氏與丈夫的寮宷婦女，向少往來，更無糾葛；使文森歷仕中外，均能保持清白的官聲。

宏治十四年，吏部尚書出缺，許多有權勢者，夤緣求進，完全不爲國家前途、政治安定著想。文森以浙江道監察御史身分上疏，論奏企圖倖進高位者之不當，並疏薦德高望重，政聲素著的劉大夏等，宜召主銓曹。文氏夫婦明知疏上之後，夤緣求進者，必將反擊，可能招致不測之禍；但爲朝廷和社稷計，決定把個人的生死禍福置之度外。

疏上，有權勢者，果然紛紛羅織文森的罪名，謂「是專擅選法，非所宜言」，逮下詔獄。文森親交莫不爲之憂懼，談氏則泰然處之，無怨無悔。結果賴孝宗皇帝仁明，爲了平息政爭，不得不將文森以笞刑從輕處分了事。其後，宏治皇帝雖未用劉大夏爲吏部尚書，卻進爲兵部尚書；足證朝廷亦以文森所薦爲然。

十數年前，文徵明以洋洋數千言的「行狀」，敍述文森一生的膽識、功業和風骨。十餘年後，則以「叔妣恭人談氏墓志」（註十五），闡明一位賢淑妻室，對一位抱負閎偉，志烈剛大的夫婿的鼓舞與佐助。

嘉靖二十年正月上旬，好友蔡羽、薛蕙，在短短七日內，相繼謝世。文徵明以隸書爲薛蕙書寫他所撰的墓碑之外，並精校其遺集，以冀永傳於世。蔡羽之喪，則使江南士大夫，無不惋惜悲悼。

文徵明歸納蔡羽生平，可以說是少年孤苦，爲學不倦，傲骨嶙峋，終生潦倒：

蔡羽少時喪父，由母親吳氏親自教導。高朗聰警的他，不但領悟力過人，十二歲便能操筆爲文，極具見地與奇氣。

稍長之後，盡讀家中累世藏書。一般的記誦和訓詁，他不太重視，但，他天賦一種融會貫通的能力。爲文必法先秦兩漢，自信心既強，見諸於論著，也就奧雅宏肆，潤而不浮。蔡羽之詩，早年雖然稍感纖縟，到了晚年，則雅馴、沉著中，別有一種奇麗的韻緻。有人獎譽他的詩，說唐代大詩人李賀不過如此時，他非僅不以之自喜，反而懊惱悔恨地表示：

「吾辛苦作詩，求出魏晉之上，乃今為李賀耶；吾媿死矣。」（註十六）

在北京時，李獻吉以學杜甫詩，名重海內，學者宗之，靡然成風，蔡羽則倡言：

「少陵不足法！」（註十七）

似此，不但顯示出他的傲骨，也表現出他在詩文方面力求復古的雄心。

他在〔易經〕方面，造詣尤深，因此也以易應舉。每有所著，往往辭義藻發，傳誦一時。可是前後四十年間，潦倒場屋十有四次。在北京的太學考試中，雖然名列榜首；當時，使以薦授官的文徵明，深感「與有榮焉」。太學卒業後，赴南都選調時，連主試都大感詫異地說：

「此吾少時所聞蔡某，今猶滯選調耶？」（同註十七）

由於對他人品學術造詣的推重，雖極力想加以擢拔，卻因法令所限，僅能奏授爲微末的翰林院孔目之職。致仕不久，就落葉歸根地卒於太湖包山之麓。

註一、〔文氏五家集〕卷十二「錄事詩集」頁三、〔陳白陽集〕頁三四七「附錄」。

二、〔陳白陽集〕頁一一八。

三、〔陳白陽集〕頁二五九。

四、天津博物館館藏「陳淳水墨花卉卷」；本文間接引自〔陳淳研究〕頁二一七。

五、〔陳白陽集〕頁一四〇。

六、〔陳白陽集〕頁三二四。

七、〔故宮書畫圖錄〕冊六頁二〇七。

八、〔文人畫粹編〕册四圖六二、頁一七〇「釋文」。
九、〔吳派畫九十年展〕頁二六四。
十、〔石渠寶笈續編〕册六頁三二六八。
十一、〔石渠寶笈續編〕册六頁三二六八「文徵明畫紫竹（一卷）」。
十二、〔甫田集〕頁五八一。
十三、〔姑蘇志〕，見學生書局版。
十四、〔祝氏詩文集〕册中頁九五五。
十五、〔甫田集〕頁七七四。
十六、〔甫田集〕頁七九九「翰林蔡先生墓志」。
十七、〔列朝詩集小傳〕册上頁三〇七。

第八十二章　幽齋古石

對年逾古稀的文徵明而言，兒子是他生命和藝術的延續，平日呵護之外，在藝術傳授上，也不遺餘力，冀能青出於藍。兒子的潦倒場屋，使他不時發出無奈的嘆息，像他、許多好友和門生弟子那樣，功名得失，只好委之於「命」。文徵明原有三子，不幸折去季子文臺，爲此，他曾致書王守，表現他那刻骨銘心一般的苦痛；唯由於文獻資料所限，人們對文臺所知甚少。

弟子，則純是他藝術生命的延續和發揚，在與他們的杖履偕遊中，不僅受他們的扶持，感情得到寄托，無論他們的思想談吐和各異的藝術風格，都可以使他得到一種教學相長的喜悅。例如陳淳、朱朗、周天球等。莫不誼介師友之間，不爲嚴肅、刻板的師生禮節所束縛。對於性情高潔，和他一樣能急流勇退的王穀祥，則言笑遊憩，就更加不拘形跡。

大約嘉靖二十年春夏之交，文徵明在一個偶然機會中，購得南宋錢塘畫家夏森的畫册，共二十六幅。世人多知與馬遠並稱「馬夏」的夏珪（禹玉）山水，筆法蒼老，墨瀋淋漓，境界高深，但很少見到夏珪之子夏森的作品。有人說夏森筆法墨法，與乃父相去甚遠；可是從文徵明所購夏森山水册以觀，其墨色、意象、蒼潤之感，實不下於夏珪的遺蹟。文徵明的眞賞秘藏，一向不輕示於人，以免因身外之物，招災賈禍。卻例外地，把珍愛不已的夏森册借予王穀祥，使能盡情地玩賞。王穀祥朝夕披覽，愛不忍釋，於六月下句，竟整册臨摹一過，藉消長夏，亦無負於乃師之垂愛。

不久，同門好友周天球（幼海）過訪，見到臨作，甚爲欣賞，王穀祥也即贈之以去。那知十餘年後，周天球將臨作二十六幅裝裱成册，持請王穀祥題跋之際，文徵明所藏夏森原册，卻已爲時宰（按，可能爲嚴嵩）所奪；吳中僅餘王氏臨册，堪謂優孟衣冠，使王穀祥嘆息不已（註一）。

大約在王穀祥將所臨夏森畫册，贈送周天球前後，文徵明和王穀祥師生二人，相偕泛舟石湖。前一年八月既望，他們也曾泛舟於此，水波蕩漾，群山環峙。想到蘇東坡赤壁之遊，文徵明畫興勃發，乃搦管爲愛徒作「赤壁圖」。時隔將及一年，舊地重遊，王穀祥從行篋中，取出「赤壁圖」共相玩賞。文徵明乃憑著記憶，補書「赤壁賦」（一說，書赤壁賦於嘉靖二十一年）於後：

「……舟小搖蕩，且老眼眵昏，殊不成字，良可笑也。」（註二）文徵明滿懷感慨地跋於卷尾。

另一位爲文徵明所鍾愛的晚年弟子，是籍隸吳縣的居節（士貞、商谷）。居節家貧年少，從這一年起，就學於文嘉。居節不但聰明，且在書畫方面，都已有了相當的基礎。一見到太老師得暇，便趨前請教書畫。有時文徵明也毫無吝嗇地把精心之作，送給居節。久而久之，他索性把這貧苦而勤奮的少年，從次子書齋帶領過來，收爲自己的入室弟子；一時也傳爲藝壇佳話。

文徵明七十四歲那年，爲居節所作「湖山新霽圖」，可以看出他對晚年幼徒的寵愛。

時近深秋，居節以佳紙一幅，懇請文徵明作山水小景。正在構思時，適巧有人以趙孟頫的「水村圖」相示，秀潤的筆墨，淡雅幽深的境界，立刻引發出文徵明的靈感。但，由於連日賓客紛擾，只能在應酬之餘，時作時輟，半個多月後，始漸完成。文氏對於古畫，一向只求深入地體會畫意，很少一筆筆地臨摹，對於「水村圖」也不例外；看來墨色蒼古清潤，極能把握趙孟頫的位置，卻又不求形似。此外，細加品味，也隱隱含蘊著黃公望的氣韻，治多位古人的風格於一爐，再加以自己的胸臆，是文徵明令人激賞不已的高明處。他在跋中謙沖地表示：

「……老年遲鈍，聊用遣興耳；若以為不工，則非老人之所計也。系之詩曰：『老人長日不能閒，時寄幽情楮墨間，豈是胸中有邱壑，聊從筆底見江山。』……」（註三）

文徵明寫得雖然謙虛，但，面對來訪的弟子陸治（包山、叔平）和周天球，仍然掩飾不住心中的喜悅說：

「是紙可敵趙文敏。」（仝註三）

周天球從太倉前來停雲館就學時，僅十六歲少年，轉眼間，年已而立。連袂來訪的包山陸治，則已年近知命。這位自青年時代便遊於祝枝山和文氏之門的陸治，像文徵明兩個兒子一樣，多才多藝，滿腹詩書，卻久困場屋，不得一第，索性連廩生都想辭去，以免空耗公糧。倒是督學賞識他的才行，令爲貢生。從此遂衣處士服，離開西洞庭，像楊循吉一樣，隱居支硎山上。陸氏少年習武，好爲游俠，他的深隱，在人們心目中，反而蒙上一抹神祕的色彩。

陸治在寫生，和徐、黃體花卉方面的成就，接近陳淳；其山水則以兩宋的李成、郭熙、馬遠、夏珪爲宗，不像陳淳那樣寫生姚山雲煙，遙承二米和高尚書的衣鉢。

那一次相偕造訪停雲館，縱觀徵明師的得意新作，使他們留下畢生難忘的印象。三十餘年後，周天球猶對小師弟居節的機遇，羨慕不已，對老師「湖山新霽圖」的成就，稱賞備至：

「……每窺先生暇，輒以書畫請，先先輒應之。故士貞所得良富；然其中之絕佳者，惟此湖山新霽圖耳……球嘗見文敏水村圖；固精絕，恐不逮此之遒勁也。……」

（全註三）

△　　△　　△　　△

嘉靖二十一年八月二十一日，文徵明妻子吳夫人逝世，享年七十有三。

吳夫人和徵明同庚，蘇州崑山縣人，爲已故河南布政司右參政吳愈的三女。結婚那年，他二十三歲，奉父命，正從學於吳江縣隱士史明古。

史明古在批示他所作「重慶堂記」和「水月觀記」二文的信中，附贈賀禮：

「……以原藁奉上。佳期在邇，雲鶴綾裙段一事附去，聊佐盈門利市之末。……」（註四）這信，他仍珍重收藏。

文徵明既不事生產，又不耐塵俗，婚後五十年間，所有家務，悉委之於吳夫人。無論喪事、婚嫁、築屋、置產、絲毫不讓文徵明操心，使得專意於文學和藝業。

猶憶到達北京之初，食住不便，生活費用無著。僕夫病倒，愈發使他起居乏人照料。加以政局混亂，滿心焦慮……如非吳夫人及時北上，重新穩住他生活的腳步，後果恐怕不堪設想。

吳夫人辭世之初，文徵明心中一片茫然，尤其友人弔唁，或致奠儀，回函答謝時，戚然的心境，隨筆墨而俱現：

「……使至辱書，知賢閤令人遽爾違世，良用驚悼。區區比日，亦抱此戚，情悰憒憒，不能為懷。矧君伉儷之重，悲怛何如！秋深氣候未調，惟尊生自廣。……」（註五）

文徵明和這位友人，眞可謂「同病相憐」，他只能強抑制住內心的悲痛，安慰友人。

另一札，則是回覆類似畫商的信，其人不但弔唁、致賻，且遺以重金，求作卷軸扇面，無計其數。這筆原可濟一時之貧的潤例，此刻於他，似乎已經沒有任何意義，而且，舊日所求的畫卷和畫扇，也一並如約付予來人帶回。無論精神和情緒，他都無法荷此重負。他在信中寫：

「昨承惠弔亡妻，兼賜厚賻，區區偶出，不獲拜辱。方愧念間，再領誨函，重以儀幣。情意稠疊，推與過情，潦倒末殺，何以堪此，秖自慚悚耳。所委卷軸扇頭大多，七十老人，加之病冗，實不能猝辦。謹留一卷二扇，稍需數日課上，餘且奉還，更伺他日，得為幹當；佳幣並就納還。……」（仝註五）

像這樣，連楮素及預付筆潤一並璧還，也正是他潔身自持，分外之財一介不取的個性表現。

△　△　△　△

除聲色犬馬不爲文徵明所近外，許多愛好和習慣，他與其高徒陳淳，倒極爲相像。

歸隱後的文徵明，由於停雲館缺乏疊石蒔花植木的空間，只好把所好寄托於王獻臣的拙政園中。陳淳則以禽鳥花木亭臺來點綴陳湖上的農舍；他有時稱之爲「五湖田舍」，有時稱作「姚山田舍」。文徵明不但愛惜朋友遠道送來的溫蘭，到洞庭西山時，對徐縉廳房內外的奇花異卉，流連玩賞之外，更當筵揮毫，爲花寫容。陳淳一遇奇花，也便如癡如醉，愛不忍離。

例如嘉靖二十年秋天，他到胥口一帶訪友。佳友、美酒、名花，使他流連忘返。尤其那株盛開的茉莉，清芳四溢，姿態優美。友人知道他的癖好，當陳淳解纜欲返時，赫然發現那盆茉莉已在船上。驚喜中，對主人相知和體貼，生出無限的感激。回到田莊後，急不及待地秉燭對花。在籬落的襯映下，愈發顯得明潔可愛。陳淳呼酒揮毫，寫出花的神韻，用以報答友人的深情厚意（註六）。

文徵明儘管愛花，並以「玉蘭」爲堂名，卻不致像其高足那樣，連夢中都見到花神。某年，十月廿四夜，陳淳夢見一位仙裾飄飄，姿容美麗的佳人，坐於他書房的東舍。當他走近的時候，美人起身向他拜了四拜，且拜且說：

「余別你們，穿江蹈海。」言下哽咽，彷佛不忍作別。陳淳醒來後，推測夢中人的語意，可能是他自幼愛畫的水仙，託夢告別，乃就枕上賦夢水仙七絕一首，以爲紀念：

「曾將觴酌對君傾，小圃年來欠合并，最是主人情不極，夢中依約睹輕盈。」——夢水仙（註七）

文、陳師生，都善於米氏雲山，似乎也都感染了米元章嗜石之癖。

陳淳讀書作畫的西齋，庭院清靜整潔，向少塵氛。偶而一二隻禽鳥，飛鳴而至，彷彿在探慰孤獨中的主人。軒前供古石一塊，石雖不大，但雄奇多姿。當其淋沐在風雨中時，一種特異的光澤，四面流布；「古石軒」之名，因此而來。陳淳時常軒中獨坐，面對著這亙古無言的知友，詩思畫意，不知不覺浮現於胸臆。

閱歷過「西苑」仙境和無數名園疊石的文徵明，每次蒞臨之際，也對西齋古石，情有獨鍾：

「玲瓏蒼壁太湖姿，浪蝕沙淘四面奇；百穴晴牕通玉女，一拳小石夢仇池。乍逢合下南宮拜，欲詠還輸白傅詞；便擬高齋題列岫，朝來秀色滿檐帷。」道復西齋古石（註八）

也許，師生二人性格上的狷介，就很像那塊幽齋裡的古石似的，在風雨中，別具情韻，陳淳在詩裡寫：

「晨興頗閒適，獨坐看古石；最憐風雨深，四面流光澤。……」——古石軒獨坐（註九）

陳淳在嘉靖二十二年八月四日所作「崑山圖軸」上題：

「久不入城府，緣有山水之癖。今日偶過龍泉山房，坐玩水石，種種可愛。中有崑山

壁□景尤奇，主人見余酷嗜，因割贈余；余愧奪人所好，故寫此紙答之……」（註十）

這又是陳淳愛石成癖的明證。盆中石壁，蒼苔密布，輟以花草卵石，在白陽山人陳淳的筆墨下，別有一種勁挺的氣勢，堪爲其晚歲的力作。

如果比較一下陳淳在文徵明書畫後面所作的跋語，也可看出隨年齒的增長，有著明顯的差異：

「秋日辨之攜此卷索余畫，既展卷，見吾文師戲墨，不敢援筆，敬書數語歸之，丁卯陳淳謹識。」（註十一）正德二年，陳淳書於文徵明「溫蘭圖卷」後面的跋語，對師門尊長之作，表現得恭敬而拘謹。

嘉靖八年二月六日，在文徵明「落花詩圖合璧」（註十二）卷後，亦僅書年月及：「白陽山人陳淳觀」數字而已。

至嘉靖十年左右，陳淳題文徵明早年山水畫時，語氣態度，就大有改變：

「余幼入太史門牆，才德傾動海外，書畫冠絕古今，日無虛刻，筆無草率。此卷精妙入神，生平得意作也。珍之，珍之。門下士陳道復。」（註十三）

「嘉靖壬辰春日，石門王子，自海虞訪余於湖上，盤桓信宿，別去數年。戊戌之秋，復來過湖上，持吾師衡山先生所圖七星檜見示。曰：『此昔年訪君，別後見衡翁，丐得此卷，茲持來欲求賞鑒數語。』余諦觀之，不能釋手。蓋吾師得意作也。其筆法得松雪公三昧，故染勒秀潤，若出一手。

當不易畀人，今君乃不煩請謁，遽爾得之；非高標儒雅，有以愜其神情，莫能與也。石門子，其十襲寶藏之，道復謹誌。（註十四）

戊戌爲嘉靖十六年。回憶陳淳父親歿後，文徵明不忍見這位世交子弟，入室高足徵逐聲色，一度當筵拂袖而去。此後，陳淳即於書畫路途上，力求脫胎換骨，擺脫文氏的影響。文徵明則對人表示：「我，道復舉業師耳，渠書畫自有門徑，非吾徒也。」從前述文徵明早期山水、七星檜卷後兩跋觀之，使人不禁聯想到，師生間中年的一點心結，早已冰釋。隨著年齡的增長，陳淳對乃師看似拘謹的性格和書畫——實則含蓄醇和，可能有了更深的理解。因而面對作品，發出由衷的贊嘆。

△　　△　　△　　△

陳氏家財，從陳淳父親逝世後，就已經開始敗落，而以陳淳北游太學期間爲甚。由於所托非人，家中有僮僕偷盜，外面府縣吏緣勾結侵凌，田畝一天比一天減少，而官府租稅卻並未消除，是家道衰敗的主因。陳淳卒業太學南旋之後，只知和名人雅士，文酒歡聚，不事生產。倒是嘉靖初年，知府胡纘宗等，想爲他查稽家業，但是，已經無法補救了。

陳淳平日不賣書畫，即使流散出去的書畫，也不爲一般人所重。巡撫都御史陳益盛，知道他精於書法，特別開館，禮聘陳淳書五經周禮，鏤板置之學府，使陳淳一時聲名大震。但，依舊無補於家庭生計。

一年，冬至大雪紛飛，滿頭白髮的陳淳，對酒自酌，妻、子饑寒之色，使他心中暗自慚愧，乃吟五古一首：

「……遐思不可舉，對酒還自傾。白髮滿頭顛，百事渾無成。家貧愧妻奴，身賤慚虛名。淪落非所耽，聊爾殉閒情。」—至後值雪作（註十五）

嘉靖十八年十月廿六日，夫人張氏，在貧病中遠離塵囂，使陳淳進一步陷於孤寂。以「百足之蟲死而不僵」，來形容陳淳父親陳鑰遺留的家產，似乎也很恰當。陳淳晚歲，雖然生活日益貧困，唯園產尚有數處。如葑門內，以善書聞名的長子陳枚所居的「城南草堂」。座落陳湖之上的「五湖田舍」，依舊是他主要的嘯歌所在；二子陳樹，是否承歡莊中，則不得而知。長孫陳燦，讀於塘南吳淞曲的別業；陳淳偶而扁舟載客，探看長孫，也在嫩竹新荷間，巡視他那沒落中的王國。次子陳栝，不僅善寫花鳥，他那飲酒放誕的生活習慣，也很像乃父，頗具林下風範。陳淳晚年，陳栝隱於陳氏另一莊園所在的白陽山；山近蘇州城西三十餘里的靈巖。他能定下心來讀〈禮〉，倒使陳淳頗感欣慰。

陳淳暮歲，當聲色之嗜，攜妓之癖，像他筆下折枝花卉、米氏雲山一般，設色愈來愈淡，墨瀋愈來愈多時，他對居處的選擇，也隨之有所變化。

「城市非吾性，無端住浹旬；交遊仍不絕，詩酒復相親。問齒已垂老，謀生怪益貧，不如速去楫，眠食任天真。」—城居懷田舍（註十六）

城居不能適情任性，不若田舍、浩歌亭之自由自在。但，回到田舍之後，遙望西山，在雲端隱隱現現，他卻又深覺湖居不如山居那麼幽深僻靜：

「我生寄跡陳湖上，湖水天光相蕩漾，朝涵海日暮山月，披攬神情亦夷曠。有時舉首見西山，萬疊煙雲指顧間，對酒令人幾惆悵，此身未得常躋攀。……」—贈山中人

（註十七）

不過，賦這首七古的時候，他已如願移居山中，和次子陳栝，同棲白陽山的莊園。時爲嘉靖二十年冬至二十三年之間，甚至於已邁人他生命中最後的一個「四季」。

註一、〔故宮書畫錄〕卷六頁五九。

二、〔美術叢書〕册十九集四輯七〔聽颿樓書畫記〕頁一三三。

三、〔石渠寶笈〕三編册四頁一九〇一、〔吳越所見書畫錄〕卷三頁三一。

四、〔西邨集〕卷五頁三八「與文徵仲」。

五、〔石渠寶笈〕三編册六頁二六七三「長洲文氏尺牘」。

六、〔石渠寶笈〕三編册四頁一九五一「明陳淳畫茉莉」。

七、〔陳白陽集〕頁二八八。

八、〔陳白陽集〕頁三四三「附錄—詩」。

九、〔陳白陽集〕頁八一。

十、〔石渠寶笈〕三編册七頁三一一五。

十一、〔石渠寶笈〕册下頁一一七五。

十二、〔石渠寶笈〕續編册二頁一〇五〇。

十三、〔石渠寶笈〕三編册二頁九七一。

十四、〔文人畫粹編〕册四圖六四、頁一七〇「釋文」。

十五、〔陳白陽集〕頁九〇。

十六、〔陳白陽集〕頁一四六。

十七、〔陳白陽集〕頁九六。

第八十三章　造化弄人

陳淳遷居白陽山莊，除了喜愛山居清靜，無塵囂之擾外，健康的惡化，是主要的原因：

「春來淹肺病，靜息較偏宜，院僻人蹤斷，晝陰花事遲。」—春日養痾寄諸弟（註一）

唐伯虎、王寵，都在肺病的摧殘下，盛年凋謝；陳淳自知去日無多，往往晝夜無眠，對燈孤坐，心事有如潮湧一般：

「滿眼兒曹誰奮發，百年門戶強周旋。從今只學蜉蝣去，莫問修仙與扣禪。」—夜坐（註二）

想著平生落魄，父祖兩代的基業，幾乎破敗一空。也許受到他的習染，幾個兒子，看不出奮發向上的志向；宿疾纏身的他，不由得萬念俱灰，無論生前身後，都不願再想下去。

及至看到兒子，突然用起功來，陳淳心中，一方面感到欣慰，一方面也了然：

「重九今年好，何當值病中；登高心自倦，把酒興猶濃。破帽不出戶，瘦肌還怯風；弱兒勤筆硯，想亦慰衰翁。」—九日病中作（註三）

嘉靖二十三年二月四日，崑山張寰造訪白陽山莊園之際，陳淳呼酒饗客，並草書「山居十詠」爲贈：

「山堂春寂寞，學道莫過茲；地僻人來少，溪深鹿過遲，炊粳香入筋，瀹茗碧流匙；從此逍遙去，長生未可期。」（註四）

張寰，字「允清」、「安甫子」，自通政司參議致仕後，正欲暢遊名山大川。武夷、匡廬、黃山……都是他神往已久的勝蹟。此次到靈巖以西造訪山居的姜姓友人，無意中得知陳氏養痾於近在咫尺的白陽山上，隨即捨船乘輿，往扣白陽山人的草廬。張寰不僅對陳淳所贈「山居十詠」所描寫的清幽靜謐稱讚不已，對那深入草聖堂奧的字跡，尤爲珍愛；深慶他家中的「寶墨齋」，增添了一件難得的名蹟。

山中的氣候，對白陽山人的病和精神，似乎產生了滋潤作用，紅潤的面色，看不出一絲「夜坐」詩中所表現的絕望與頹唐。其後數日中，他除了伴陪張寰參加姜翁讌集。穹窿山麓陸氏堂構落成盛典，並同往虎山橋西，一探銅坑之勝。離別之際，又應允爲張寰和其師李蒲汀、鄉丈周約菴的二十首「詠梅詩」補繪圖卷。

這一番不期而遇，與數日的杖履相接，日後使張寰義不容辭地爲他撰寫「白陽先生墓志銘」（註五）。他那顯赫而富裕的家世、風流縱誕的性格、名師的教導、一生的落拓、乃至足以睥睨千載的文藝成就，在張寰筆下，形成史詩一般的篇章，使人從中可以窺出這位蘇州花卉、山水、書法大師的生命軌跡。

四月，陳淳爲「懷齋」表弟作「松菊圖卷」，不久之後，懷齋送請文徵明題跋，年高七十五歲的文氏，略加思索，搦管書七絕一首：

「歸來松竹未全荒，雪榦霜姿照草堂，種得秋田供釀酒，年年風雨醉重陽。」（註六）

「歸來松竹未全荒」，用的是陶淵明的典故，就其高弟陳淳的現況而言，卻也是眞實的寫照，正如陳氏在另一首「山居」中所懊悔的：

「自小說山林，年來得始真，耳邊惟有鳥，門外絕無人。飲啄任吾性，行游憑此身；最憐三十載，何事汩紅塵！」（仝註四）

然而，在陳淳有生之日，題松菊圖七絕，可能是乃師爲他所題的最後一幅畫。

△　△　△　△

秋天的白陽山，時晴時雨，煙霞漫地，爲松林、竹渠，帶來千變萬化。有時，陳淳正在蔭下讀書尋詩，忽然一群不知來自何處的鳴禽，擾亂了他的詩思，卻又領會到另外一種自然情趣。沉寂中，他可以聽到風雨由遠而近的沙沙聲，于是急忙呼喚童子，零亂地收拾起書冊和紙筆，快步奔向草堂。工夫不大卻又見松影、白雲，在青空中共舞。大自然運行的巧妙，使他心醉，也使之忘懷一切。

這是他山居的第二個秋天，他不時吟誦初入山時所賦的「秋日白陽山居」五律：

「不到山居久，煙霞只自稠，竹聲兼雨下，松影共雲流。且辨今宵醉，寧懷千歲憂，垂簾趺坐久，真覺是良謀。」（註七）

山居雖好，只是時間一久，難免靜極思動；煙波浩淼的太湖、太湖西岸的荊溪、風味獨特的陽羨茶……不時在他心中縈繞。時已漸入深秋，山上到處飄飛著紅葉，曉起花圃、草叢，都已罩上了一層嚴霜，但依舊阻擋不住他出遊的意念。

「甲辰秋日，余有荊谿之行，舟行道中，偶閱杜集得此作，遂書成卷，并製小圖　道復識。」──題渼波行（註八）

小圖之前，是一卷字約拳大的狂草，或許是他最後的書畫合璧。

近年，陳淳常攜杜詩，以便隨時翻閱吟哦。這年春日山居岑寂，曾把「戲題王宰畫山水歌一首」書寫一過。荊谿舟中所書「渼陂行」，是杜甫與岑參兄弟在長安鄠縣渼陂泛舟所作。

「岑參兄弟皆好奇，攜我遠來遊渼陂。天地黤慘忽異色，波濤萬頃堆琉璃。琉璃漫汗泛舟入，事殊興極憂思集。鼉作鯨吞不復知，惡風白浪何嗟及。……咫尺但愁雷雨至，蒼茫不曉神靈意。少壯幾時奈老何！向來哀樂何其多！」

類此險象叢生的水上之旅，是否爲陳淳此行親身體驗，以致有感而書，不得而知。但回到白陽山後，他的精神體力，就一蹶不振。禍不單行地，他的兩個兒子，一個兒婦和長孫（註九），在短短期間內先後離開人世。這倒眞如杜甫詩中所說的「蒼茫不曉神靈意」了。

在他生命末期的「有感」詩中，已經完全失去了一年來山居所散發的光彩：

「老覺今年甚，愁懷與病俱；兒曹半凋落，事業總荒蕪。倦借藤床臥，行教竹杖扶，不須存妄想，閒適是良圖。」（註十）

嘉靖二十三年十月二十一日，陳淳默然而逝，享年六十有二。

「君有雲林之飄灑而無其癖，同石田之高潔而通於和；豈真所謂『遠性風疎，逸情雲上』者耶？」（仝註五）

回想白陽山的邂逅，那不羈的性情光芒四射的才華，張寰無限悵惘地爲陳淳作了蓋棺之論。

△　　△　　△　　△

嘉靖二十一年臘月廿一日，武原李姓友人，不遠數百里前來吳門，慰問晚年喪偶的文徵明。

篝燈夜譚時，話題由臘月的天氣轉到北宋李營丘所擅長的寒林景色。文氏所作「寒林鍾馗」中的寒林，凜冽肅殺，已充分表現出李營丘的家法。一時不由得技癢，乃抽筆邊談邊寫，古幹枯枝，錯落的石塊，紆曲的溪流，把視線引向迷濛幽深的遠方。圖成之後，不知不覺間，已漏下四十刻的深夜。時雖歲暮，而天氣和煦，與畫幅間所流佈的陰冷之氣，反倒形成一種有趣的對照（註十一）。

音訊久已沉寂的楊循吉造訪停雲館，出乎文徵明的意外，更大出蘇州人的意外。他已八十五歲高齡，又常年隱居支硎，識得他的人已經不多。後生晚輩，有的僅知其名，聽過他所以被稱爲「顛主事」，和令人受窘的一些青年往事。也有的記得正德十五年，他應召往南京行在伴駕，行前奇裝異服，對地方官大肆奚落的行徑。

幾年前致仕的顧璘，決心往來金陵和蘇州間，多與蘇州父老詩酒雅集，他向文徵明透露一件憾事：

顧璘久仰楊循吉才名，但緣慳一面。那次路經吳縣，知循吉在嘉靖初年，築室於支硎山下，乃以金幣一枚爲贄見之禮，扣廬往訪。兩人一見如故，促膝論文，歡洽異常。不久，知府遣使，折簡邀請顧璘赴宴；楊循吉聞言，臉色忽變，立刻下令逐客：

「野人安敢與貴人爭客！」（註十二）

啓碇前，循吉又命兒子，將作爲見面禮的金幣，投擲顧璘舟中，以示不屑與之往來：

「即汝呼，慎無復應。」他囑咐少子（仝前註）

第二天一早，顧璘親自前往謝罪，任憑如何叩門，楊循吉只是堅閉不納。知道事情始末的人，無不認爲循吉不近人情；但度量寬宏的顧璘，卻並不介意，他以此告誡途經蘇州的賢士大夫：

「過吳不可不造楊先生；然亦毋易造楊先生也。」（仝註十二）

數十年來，文徵明經常受託爲行狀、傳記和墓志銘。楊循吉於「董氏誌」中，嘗論文章家多僞書；無論何人，只要束帛乞銘，寫文章者，不管其人品，行爲和勳業如何，便來者不拒，大加揄揚。這類文章，不僅影響到墓志的可信性，也壞了史料的來源：

「……人死，凡有力者便得銘，無不以為忠臣、孝子、慈母、烈婦、廉士、才人也。夫賢者固不若是之多也。則文安得不壞。而天下之誠、忠、孝、慈、廉、才者，何怪乎人之不信也！嗚呼，真偽相亂，史何徵焉……」（註十三）

此論雖非對文氏而發，文徵明落筆墓志前，卻不得不格外愼重。

對於詩，循吉也別有見地：

「予觀詩不以格律體裁為論，惟求直吐胸懷，實敍景象，婦人小子皆曉所謂者，然後定為好詩。其他餖飣攢簇，拘拘拾古人涕唾者，亦木偶之假線索以舉動者，吾無取焉。……」—序國初朱應辰詩（註十四）

文徵明的詩，兼法唐宋，與楊氏同樣，不拘於格律體裁。但他只求溫厚和平，不避用典，也不刻意堆砌。倒是他的高足陳淳，詩中絕不用典，而清新暢達，寫景應物，傲兀自放，與楊循吉頗爲同調。

正德十五年冬，人們指爲因未得授官，而自南京行在乞歸的楊循吉，實則係奉命返蘇，裝束後，再直接到北京赴命。但對他而言，這次北上，卻是一個徹底的悲劇。

赴京時，他帶著元配趙氏所生的二子同往，希望能開拓一番新的事業。青年時代的致仕出京，雖然士林稱高，實則誤信命相者言，以爲壽命有限；不意到了兩鬢飛霜之際，依然健在。靜中自思，禁不住滿懷悔恨：

「……有官不作身日卑，無財可悅親益離；古之高行，豈汝能追？弗蒙其享，但招寒饑，原憲長貧，李廣數奇，命也！」（註十五）

由於多年的貧困與悔恨，使他很想藉正德皇帝對他詞曲的欣賞，重新創建一番事業，以求封妻蔭子，彌補往昔之失。只是，他仍舊無法擺脫命運的作弄：

楊循吉到京未久，正德皇帝駕崩豹房；自然，他榮宗耀祖，封妻蔭子的希望，也就隨之破碎。其隨行二子，可能由於剛剛踏入繁華廣闊的天地，不願隨希望之幻滅，便遽而重回支硎南峰的草廬，再度受貧困的煎熬，其中一子，索性獨自出遊，去向不明。另一子卻於南歸時，喪命於京口舟中。

正德十六年夏天返吳的楊循吉，可謂萬念俱灰，加上年老體衰，遂築室支硎山下，修葺舊聞，終日埋首在故紙堆中，以筆研度日。而祖上所遺負廓田百畝，也在漫長的歲月中，悉數賣盡。

他再一次燃起出山效命的希望，是嘉靖十五年的事：

十五年初，適九廟告成。崇信道教的嘉靖皇帝，年已而立，尙無子嗣。朝廷內外，像正德年間那樣，陷於渴望儲君的焦慮之中。亟盼藉道家的法術，祈求禱祀使天賜金枝，以繼承朱厚熜的宗兆和明朝的大統。年近八旬的楊循吉，爲九廟肇興，恭撰頌文一篇。外將所珍藏的〔華陽求嗣齋儀〕十卷，一並進呈。頌文蒙頒史館典藏，〔華陽求嗣齋儀〕亦蒙皇帝嘉納。不久，宮中傳出喜訊；依據循吉的說法，此書極爲靈驗，屢現「日精射稿」的祥瑞徵兆。十五年十二月，皇儲降世，普天歡慶；但皇帝論功行賞，卻把禱祀之功，歸於嘉靖三年即被召入京，封「致一眞人」，班列二品的道士邵元節，拜爲禮部尙書。楊循吉形容當年冬天，轉道山西還歸故里的孤獨情況：

「……埋首隱伏，終日惟與古賢相對，輪蹄絕跡，亦不尤人。……」（仝註十五）這時的他，眞的感到老邁不堪了，用世之念，已完全斷絕，一切遭際，統歸於運數。

文徵明發現，由兩個庶子陪侍而來的楊循吉，不僅耳聵目昏，老態龍鍾，無論坐起舉步，都必須靠人扶持。對於僅餘的兩個兒子，因照應門戶、扶侍老父，至今未得籍隸學官，楊循吉多少感到遺憾。

喘息良久之後，文徵明逐漸了解這位八五高齡長執的眞正來意：

不久前，楊循吉在草廬右側的小丘，爲自己築了一個生壙；前谿後城，他覺得這種清幽僻靜的景色，足以供他作百年後偃臥之所。

唯恐一旦作古，無人紀述他的生平、性情和著作，乃自爲「生壙碑」，琢石而鐫之。自己生前可以摩娑玩賞，謝世後則供過往行人，閱讀憑弔。他有求於文徵明的，是爲他以隸書，書寫那洋洋千四百餘言的生壙碑，以便上石。

沈周的「夜登千人石」五古，列於〔石田先生集〕之首。當時意氣風發，才華洋溢的青年詩人楊循吉，曾一和再和，沈周一答再答，這些老輩風流事蹟，直到多年之後，文徵明的祖父文洪和父親文林，依然津津樂道。

文徵明也清楚記得，循吉以三十一歲壯齡，辭官東旋的往事。那時，徵明年方弱冠，從父親的任所回來，定居蘇州不久。石田師所賦「聞君謙致政賦此以致健羨」七絕三首，不但百讀不厭，更發人深省；自己的掛冠神武，急流勇退，前輩的風範，未嘗不是因素之一。

宏治四年二月二十一日薄暮，沈周往遊支硎，林麓間，見循吉乘筍輿而來，頭戴竹笠，手攏書卷，飄瀟有如神仙。暮色蒼茫中，兩人僅一揖而別；但留在沈周心中的影像，卻縈繞不去。除賦七古一首以紀其事，並作「支硎遇友圖」一卷。那圖在文徵明胸臆中，鮮活依舊。

然後，他自己也漸入壯歲，時約祝枝山、朱存理、陳淳等，往訪支硎，杖履從游，或讌集草廬，分韻賦詩。那種雍容儒雅的氣氛，彷彿被這位學問淵博，修養高深的長執，帶進古昔的境界。

至於正德末年，楊循吉內心的矛盾、希望的幻滅，乃至喪失愛子的悲痛，文徵明雖有所聞，但那種震撼，遠不如此刻所讀楊氏親自撰寫的「生壙碑」：

「……文集方斟酌未成，書三四種，有完有未完。愧無寸長，不欲勞他人之筆，所貴以自述為不誣，故撰其碑云爾。」（仝註十五）

生壙碑中的這段獨白，語調雖然平淡，實則他一生中，所受到的讒言和議論，所遭遇命途的坎坷；使他唯恐在碑文中再被扭曲掩蔽，失去他應有的面貌，豈非百世莫辨！

在誄文中，楊循吉倒表現得豁達異常，使文徵明從前半篇所感受到造化弄人的心理壓力，得到少許的抒解：

「……古多達士，裸葬未虔，從容自祭，靖節為賢。有書方編，有文未鐫；無非糟粕，不喜流傳。且夫生也憂，死則否；遠恥辱，平仇讐，萬苦千辛，一筆都勾。以還造物，與鴻濛遊，錫汝長眠，草綠仍秋；所以佚我，惟此樂邱。」（仝註十五）

看著那喘息方定，依案品茗的老人，從他的眼神中，文徵明似乎可以讀到比生壙碑文更深奧，更豐富的內容：依舊隱隱發光的才華、玩世不恭的性情、爲命運所播弄的憤慨、廣博深厚，「仰之彌高，鑽之彌深」的學養、洞徹天地奧秘，而又擺脫不了自然法則的惆悵……

註一、〔陳白陽集〕頁一三四。

二、〔陳白陽集〕頁一六八。

三、〔陳白陽集〕頁一四三。

四、〔陳白陽集〕頁一〇七「山居」二首之一、頁三三五附錄張寰「訪白陽先生敍事」。

五、〔陳白陽集〕頁三四九「附錄」。

六、〔爽籟館〕二輯五六、〔南畫大成〕五、七；本文間接引自〔文徵明與蘇州畫壇〕頁二一〇。

七、〔陳白陽集〕頁一一〇。

八、〔吳越所見書畫錄〕卷二頁二六，按，墓志銘謂其：「久之，懷義興山水幽奇，冬日往遊，感疾不治，卒於家。」而「渼波行」題識謂：「甲辰秋日，余有荊谿之行」。

又：陳淳所書杜詩詩題爲「渼波行」，查杜詩集爲「渼陂行」，〔中國古今地名大辭典〕亦稱「渼陂」。

九、按，墓志銘中謂：「窆穸之費，咸出於冢婦沈，沈生子曰燦，既夭也，而栝之夫婦與樹，相繼歿，棺歛喪葬，亦沈所營。」唯查〔中國美術家人名大辭典〕頁一〇一四，陳栝至嘉靖二六、二七、二八、三二年，均有繪畫作品傳世。則先陳淳而逝者究爲長子陳枚或次子陳栝，殊爲疑問。

十、〔陳白陽集〕頁一〇四。

十一、〔文人畫粹編〕册四圖七三、頁一七二「釋文」。

十二、〔姑蘇名賢小記〕卷上頁三一「楊儀部南峰先生」章。

十三、〔吳郡二科志〕「楊循吉」章，影印自中央圖書館善本書室。

十四、〔列朝詩集小傳〕冊上頁二八〇「楊儀部循吉」條。

十五、〔吳都文粹續集〕卷四三頁三九「明禮曹郎楊君自撰生壙碑」，楊循吉撰。

第八十四章　樓居圖

嘉靖二十年前後，蘇州流傳一則來自太湖南岸吳興的趣聞：某氏正在宴請一位官宦，賓主間談笑風生，氣氛熱烈。一些朝廷舊事，不免成了杯觥交錯中的話題。

這時，有位年已古稀的老者，不期而至，看樣子可能是位熟客。主人沒有特別引介，被待爲上賓的官宦，也就不以爲意，依然高談闊論，旁若無人。尤其當他看到老者身著襤褸的短褐，一雙芒鞋，彷彿鄉下的老農，深覺這人來得不但唐突，與之同桌共飲，多少有礙觀瞻；不覺露出幾分輕賤的神態。

偶然，話題轉到孝宗宏治年間，外戚張延齡驕橫，言官龐泮等上疏論奏，皇上怒其言辭激烈，非但不約束貴戚，反將一干言官下獄懲治時；這位官宦義形於色，以一種神秘的語氣，顯示在座者只有他深知此事的底蘊：

「時非某公抗氣申救，禍且叵測！」

短褐、芒鞋的老者聽到這裡，不知何故，像來時一樣唐突，急忙起身離去。官宦探問主人，始知老者正是當時奮不顧身，與同年陸昆抗疏論救，出言官於獄的進士劉麟（元瑞）。歷經三十年左右的宦海生涯，早已以工部尚書致仕。爲官清正的劉麟，致仕後竟然棲身無處，其後，知府爲之築臺於城郊南坦，縣令進而爲他構堂臺上，總算有了個簡陋的息游之所，並以「坦上翁」自號。

知道了老者身份的這位官宦，想到適才的言語和狂態，立時頰赤汗下，低頭不語良久，才求主人陪同造訪劉麟，向他謝罪。寬宏大量的劉氏，卻略不爲意。

然而，蘇州人更津津樂道的，則是文徵明於嘉靖二十二年七月中旬，爲坦上翁劉麟所作的「樓居圖」。曹操能使軍士「望梅止渴」；至於「畫樓」如何登臨？則十足令人玩味。

紙本、設色、幅長三尺有餘的立軸上，古柳垂條，清流環繞，莫非是知府爲尊崇劉麟磊落清直風範所築的臺？石基粉牆內外，盡是蒼然古木。樹梢上面，浮出斜斜的一片屋頂。在高樹、草頂，和淡遠峰巒拱衛中，聳立著劉麟魂縈夢繞的小樓。白衣主人憑欄而坐，彷彿正在舒眉遠眺，神遊世外，一個小僮，端盤侍立於後，愈發顯出高人晏居的悠然。文徵明在畫上題：

「僊客從來好閣居，窗開八面眼眉舒，上方臺殿隆隆起，下界雲雷隱隱虛。隱几便能窺日本，凭欄真可見扶餘，揔然世事多翻覆，中有高人只晏如。南坦劉先生謝政歸，而欲為樓居之念，其高尚可知矣。樓雖未成，余賦一詩並寫其意以先之，它日張之座右，亦樓居之一樂也。」（註一）

劉麟得到文徵明的「樓居圖」，視如至寶，畫中境界，正如他夢寐以求的那樣，縱目遠眺，太湖諸島，扶餘仙境，彷彿歷歷在望。人世的喧囂，政治的紛擾，均已置諸度外。在圖史筆硯的伴陪下，安度餘生。他把那圖懸掛在堂壁之上，可以隨時神遊其中。另外作了一個寬舒的籃輿，吊在梁曲之間，當作比上不足，比下有餘的「樓閣」；他稱之爲「神樓」。這位一貧如洗的致仕尙書平日「樓居」，讀書、著作外，諦聽林中鳥囀，享受陣陣襲來的清風，一時自己也分不清身在畫裡，或侷促於「神樓」之內。

當他的好友楊用修、朱子价紛紛賦「神樓曲」，贊頌他清高的品德和那豐富的精神生活時，有位建安李尙書，聞「神樓」之名，造訪山中，才發現神樓主人淸寒得竟連寢具都付之闕如。在瀟瀟風雨中，劉麟只能以羊乳易酒饗客，歡飲至夜。

「樓居圖」和「神樓」之名，雖然傳遍太湖一帶；但劉麟何以不遠百里之遙，索求文徵明爲圖，不願假手吳興名家？二人的過往淵源如何？似乎就鮮爲局外人所知了。

據說劉麟早年，與徵明好友顧璘、徐禎卿極爲友善，人稱「江東三才子」。因此，無論文徵明的家世、人品和才能，早爲劉氏所仰慕。

正德三年，劉麟以刑部郎中，出守浙江紹興府。紹興是個爲人稱羨的大郡，由此可見朝廷對劉麟的器重。不過當時擅權秉政的，不是正德皇帝，也不是銓曹宰輔，而是中官劉瑾。劉瑾恨劉麟赴任前，沒有前往謁見，叩謝他的栽培，在他到官僅僅五十六日（註二），就藉故將劉麟罷官爲民。但這五十六日相處而驟然離去，竟使紹興百姓如失慈母，奔走追餞，餽以重金，劉麟一概婉拒；劉麟的愛民得民，和他的清正廉直，於此可見一斑。

紹興人爲了表達對劉麟的崇敬，爲他塑像以爲紀念，並建「小劉祠」，與郡中原有的，奉祀漢朝賢守劉寵的「劉祠」相配。劉麟賢名，也因此不脛而走，傳聞天下。

罷官後的劉麟，頓時衣食不繼，貧困得連返回江西安仁的路費也沒有。乃北走湖州，浪跡吳興，客居在文徵明好友吳汝琇家中。

正德五年劉瑾伏誅，劉麟受命爲西安知府。吳興官紳知道他重膺大任，莫不爲之鼓舞，紛紛賦詩贈行。照一般慣例，送行的詩敍，多出於名公貴人之手，但，劉麟卻獨屬意於遠在蘇州，當時潦倒落魄的文徵明。據吳汝琇表示，無非景仰文徵明的賢且直；劉麟以爲唯有這樣的人執筆，才能眞正像古人那樣：「得其善則稱，知其過則規」，不會一意揄揚，爲無補於事的空言。因此，文徵明撰「送劉君元瑞守西安敍」（仝註二）時，文、劉二人尙無一面之雅，但不能不說是神交已久的知音。

補西安不久，劉麟即遭父憂。前度寄寓吳興的結果，使劉麟對吳興山水，不能忘情；索性奉父親靈柩，葬於湖州，表示此生長爲湖州人。

回憶執筆送劉元瑞守西安詩敍的往事，文徵明感覺猶在目前，忽忽二人皆已致仕多年。當文徵明揮灑「樓居圖」之際，想著劉麟窮困孤獨的晚景，不由得興起「安得廣厦千萬間」的感嘆。

△ △ △ △

文徵明繪製樓居圖前後，松江華亭徐階路經蘇州，知府王廷宴之於竹堂寺，請文徵明同席作陪。徐階字子升，嘉靖二年進士第三名，授翰林院編修，也是文徵明居京時的舊友。皮膚白皙、身裁矮小、舉止優雅的徐氏，聰敏穎異，有權略，常與王陽明的門人交遊。

一次，張璁倡議除去孔子的王號，把聖像換成木主，其餘籩豆禮樂均加以損抑。詔下儒臣集議的時候，徐階獨持異議。張璁召徐階，當面嚴詰；徐階抗辯不屈。張璁怒極，厲聲喝斥：

「若叛我！」

徐階則毫不畏懼，正色而言，表示有「阿附」才有「背叛」，但他根本就沒有阿附首輔，所以也就無所謂背叛。說完，從容不迫，長揖而出。鏗鏘的語句，嶙峋的風骨，一時傳遍京師。張璁爲此把他外放爲延平府推官。回首多年往事，文徵明感慨無限。即席賦詩，爲徐階送行，也冀望他能爲朝廷大用，造福生民。

此外，同在這年七月，他也爲王廷作四體「千字文」，並行書舊日的詩篇。十一月，也就是王廷守蘇已近考滿，行將赴京述職的時候，見到徵明自選的詩集。詩分四卷，按年編次。最早的爲二十歲所作，末篇則作於正德九年，時年四十四歲。前後二十四年間，一共存錄五百首之多。吟哦、咀嚼，王廷從中可以清晰地看出文徵明青壯年時代遭際、人格、爲學和思想的發展。「言爲心聲」、「詩以語志」，玩味這些詩作，看看眼前這位白髮蒼蒼、手不停揮、溫和慈藹的吳門大隱，讓人感到人生命運雖變幻莫測；但，爲一股浩然之氣所引導的心志成長，卻有著一貫的脈絡。王廷對四卷〔甫田集〕愛不忍釋，於是序而刻之，使能流傳後世。

王廷，字「子正」，四川順慶府南充縣人，故又號「南岷」。嘉靖十一年進士，授戶部主事，後改爲御史。他和文徵明高弟王穀祥，同樣不滿吏部尙書汪鋐的銓敍不公，上疏奏劾。得罪當道的結果，謫爲亳州判官。嘉靖二十年，以工部郎中遷爲蘇州知府。

王廷知蘇，禮賢下士，直節勁氣，不改本色。蒞官後，重鐫王鏊閣老和蘇州才彥心血結晶而成的〔姑蘇志〕，算是他對蘇州的一點心意。志中增列「歲貢」一表，則是對文徵明道德和學養的敬重。王廷每次造訪停雲館，往往流連竟日。而所談均屬金石文藝之事；文徵明既無所干求，王廷更言不及私。用膳時，文徵明並不以郡守在座，增添美旨佳肴，待之一如家人好友。然而人生在世，只能說是會聚有時，述職之後，萍漂何處，這兩位知交，均感渺茫。

嘉靖二十三年四月十日，八十一歲長洲老儒謝雍（元和）造訪，以手錄〔枝山先生詩文集〕十卷贈文徵明。對文徵明而言，十卷鈔稿，如睹故友，無異於珙璧，但也爲他帶來一絲歉疚和惆悵。

謝雍的祖父舉人謝會，是枝山祖父的門生。其父謝昺，對枝山父親執禮甚恭。謝雍待枝山也如師如友；因之，祝、謝二氏，實爲通家之好。謝雍對其祖父遺文，異常珍視，積極爲之校錄、刻版，使先人的德義文業得以流傳。祝枝山曾撰「贈謝元和序」（註三）勉勵他的孝行，和篤于通家交往之道。同時也把雖然功名無成，卻進德修業努力不懈的謝雍，引爲知音。〔枝山先生詩文集〕鈔本之贈，不言可喻，是希望藉文徵明之力，使得傳誦千載。

枝山卒於嘉靖五年臘月，正值文徵明出京南旋，卻阻冰潞河之際。待春暖還吳，兩位知友，早已天人永隔，爲文徵明留下永生的遺憾。祝氏晚歲，自己已將生平文稿詮次成帙，藏而未刻。謝世後，長子祝續檢輯遺作，得十之六七；其中多數爲枝山所手錄。然而稿中，塗抹、修改、註釋，密密麻麻，外人難以辨識。丁憂期滿的祝續，只好帶著父親遺作，游宦四方，隨時考訂、整理及鈔錄，直到歸老林泉，依舊在乃弟祝繁的協力下，繼續校勘。而經濟能力之不足，則是遲延十五六年後，無法付梓的主因。

嘉靖十五年三月廿二日，文徵明歸隱的第十年，曾意外的見到祝枝山二十四歲時的手稿一軸；詩、賦、雜文共六十三首。想到早年，先是都穆、枝山均以古文馳名吳中。數年後，他和伯虎也追隨其間，文酒雅集幾無虛日。那時年少氣銳，人人都以古人自期，對朝廷、社稷，都抱著很大的理想。轉眼之間，不但命運各異，除他之外，皆已先後凋謝。一時感慨，有如潮湧：

「……嗚呼！三君已矣，其風流文雅，照映東南，至今猶為人歆。余雖老病幸存，而潦倒無聞，不足為有無也。此卷雖君少作，而鑄詞發藻，居然玄勝。至於筆翰之妙，亦在晉宋之間，誠不易得也。……」題祝希哲手稿（註四）

回憶、惋惜、珍視，但也充滿了無奈。

其時，伯虎詩文，已由袁袠編輯問世。自己作品雖然逐年謄錄，力之所限，卻不敢作付梓之想。至於由祝續和祝繁兄弟校訂、鈔錄，定命爲〈祝氏集略〉的三十卷詩文，以祝氏家境的蕭條，篇帙的浩繁，如非有大力者爲助，恐怕也只能繼續藏之笥內。

「〈枝山先生詩文集〉，老朽手錄以贈

內翰衡山先生，少申微意。嘉靖甲辰四月十日，謝雍時年八十一歲」（註五）在兩巨帙手鈔詩文的尾頁，有謝雍的落款。文徵明把詩文題目翻閱一遍，其中多半他已讀過，和印象中祝續兄弟所作編目相較，雖然不無重複，但兩相印證及彌補闕漏之功，不可忽視。倘機緣能力許可，與〔祝氏集略〕合成完璧，當更能使枝山學思才華，光耀於世。

對謝雍到處搜集祝氏遺文，以蠅頭細楷鈔錄的心意和工夫，文徵明滿懷讚嘆和感激。至於何時方能達到這位宿儒的願望，爲亡友稍盡綿薄之力，文徵明輕拈著頦下的霜鬚，一時竟無從想像。

不知有意或是巧合，帙中「扇景和徵明」、「爲謝元和索酒」、「沈先生臨小米大姚村詩圖歌」，竟同錄於一葉之中。

「覆有高林載有苔，石公木客可參陪；山居事業略完具，只是無人肯入來。」（註六）

詩中的後兩句，以戀慕紅塵的人性，襯托文徵明早年扇景所表現深山無人的空靈境界。

沈周臨小米大姚村詩圖，是宏治年間在蘇州所流傳的故事：

蘇州沈汝融，家藏一幅米友仁大姚村圖卷，是有名的藝術瑰寶。成化末年，爲中官王痾，仗勢搜刮而去。失去世守之寶的沈氏，自覺愧對父祖，寢食俱廢，了無生意。沈周曾看過此畫，其後又從外甥－徐有貞之子處，見到米友仁行書詠大姚村風物的三首詩。詩意喚醒了對米氏雲山圖卷的記憶，沈周乃背臨一卷；優孟衣冠，用以安慰沈汝融，汫淡他心中的悲感。宏治五年的舊事，當時年已廿三的文徵明，記憶猶新。枝山所作長歌，歌詠大姚村圖的烟雲變化神妙之外，更寫出沈周的妙手與仁心。

至於索酒七絕，愈發顯出蘇州文壇先進的儒雅風流。

「如今不是三閭世，愧我緣何每獨醒；為向東山尋醉地，一雙香玉快飛瓶。」（仝註六）

使文徵明感到無獨有偶的，册中別有一首「爲文宗質索糟」七絕一首：

「真酣欲作劉伶藉，借與非同屈子餔。買得淮魚正堪壓，問君能與一瓶無？」（註七）

此外，集中索扇、索劍等詩不一而足，充分地顯示出枝山個性的率眞與風趣。

△　　△　　△　　△

嘉靖二十四年初夏，長洲王庭（直夫），從江西參議任內，得疾謝歸，年僅五十六歲。因不附張璁而至宦途坎坷的胥台山人袁袠，則以四十四歲壯齡，自廣西提學僉事致仕，歸臥横塘別業。拒不參加南京鄉試，甘於饑貧，卻不願請廩，志在經、史、兩漢、金石的彭年（孔嘉），以及前此辭官的陸師道（子傳），經常集聚於文徵明之門。評隲詩文，考校金石，不但戶履常滿，七十六歲高年的文徵明，也自然負起領袖東南風騷的重擔。

「內翰小子師，卓行古人傑。辭金抗幼齡，解組修晚節。丹青紛雲煙，篇翰爛虹蜺，

瑚璉世所珍，昭代表三絕。」——十懷詩（其一）（註八）

人品、節操、學識和藝術上的成就；從袁袠這首稱頌文徵明的五律中，可以見出學貫古今，著作等身的袁袠，出入衡山之門，絕非偶然。

至於陸師道之春闈高中，到去官歸吳，倏忽去來，更恍如南柯一夢。長身玉立，容顏俊美的陸師道，自弱冠前後，就與文徵明相友善，經常方舟出遊。嘉靖十六年，師道北上赴試之前，兩人還曾泛舟湖上。放眼左右，千巖萬壑，一片青翠。鳥囀猿啼，泉水爭流聲中，師道出絹求畫。文徵明略加思索，隨即搦管經營，至興闌則止。回停雲館後，繼續畫畫停停，那知圖成未半，陸師道卻已自禮部以母老乞養而歸，時爲嘉靖二十二年早春，從此正式拜於徵明門下。

陸師道中進士，頗經過一段曲折：

太傅李時閱師道殿試試卷，當即大爲稱賞，認爲「文章賈董，筆法鍾王」，擬置於一甲，甚至認爲新科狀元，也可能非此人莫屬。首揆似乎也同意李時的看法，但他爲攏絡人才，欲先結識陸氏，再定取捨。命人邀致的結果，師道以士節所關，不肯往謁；使他既失望又憤怒，遂抑置師道於第二甲，授工部主事，改禮部儀制司。

對陸師道的不肯謁謝，首揆並不就此甘心，授官之後，仍然一意想羅致門下。師道不屑首揆所爲，竟犧牲似錦前程，以母老乞歸；其時年未三十，聞者無不爲之惋惜。在人們心目中，徵明四絕，不減趙孟頫；陸師道不但均得其傳，風骨品德，與文徵明亦不相上下。

註一、〔文人畫粹編〕冊四圖六六，頁一七一「釋文」。
二、〔甫田集〕頁三六五「送劉君元瑞守西安敍」指劉麟守紹興僅五十六日去官。〔明史〕冊四頁二〇九五則指甫五月去官，本文從文氏敍。
三、〔祝氏詩文集〕冊上頁一八四。
四、〔甫田集〕頁五三九。
五、〔祝氏詩文集〕冊上頁三二四。
六、〔祝氏詩文集〕冊上頁二九一。
七、〔祝氏詩文集〕冊上頁二九六。
八、〔甫田集〕「敍錄」頁四。

第八十五章　吳門道上尋舊遊

文徵明青年時代，赴試南都所結識的「金陵三傑」中，官位之隆、聲望之高，和詩文的造詣，都以南京刑部尙書顧璘爲最。

顧璘愛惜人才，更愛結交朋友。支硎山下，扣廬訪楊循吉，被拒於門外之事，在蘇州已傳爲美談。

膾炙人口的是，他和文徵明另一位友人太白山人孫太初結識的往事：

正德初年，傳說爲安化王親支，風儀秀朗，蹤跡奇譎的孫太初，在蘇州和沈周、唐伯虎、文徵明等吳下名士詩酒歡會之後，即南下浙江，隱於霅溪、西湖一帶。並與當時罷官閒居的劉麟等，結爲「苕溪五隱」。正德晚歲，顧璘由浙江臺州知府陞浙江布政使司左參政。久聞孫氏丰儀才情的顧璘，渴欲結識這位名滿西北與江南的山野奇士，卻緣慳一面；一者是孫氏行蹤飄忽不定，再則，孫氏似乎有意避開和高官貴戚相往還。顧璘爲此數次道衣幅巾，放舟西湖之上；期望能在自然情況下，與孫太初納交。一天月下，湖波蕩漾，笛聲悠揚。顧璘循聲遙望，保俶塔高聳入雲，山腳斷橋處，有舟泊岸。隱約可見一僧、一鶴，和一個煮茗的童子；顧璘笑說：

「此必太初也。」隨命舟子移船往就。身穿僧服的孫太初感其知音，從此打破隔閡，往還無間。可惜未及數載，太初即以三十七歲英年，遽歸道山，遺下妻子施氏和所生一女。

嘉靖九年，顧璘由浙江左布政使被召為都察院右副都御史，巡撫山西；他以親老為由，不欲遠離江南，上疏乞終養。不意竟以「忤旨」罪降為都御史，以布政使官銜致仕，直到嘉靖十六年再起為官。在這六年多賦閒家居期間，一方面完成了他終養的心願，同時也是他交結四方賓客，倡導風雅，埋首讀書和著述的歲月。

為了問學、研討和安置慕名而來的訪客，顧璘構築「息園」，建華舍數十間以為接待之所。客至如歸，命觴染翰，各展其能；他像戰國賢公子那樣，周旋其間，永無倦色，務使款曲意盡而後去。

每當大讌賓客之際，鬚髯滿面的顧璘，必命教坊以箏琶佐觴。絃管悠揚中，顧氏靈思泉湧，議論英發，聽者傾座；而樂聲也自然為之中止。待其談論告一段落，廳內音樂，復行飄揚。在賓客心目中，這位飽享園林鐘鼓之樂的江左風流人物，無疑是一代名士。

教坊中，少不了一位他最喜愛的小樂工楊彬。顧璘時常在賓客面前，以滿足而得意的口吻稱讚楊彬：

「蔣南冷詩所謂：『消得楊郎一曲歌』者也。」（註一）

回憶顧璘的好客與好游名山勝水，文徵明有一段生動的描寫：

「……所至領客讌遊，感時懷古，臨觀賦詩，風流文雅，照映林壑，委蛇張施，有古高賢特達之風。……」（註二）

然而，更讓文徵明縈懷不已的，則是顧璘對他的相知和篤厚的友情：

「懷君不見動經年，有約猶慳訪戴船，草閣自含懸榻愧，蓮舟終少聽歌緣。……」（前已引錄）

文徵明珍藏笥中的這首顧璘七律，賦於嘉靖七、八年，顧氏在浙江布政使任內。其時顧璘堅邀南歸未久的文氏往遊西湖，堤邊賞月，畫舫聽歌，徵明卻以疲病未果。不但顧璘在這首詩中，抒寫出內心的思念和失望，其後文徵明也在覆詩中，既感念主人的厚意，也以未能偕好友觀潮、賞月為一大憾事。

「……田仁甫弱冠，卻賻矜清修，元城寡內欲，亦自既壯秋。揜面過行女，閉門拒王侯。天然冰玉操，不與思慮謀，師資吾黨少，少長咸低頭。五車聚腹笥，發詠崇溫柔，鮮雲淡華澤，美玉辭雕鎪。……」（前已引錄）

顧璘此一「贈文徵仲」五古，也是賦於徵明致仕之後。詩中既描寫他的性情學養，頌揚他的廉潔寡欲、急流勇退，也勾畫出他退隱後埋首著述，詩文書畫直追古人的境界：

「……頤神擊罄室，放歌埋劍丘。掉筆弄圖畫，盡揜松雪儔。乃驚鐵石腸，遺韻仍綢繆。伯陽信龍物，變化不可求。」（註三）

文徵明特別珍視這首長詩，不單是好友的知賞和揄揚，同時它也是遺贈給文氏的一面鏡子；可以時時照見和剖析自己，鞭策著他善保晚節。

在〔雅宜山人集〕中，顧璘對王寵性情，也有一段刻畫：

「……若吾友王履吉氏，遹發鄉國，早聞四方，龍鳳為章，山海為蘊，不謂有餘既甚者乎！然逡巡若處女，俯詘若蒙士，自余所覩，未嘗失色於人。及其遇一善，覿一

才，若饑渴之於飲食，不厭不止；故年逮強仕，而海內勝流，什五齒交矣。……」（註四）

由此可見，在廣結賓客，甚至可以說閱盡天下名士的顧璘眼中，文徵明和王寵，不僅有著常人所不及的情操，而且係屬同調；在序中，顧璘總結他對王寵的觀感：

「……人皆曰履吉之才不可再得也；余獨曰履吉之清純不可再得也，蓋傷人國焉。……」（仝註四）

文徵明和王寵，無論就拙於世俗的應酬、無畏於權勢的逼迫、蘊藏在胸臆間的才華、如龍一般不可測度的變化，乃至爲海內勝流傾服與爭相交結的品德，似乎處處都有著相同的基調；一言以蔽之，就是具有顧璘隻眼獨賞的「清純」二字。

依文徵明的慣例，使者見過，或過客造請，他只禮貌性的在廳事拜謝，既不詣官府叩見，更不到河下報謁。過客倘若有所餽贈，也一概卻而不受。猶記嘉靖十九年，以索取賄賂、搜刮古書名畫、迫使老畫師周臣爲其作畫而聲名狼籍的禮部尙書嚴嵩，過訪蘇州。慊文徵明不肯破例前往河下報謁，使其面上無光，歸語當時的工部尙書顧璘。那知非但沒有引起顧璘的共鳴，反而大加激賞地說：

「此所以為衡山也。」（註五）

這些雖只日常瑣事，也足見顧璘對文徵明性格的瞭解和支持。

顧璘在歷任官職中，一向樂觀進取，不怕有權勢者的阻撓，不憚事務如何繁鉅，務必尋找根源，力除民弊，從事種種建設。但是在文徵明感覺中，嘉靖二十一年左右，顧璘由工部尚書遷爲南京刑部尚書以後，在心境上似乎有了很大的轉變；時常鬱鬱不樂，並萌生退志。漸漸地，文徵明就瞭解到，顧璘對家族戚黨的照顧，一向不遺餘力；唯獨與法相抵觸時，則必定秉公處理。他的苦惱便起於掌理刑部之後，父老請托的困擾，和豪強肆意詆譭的傷害。文徵明不能不爲好友分辯：

「……及是雖典邦刑，而留司務簡亦不足以盡其用；且鄉里所在，父老姻戚，不能無望於公。而公執志堅定，不肯骫骳以狗；苟罹杇辜，必以法繩之。豪植強禦，咸不得肆，而怨讟興矣。言者因得假以為辭，肆言醜抵，而素所忌嫉之人，從而醞釀之。……」（仝註二）

倦勤，使服行公職近五十年的顧璘一再表示，解職後將往來金陵和吳門道上，找尋鄉里舊遊。他更急切地想和文徵明杖履相接，盡遊諸山，了卻平生宿願。

然而，這兩位好友的山水之約，不但又一次幻滅，也成了文徵明畢生的憾事：

刑部尚書三年考滿，顧璘按例晉京述職。回程時，不幸得到家人迎報長子顧嶼病逝的噩耗，年及古稀的顧璘又是震驚，又是痛惜，當即得疾。抵家之後，病勢愈發沉重，終於二十四年閏正月初八日，含恨以歿。

「金陵三傑」之中，王欽佩謝世最早，文徵明和三傑中的陳魯南曾同時往祭。陳氏則卒於嘉靖十七年六月；至顧璘逝世，「金陵三傑」燈火盡熄。

文徵明思前想後，以四五十年的相交與相知，並參考顧璘門生太常少卿許穀所撰「顧尚書行狀」，著爲「故資善大夫南京刑部尚書顧公墓志銘」。他像對待他所尊崇的太傅王鏊、沈先生石田、叔父文森那樣，細密而眞實的寫下他們情行、遭際，以及對社會與生民的影響及貢獻，以供來日修史者的採證。

△　△　△　△

「……徵明今年七十有六，病疾侵尋，日老日憊，區區舊業，日益廢忘，媿於左右多矣。向委手卷，病懶因循，至今未曾寫得，旦晚稍閒，當課上也。……」（註六）

從文徵明寫給王鏊季子少溪王延陵的信中，不難想像其疲憊衰老的情形。然而，到了臘月二日無錫好友華雲來訪時，他仍欣然命筆，爲作唐子西詩意山水圖。華雲這位書畫收藏豐富，性情豪爽的王陽明門生，考中了嘉靖二十年進士，授戶部主事。不久，奉詔出使江南，便道歸省其父。不意乃父竟於此際謝世；省父則變成了守孝。二十二年冬天，文徵明受華雲之請，爲華父麟祥撰寫墓碑，也聊盡作朋友的一份心意。這次造訪，則可能是喪滿後，即將北上京師，起復官職，特來辭行。然而從王穀祥、陸師道的紛紛賦歸，嚴嵩的深受寵信，朝廷景象，可想而知；文徵明也只能請這位書畫知音，善自珍重。

又是一年的結束，明朝他將步入七十七歲；開門之後，前來投刺賀歲的同輩好友，不知尚有幾人？略整架上圖書；看看孫兒孫女擺列椒盤、翻檢出各種年節的玩具；文徵明自己也無法確認面對「年」這種歲月流逝的刻畫，究竟存有怎樣的心情？

檢點囊中所留下的詩作，依然零零落落，似乎很難像以往數十年那樣，於除夜按序鈔錄，整理成帙；一如前已付刻的自選詩那樣。然而，他依舊寫下「除夕」七律，爲乙巳年，作了個總結：

「樽酒淋漓半醉餘，踈燈寂歷夜何如！一行剛了床頭曆，四壁聊齊架上書。衰齒可堪時數換，窮愁應與歲俱除；東風喜得春來准，早有梅花慰索居。」（註七）

由於文徵明年齒老邁，除門弟子外，交遊日漸稀少，求書索畫者，也就日益難有所得。如前所述，即使通家之好如王延陵者，欲得長卷，也一再遷延時日，不復像他盛年那樣，立馬可待。從許多畫蹟和後世著錄來看，既然眞蹟難求，假書假畫則充斥其間，加上眞僞相摻的「名人」題跋，仿佛一口口陷阱，使欲探求文徵明晚年生命歷程者，如履薄冰，隨時可因畫中題跋，導入迷途。

不過作僞者雖精摹細仿、割裂成張冠李戴，佐以燻、烤等技巧，但其文獻資料難能齊備，或未加詳考；因此，倘若細加體察，有的「自題」口吻不符，有則過度吹噓誇張，更多的是僞造過世已久的名士顯宦，秉筆題跋；其例俯拾即是：

△、清方濬頤〔夢園書畫錄〕，載文徵明七十一歲所作「觀瀑圖」一軸。上題七絕一首，末識：「嘉靖庚子七月，同補菴郎中游堯峰，頗興，歸而圖之，長洲文徵明。」

堯峰山在蘇州西南，山崗起伏，堯峰最高。初秋往游，對雅好登臨的七十一歲老人而言，或能勝任。補菴華雲，出身無錫世家，富收藏，和徵明、伯虎、仇英等書畫名家皆有往還，作品並爲華氏所珍藏。華氏中嘉靖二十年進士，授戶部主事，累官刑部郎中。後因嚴嵩用事，朝政紊亂而乞休，事見〔明人傳記資料索引〕。庚子乃嘉靖十九年，是時，華雲非但未爲郎中，且未中進士。

△、胡爾棨〔破鐵網〕書中，載文徵明嘉靖乙巳（二十四）年八月爲謝時臣畫「瀟湘

八景」一册。

謝時臣字思忠，號樗仙，吳縣人，能詩善畫，山水兼具沈周和浙派戴進、吳偉之風。年齡小伯虎、徵明十七歲左右。傳說正德年間，曾與伯虎同應寧王宸濠之聘。前此文氏亦嘗應時臣之請爲作書畫，見於著錄。

嘉靖七八年間，徵明賦「瀟湘八景」詩，每景五絕一首，載〈甫田集〉中。文徵明畫「瀟湘八景圖」並各繫以詩，僅〈石渠寶笈〉三編所錄就有兩册。如應鄉里名手謝時臣之請，爲作「瀟湘八景圖」，使成詩書畫三絕，當不無可能。但據〈破鐵網〉載，是册册首有文氏弟子陳淳隸書「瀟湘八景」四字，便不免讓人生疑。陳淳逝世於嘉靖二十三年十月廿一日—即圖成的前一年；以隸書預題乃師的「瀟湘八景圖」，於理似乎未合。

△、據那志良〈清明上河圖〉書中分析，被指爲宋張擇端所作「清明上河圖」者起碼有三本，何者爲眞，學者各執一詞。那氏在「本子眞僞」一節的結論說：

「畫的斷代，畫法筆法的研究，是相當重要的，畫筆不到宋，別的問題便不必談了。如果從這方面看，我們覺得寶笈三編本，是比其他爲優。。」（註八）

所謂「寶笈三編」本，即著錄見〈石渠寶笈〉三編册三頁一四五八者，圖卷爲北京故宮博物院收藏。卷縱七寸六分，横一丈六尺五寸。圖卷之外，接在後幅的歷代題跋，非常可觀；僅正德年間吏部尚書兼華蓋殿大學士李東陽，就有兩篇洋洋灑灑的長跋，仔細描寫畫中景物及流傳的淵源。並謂：

「……予始見於大理卿朱文徵家，為賦長句。繼為徐文靖公所藏，公未屬纊，謂雲陽

（按，指李祁）手澤所在，遺命其孫中書舍人文燦以歸予。……」（正德十年跋）

值得注意的是，李東陽同一跋的首段所謂「圖高不滿尺」與〔石渠〕所記尚屬相近，但「長二丈有奇」，則與「橫一丈六尺五寸」，相差頗大；其中矛盾，難以詳考，且不在本文討論之內。

嘉靖二年，前吏部尚書陸完，亦書跋一篇。

歷代臨仿張氏「清明上河圖」或繪製此一題材的名家甚夥，仇英即爲此中翹楚。那志良表示，仇英仿「清明上河圖」。僅國立故宮博物院，即藏三卷之多。因之，無論私人著錄或藏家，如再有仇氏臨仿的「清明上河圖」，當不足爲異。

清代學者阮元弟子，致仕巡撫吳榮光，在〔辛丑消夏記〕中，錄入「明仇實父模清明上河圖卷」（註九）一則。

款署：「嘉靖壬寅（二十一年）四月既望畫始，乙巳（二十四年）仲春上浣竟。仇英實父製。」由此可知，仇英筆下精雕細鏤，畫了三年始得完成。幅後共有三跋：首爲文徵明長子文彭（三橋），跋於嘉靖三十年四月。次爲陸完所題七古一首。再次爲劍泉山人郭仁的七律一首。

文彭跋中顯示，仇英所摹，即前述北宋張擇端的「清明上河圖」，而且摹得「毫髮不爽」。跋中並概述張卷流傳源流，謂：「……後歸少師徐文靜公，其孫文燦命吾吳仇十洲摹之。……」

文彭跋既已顯示〔石渠寶笈〕三編和〔辛丑消夏記〕有關「清明上河圖」的記載，一爲「原本」，一爲「摹本」，而且載明二者尺度；唯二本之縱橫比例相去甚遠，如何能摹得絲毫不爽？不能無疑。

張本流傳到少師徐文靖公手中，已有李東陽族祖李祁之跋；因而文靖公逝世前，遺命其孫徐文燦將「清明上河圖」贈予李東陽以爲紀念。按，「徐文靖公」名溥字時用，號謙齋，由編修累官華蓋殿大學士，卒於孝宗宏治十一年，謚「文靖」。

因知文靖並非人名，「文彭」跋中寫作「徐文靜」，誤以「文靖」爲人名。

徐溥卒於宏治十一年，遺囑贈圖之實現，最遲亦當在正德十年三月二十七日，李東陽第二次跋「清明上河圖」，敍述文靖公贈圖始末之前。何能如「文彭」跋所謂嘉靖二十一至二十四年間，徐文燦手中依然保有張氏圖卷，作爲仇英摹寫的對象？

檢視「文彭」的長題中，除結尾數語敍述仇英受托摹圖之外，所有描寫張擇端圖中景物的五百餘言，全部照鈔李東陽第二跋中的文句。

再就「文彭」跋之後的「陸完」跋而言：

正德末季，陸完於北京兵部尚書任內，受寧王宸濠之賄，助其恢復護衛，舉朝譁然；改調陸氏爲吏部尚書。寧王叛，陸完株連下獄，被司寇論爲死罪。後以其曾有平盜之功，免死，謫戍福建靖海衛，嘉靖五年卒於戍所。能否跋仇英嘉靖二十四年完成的「清明上河圖」，不言可喻。再二者形式、技法又「毫髮不爽」，因此，把這兩篇畫記，試加對照，應能看出其間有無矛盾之處：

〔寶笈〕載，該圖卷縱七寸六分，橫一丈六尺五寸。〔辛丑〕所記仇摹本則縱一尺八分，橫二丈五尺二寸九分；查所謂「陸」跋的詩句，不過鈔自李東陽宏治四年九月所題張圖七古長詩中的前十四句。

「仇摹本」中的第三位題者「劍泉山人郭仁」，依〔歷代畫史彙傳〕所載，一名「郭存仁」，吳人，善山水、人物。「郭」題七律一首，尚未查明出處，暫且不論。

在〔辛丑消夏記〕的「凡例」中，吳榮光指出：高士奇〔江村消夏錄〕，對書畫卷册尺寸的記錄，極為重視；但就其所見贋蹟數種，題詠和尺寸，竟與〔江村〕著錄完全相符。可見作偽造假之徒，花樣繁多，防不勝防：

「……蓋斗斛權衡，奸駔狡獪，愈出愈奇，不可究詰，要在真鑒，不必刻舟求劍也。……」

吳氏又在「仇摹本」三跋之後，自記二百六十餘字：

「圖畫北宋都會之盛，自郊野而城市，而宮掖，凡人世所有嬉游詭異之觀，無不畢具；三橋所記，已舉其略矣。然畫之工妙，則非以十洲之筆，竭千日之工，不能臨摹若此。此圖世多贋本，特就市井小人之事，偶舉一二，以相比較，其細緻易及，其傳神不可及也。」

吳氏自記，一則肯定了「文彭」之跋，並盛稱「仇英」摹本之眞實與工妙。仇英此一摹本，今雖不得而見，但對「文彭」、「陸完」二跋之矛盾，吳氏並未及時發現，其自謂「要在眞鑒」之功力，已不禁令人生疑。

其後「仇英」所摹「清明上河圖」，轉入近人裴景福手中。

裴氏在所纂〔壯陶閣書畫錄〕卷十頁四三載錄，該圖與〔辛丑消夏記〕記載的尺寸完全相符，唯後幅僅有「文彭」分書一跋；裴氏覺得不眞，已自行汰去。

當他向售主索取〔辛丑〕所載陸、郭與吳榮光三跋時，售主表示吳榮光已去日本。其實，後來吳氏自己也發現文彭跋可疑，因已經錄入〔辛丑〕，只好保存於卷後，其餘三跋則已失去。不過售主手上卻有一向被認爲眞品的文徵明嘉靖二十一年二月跋，願意奉上。

裴景福汰去假跋，失去陸、郭、吳三跋，卻得到更爲可貴的文徵明跋；可謂「失之東隅，收之桑榆」。裴氏略感詫異的是，文徵明跋中亦稱「圖高不滿尺，長二丈有奇」，顯然與「仇摹本」尺寸不相符合；不過他似乎並沒想到，文跋係隨李東陽跋而誤，他以：

「名蹟題跋，迷離荒幻，往往如此」說詞「自解」。

至於時間上，何以「仇摹本」始於嘉靖二十一年四月，文徵明卻跋於同年二月？如此不合情理之處，裴氏未予理會。但，他對「仇摹本」卻是讚賞備至：

「……此圖僞本甚多，先君於咸豐中在揚州獲一卷，頗精，後歸李良臣軍門。」爲了證實所藏確爲眞蹟，裴氏不惜指出其父所獲清明上河圖，雖頗精緻，未必眞實。而他之所得，卻是例外：

「……此卷青綠鉤金，山水林木，樓閣人物，窮極工麗，真蹟無疑。自題四年而後成，雖摹擇端，實兼宗大小李、伯駒、松年、松雪諸家，精心結撰，窮年累月，生平亦未必多作；世傳盡蘇州片也。……」

裴景福對文徵明竟事先「預撰」之跋，也大爲激賞：

「三橋記文法多隔閡，不及此簡淨。」但檢視「文徵明」這篇既無「文法隔閡」，又大爲「簡淨」的跋語，卻是像「乃子文彭」一樣，鈔自李東陽第二篇題跋；只是鈔了首章，遺其大半，所以裴氏認爲「簡淨」。

註一、〔列朝詩集小傳〕頁三三八「顧尚書璘」。

二、〔甫田集〕頁八一一「故資善大夫南京刑部尙書顧公墓志銘」。

三、〔吳都文粹續集〕卷五二頁四二「贈文徵仲」。

四、〔吳都文粹續集〕卷五六頁五三、〔雅宜山人集〕頁五。

五、〔文徵明年表〕頁一八五。

六、〔石渠寶笈〕三編册六頁二七三「長洲文氏尺牘」。

七、〔甫田集〕頁三一八。

八、〔清明上河圖〕頁六，那志良著，國立故宮博物院版。

九、〔辛丑消夏記〕頁五六四，漢華文化事業股份有限公司版。

第八十六章　玉女潭

〔石渠寶笈〕頁一〇八九，載有「明文徵明後赤壁賦圖一卷」，列爲：「次等，宙三」，附註：「貯御書房」；想亦淸帝日理萬機之暇，偶一披覽的古蹟。

圖爲絹本，著色。後幅有文徵明行書「後赤壁賦」及款識，再後則有明賢題跋數篇。單從這則著錄中的款識而言，和文徵明與知友徐縉（子容）當時交往的情形，頗相符合；但，就卷後的題跋而言，則令人不能無疑。

「徐崦西所藏趙伯駒畫東坡後赤壁長卷；此上方物也，趙松雪書賦於後，精妙絕倫，可稱雙璧。……」文徵明在識中寫。

「崦西」，乃徐縉之號，徐氏居吳縣洞庭西山，是已故太傅王鏊的子婿。王鏊、徐縉翁婿，備受朝廷禮遇，多所賞賜，款識所稱該卷書畫雙璧，爲上方之物，自是可信。識中接著敍述：

「……余每過從，輒出賞玩，終夕不忍去手。一旦爲有力者購去，如失良友；思而不見，乃彷彿追摹，終歲克成，併書後賦，聊自解耳，愧不能如萬一也。……」

徐縉中宏治十八年進士，選庶吉士，授編修，文徵明嘉靖二年入京，授翰林待詔，徐氏居官早文徵明十六七年。其致仕在嘉靖九年前後，晚文徵明三、四年之久。二人雖是多年好友，但眞正杖履偕遊、析賞古書名畫，或請文徵明揮毫染翰，圖寫徐縉府的奇花異卉，則是嘉靖十幾年後的事。識中所謂：「余每過從，輒出賞玩」，顯非虛語。至於名蹟爲有力者購去，如失良友，悵惘之餘，乃心追手摹，聊以自解；在蘇州亦不乏類似的前例。所以，單就款識來看，無論所指人物、書畫名蹟、失畫的時間，和鬱積在心中的情緒表現，都讓人覺得眞實感人。在敍述文徵明思而不見，彷彿追摹的過程之後，識中也不忘表現文徵明生平慣有的謙虛性格：

「……昔米元章臨前人書畫，輒曰：『若見眞跡，慚愧煞人』；余於此亦云。」

年款署爲：「嘉靖乙巳秋九月十有二日」；「乙巳」爲嘉靖二十四年。

據〔蘇州府志〕頁一九五七所載，徐縉「以母喪哀毀，逾三年卒」。復依〔明人傳記資料索引〕頁四七一「徐縉」條，其母王氏卒於嘉靖二十一年，以此推算，徐縉當卒於嘉靖二十四五年間；就文氏追摹趙伯駒赤壁圖的時間而言，亦屬合理。

不過，在文徵明的圖、賦、款識後面，再接以吳寬、李東陽、許初、文嘉、王穉登諸跋，就頓時破綻畢露了：

許初、文嘉、王穉登，爲吳地後起之秀，嘉靖二十四年，盡皆壯齡。三跋眞贋，姑且不論；但，吳寬卒於宏治十七年，李東陽卒於正德十一年，均可謂「墓木已拱」，仍能跋文徵明嘉靖二十四年的赤壁圖賦卷，實在不可思議。

△　　△　　△　　△

從各種著錄和遺蹟來看，進入古稀以後的文徵明，其法書常爲門弟子與蘇州名士，以之與日臻純熟的仇英畫作，聯爲合璧，兩者相形益彰，使藏者視同瑰寶。

仇英的紙本、著色「雙駿圖」，只落名款，並未署年，不知作於何時。兩個圉人，各執一韁相對而語。一馬挺立，一馬掀蹄搖尾，作欲嘶鳴狀，姿態極爲生動。兩匹馬目光如電，予人一種氣骨不凡的感覺。上方，則爲文徵明行書「天馬賦」，款署：「嘉靖庚子春三月廿六日，徵明書於停雲館」（註一）

「庚子」爲嘉靖十九年，徵明七十一歲。所書「天馬賦」，爲北宋米元章所撰：「高君素收唐畫御馬，翹舉雄傑；感今無此馬，故賦：『方唐牧之至盛，有天骨之超駿，勒四十萬之數，而隨方以分色焉，此馬居中以爲鎮。……』」

然而不知何故，短短十九字的「賦序」中，竟然漏掉「翹舉雄傑」四字。其後賦中，顛倒誤漏，也有數處。如：「蹄踠踣以風迅」，文書誤「踠」爲「椀」。再如：「橫馳而世充領斷，咸絕材以比德」，文書誤爲：「橫馳而世充領，咸絕材斷以比德」；餘不贅述。

以文徵明生平之謹愼，爲學之認眞，似乎不應有這樣明顯的誤漏。

嘉靖二十一年九月廿一日，也就是吳氏夫人逝世後的一個月，心境哀悽、孤寂的文徵明乘舟前往崑山岳家。舟行途中，前南京刑部尙書周倫的季子周鳳來，取出仇英作「趙孟頫寫經換茶圖卷」相賞。周氏藏有趙孟頫以般若經換茶詩，他請仇英以生花妙筆，繪出趙孟頫這段足以媲美王羲之寫經換鵝的風雅趣事。現在則請文徵明書「般若心經」，不但與仇英圖卷合璧，也與趙孟頫的換茶詩，那段流傳千古的風雅故事，遙相呼應。

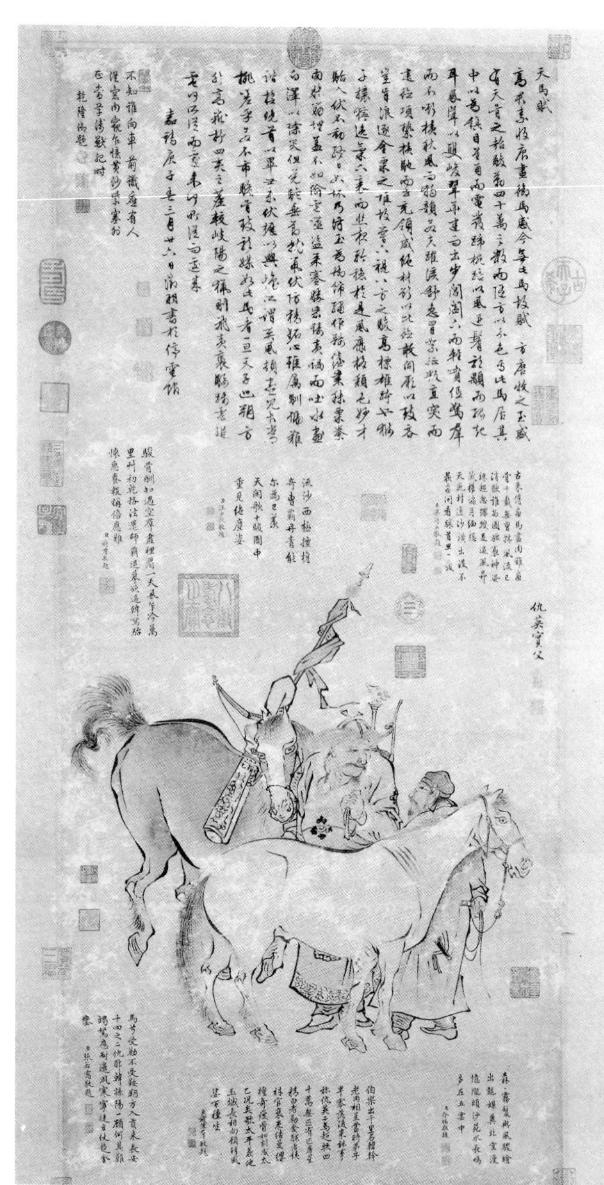

仇英 雙駿圖

嘉靖二十二年，即文徵明爲一生清正貧寒的劉麟，作「樓居圖」那年的除夕，仇英作水墨鍾馗，文徵明爲書元朝詩人周密（草窗）七古一首於上。

三十年後，徵明次子文嘉憶及此事，依舊興味盎然：

癸卯除夕，正家家守歲，準備迎接新年之際，仇英則以四尺長絹，作水墨鍾馗。獰猛的鍾馗，倒提三尺寶劍，與狂鬼廝殺得天愁地慘。文嘉、王穀祥、陸治適時到訪。陸治見了，贊不絕口，仇英則慨然以贈。陸治更乘興揮毫，爲之補景。

當一行人到了停雲館時，文徵明看了，也覺得生動有趣，不禁技癢，憶及周密詩中所描寫的陰森鬼氣，遂題寫其上：

「……綠袍烏帽聘行事，掭腦刳腸天亦愁。中有巨妖誅未得，合駕飆輪馳霹靂；如何袖手便忘機，回顧東方已生白。」（註二）

談到一夕之間，仇英畫鍾馗、陸治補景、文徵明書詩，三美並具，文嘉以爲「一時奇觀」。

不過，上述文嘉所謂「一時奇觀」，使人有眞僞莫辨之感，原因是文、仇下世之後，不少人假托文彭、文嘉兄弟之名，題跋「文作」或「文仇合璧」之上；見於著錄的，亦復不少。例如著錄於〔石渠寶笈〕頁六六一的「明文徵明古洗蕉石圖」：圖著色，無款，僅右方下有「停雲館」一印。上方有文彭錄張雨、饒介之、倪瓚、杜瓊等「蕉池積雪詩」，並文徵明和詩。後面款署：「嘉靖丙辰秋八月望日，三橋居士文彭書於金臺石室中。」

軸中所畫乃一鏽跡斑剝的漢朝銅洗，上置湖石，挺拔雄奇。芭蕉數葉，從石後伸展搖曳，綠意盎然，和古洗、蒼石，形成強烈有趣的對比。

「空山白石漢壘洗，不與時世俱凋零，天星墜地尚皎皎，土花蝕雨何青青。千年物色本同幻，前輩畫格能遺形。懷賢吊古意無極，一笑醉倒雙銀絣。」（註三）從「文徵明」這首和韻猜測，「蕉池積雪」，前人不但有盆景，有詩及歷代和韻，也有畫格高古的遺墨。文徵明不僅追和前賢詩句，也可能臨摹過前人畫跡；文氏另有構圖相近的「蕉池積雪圖」，可爲佐證。（註四）

不過，〔石渠寶笈〕著錄中的這軸「蕉池積雪」圖和字，卻頗爲可疑；因爲在前錄文徵明和詩之後，有「先君文衡山追和」七字。按，文徵明卒於嘉靖三十八年二月二十日，文彭錄詩署爲「丙辰」—嘉靖三十五年—徵明尚健在人間，倘眞爲文彭墨蹟，焉能有此失誤？

嘉靖二十四年八月廿一日，文徵明在其縮臨「蘭亭序」後面跋：

「閒窗無事，戲書此紙，公瑕裝以爲册，眞可笑也。」（註五）

太倉周天球（公瑕），自十六七年前投入文徵明門下，即盡心學習，不但深入文氏堂奧，對於來往停雲館的書家；徵明的好友、門生如蔡羽、王寵、陸治、陸師道等，也無不用意揣摩其書風，搜求其書蹟。其中名蹟也有因徙居而散失，對嗜書如命的周天球而言，可謂痛徹心肺。

到嘉靖三十年七月，計珍藏祝枝山宏治十三年書「黃庭經」，王寵嘉靖十二年書「曹娥碑」；祝枝山四十一歲及王寵生命末季，皆曾寓居虞山白雀寺，故此二帖均由寺僧手中取得。

「林屋先生亦曾辱下榻，故暇時偶筆，手贈特夥。」周天球在書後的記中寫。遺憾的是，所謂「手贈特夥」的蔡羽書蹟，他只保有嘉靖十六年所書的「湘君湘夫人」一帖而已。

此外，有陸師道嘉靖二十四年十月所書「麻姑山仙壇記」，及彭年寫於嘉靖三十年的「洛神賦」；連同文書「蘭亭序」，總計法書六卷。周天球不但請仇英為每家書蹟，各作一圖，而計劃中，更想請文彭、文嘉、許初、王穀祥、袁褧等，各有所作：

「……文宗、袁尊尼皆我同志，將取次求書滿帙。……」周天球在後記中，總結其心中的宏願。

徵明此一「蘭亭序」，書於七六高齡，可謂又一件「文仇合璧」，卻是由愛徒周天球撮合而成。

△　△　△　△

儘管生活於貧窮、困頓與逐漸衰老的情況中，新年，仍會給人帶來幾分欣慰和希望。然而光陰迅邁，轉眼間又是萬木凋零，嚴霜籠罩，梅花綻放的歲暮氣氛。人到老年，每逢除夕守歲，往事浮現，感嘆之餘，又難免傷懷。

俗謂「年年年頭接年尾」，從另一個角度看，年尾年頭，緊密相銜，並無明顯的痕跡，而情緒變化如此，實在有些令人費解。

文徵明嘉靖二十四年「除夕」詩，前已引錄。如果將其二十五年的「元旦書事」，和同年的「除夕」詩，加以對照，情緒的波動，相映成趣：

「奕奕祥光報令辰，融融淑氣轉洪鈞，開門聊自占風色，展刺先欣見故人。時日笑談驚隔歲，暮年光景喜逢春；桃符曆日年年事，一度相看一度新。」（註六）

「酒闌燈燼夜茫然，撫事追思十載前，坐上漸看同輩少，眼中殊覺後生賢。江城寒薄梅花早，原野霜清落木堅；皮骨已空心力盡，還將衰鬢待新年。」（註七）

十年前的五月下旬，他的長兄徵靜病逝，留下子孫多人。是年閏月十日，葬徵靜於吳縣的梅灣；思前想後，兄弟間的往事，歷歷在目。

「……某少則同業，長同遊學官，依戀翕協，白首益親。……」文徵明在長兄墓志銘中寫（註八）。

最使他無法忘懷的，一件是徵靜擺脫官司糾纏之後，兄弟二人閉門夜話的情景；使他們進一步體會手足之間，情深似海。其次，則是嘉靖二年春天北上赴試，徵靜追送呂城，才執手唏噓，慘淡作別。及至徵明南歸，對手足之情就愈加珍惜，經常相見，形影難離。

兄弟天人永訣之後，好友、妻子以及在京時的同僚，紛紛凋謝。雖有王穀祥、陸師道、居節等吳門俊彥，投於門下，朝夕探討，杖履相隨，但內心的創痕，何嘗平復；這就是他詩中所說的「坐上漸看同輩少，眼中殊覺後生賢」。

如果把「元旦書事（丙午）」和「除夕」兩詩，一句句地加以比照與品味，那種欣喜與惆悵情緒的交織、波盪，就愈發令人爲之興嘆。在這既抱持著希望，又滿懷沮喪的一年裡，文徵明頗有一些值得紀念的藝文活動。

文徵明在仇英所摹孝經十八章卷後記：

「此卷乃實甫所摹王子正筆也。人物清灑，樹石秀雅，臺榭森嚴，畫中三絕，兼得之矣。國光兄寶而藏之，出示予者三，予遂心會其意，爲錄孝經一過；徒知承命之恭，忘續貂之誚何！時嘉丙午二月既望，徵明書。」（註九）

畫爲絹本、著色，縱約一尺，橫二丈二尺左右。畫中人物、樹石、臺榭，一段段有關孝經的故事，工細而生動地佈置於長卷的上方，下方空白，似有計劃地，留爲補書經文之用。文徵明友人「國光」，並不明言索書經文，而只再三出示畫卷，讓文徵明自會其意，也頗爲風趣。

此卷無論作圖或眞書經文，所費精神時日，都很可觀，在文仇合璧中，不爲多見。然而仍舊有些令人費解之處：

仇摹孝經畫卷的前十七圖，圖與圖之間，若斷若續，左右呼應。每段畫意與經意，互相吻合。唯卷末一段，經文爲「喪親章第十八」，而圖，卻像另外接補上去似的，裁割整齊的矩形畫面，與前圖既無銜接呼應之感，和下面經文的絹底，也劃然分開，並不如前列各圖底邊那樣漸淡自然。所畫景物，乃遠峰隱隱，在江濤浩淼中，一島兀立，狀如金山。山之後側，孤帆遠駛，艇上逸士，悠閒之狀依稀可見；似與經文中所講論的，孝子喪親，當如何盡哀盡禮，乃至安葬、祭祀等活動毫無關連。卷中，既無仇英名款，亦無實父章印。

此外，除拖尾文徵明書識爲紙本之外，著錄所載，引首亦爲紙本，有「百行之原」四字，款「吳寬書」，鈐「吳寬」、「原博」二印。

按，禮部尙書吳寬丁繼母憂服闋，最後一次由蘇州北上京師，爲宏治十年，七年後客逝金臺。有關仇英生年，後人頗多爭論，有生於成化十八年、宏治七年、宏治十五六年各種不同說法；前文業已言及。即使假定仇英生於成化十八年，而其孝經圖卷作於宏治十年春天—吳氏北上之前，並求得所書引首；推算仇英作此卷時，年齡應在十二歲以內。若採信生於宏治七年、十五年、十六年之說，就更加令人陷於迷陣。此爲孝經圖卷令人費解的另一因素。

四月初夏，文徵明篆書千字文的後幾天，常熟王虞卿來訪，出購藏達數十年的沈周未完成山水卷相示。是卷聯紙十一幅，長達六十尺，爲此老生平少見之巨構。

山林村落、漁磯釣艇，連綿若百數十里之遙。幽人漁樵，往來其間。攜琴觀瀑、獨行板橋；以及山窗清話、默然垂釣者，不一而足。卷中結構，不像沈周「蘇州山水全圖」那樣繁複，也不像「滄洲趣」長卷那般蒼勁簡潔，大約介於二者之間。

文徵明睹物思人，驀然間，彷彿回到弱冠之年，在雙峨僧舍中，看年逾耳順的沈周作「長江萬里圖」的情景。當他看得入神，欣然若有所會的時候，沈周卻笑說：

「此余從來業障，君何用爲之！」（前已引錄）

轉眼已經過了五十七年的歲月，人們不但稱頌他善畫，並認爲足可承傳沈周的德業，領袖一代風騷。

「正昔人所謂無佛處稱尊也。」（註十）文徵明謙虛地說。

不過，當王虞卿一再懇求這位沈周傳人，繼續完成此一氣勢磅礴的鉅作時，他一方面表示：

「自顧拙劣，烏足為貂尾之續哉！」一方面腦中卻浮起石田師當時關於畫法的教誨和剖析：

「畫法以意匠經營為主，然必氣韻生動為妙；意匠易及，而氣韻別有三昧，非可言傳。」

文徵明揣摩沈周原意，就長卷所經營的位置加以點染之際，不但進一步體會到石田老人構思之妙；也愈發覺得那非言語所能傳達，端賴資質悟力所流露出來的「氣韻生動」之不易捉摸。他在拖尾識語中自謂：

「此卷意匠之妙，在公可無遺恨；若夫氣運（疑韻之誤），徵明何有焉？嘉靖丙午四月望，後學文徵明識；時年七十有七。」（上引三原句仝註十）

△　　△　　△　　△

宜興首屈一指的勝地張公洞，在縣東南五十五里的湖㳇之上。玉女潭則在張公洞西南，相距不及三里。潭在山半腰的深谷裡面，上為插天峭壁，下臨莫測深淵。

玉女潭之名，見於唐代，名賢勝士，多往遊覽雅集。唐大歷中滁州刺史李幼卿、唐昭宗宰相陸希聲早年避亂，均曾居玉女潭一帶。李幼卿之友，常州刺史獨孤及，答李幼卿詩中，有「日日思瓊樹，書書話玉潭」之句；所謂「瓊樹」，即指玉女潭附近「凝玉池」南的那株根柯鬱蟠，礧磈如石的古櫸樹，由此可見玉女潭風物之勝，何等令人心嚮往之。

但，唐朝以後，玉女潭之名就沉寂下來，玉女潭也在荒煙蔓草中沉埋達八百年之久。嘉靖十三年，王陽明門生溧陽史際（恭甫、玉陽）進士（註十一），歸葬其母，乃買地山中。當他行走山上，俯視土人所欲售的深谷溪澗時，發現石梁遮覆，榛蕪掩蔽的山腰，有片碧綠的光輝。經過披荆斬棘之後，方廣不過五丈，如美女深情眼波一般的玉女潭，頓然呈現。同時，人們也發現潭右有一虎窟，人骨、獸骨，狼籍其中；不知是否使玉女潭長久荒蕪隱沒的原因之一。年近不惑，官于春坊的史際，隨即召募勇士，逐虎遠去，築亭虎穴之上，以絕後患。並伐石鋪路，在玉女潭的上方及左近，修建莊館臺軒，以供遊覽。玉女潭之名，因之重振，再度成爲仕女嚮往、歌嘯的勝地。

嘉靖二十三年三月望日，文徵明在兒子與門生陪伴下，往遊玉女潭和史際的玉陽洞天，可能即於當時應史際之請，爲撰「玉女潭山居記」，轉眼已近三易寒暑，直到二十五年的中秋，始得完稿。

註一、︹仇英作品圖錄︺圖九、︹故宮書畫錄︺册七頁二九七、︹石渠寶笈︺三編册四頁一八七九。

二、︹壯陶閣書畫錄︺册三頁六八六。

三、︹故宮書畫圖錄︺册七頁一五九。

四、圖見︹故宮文物月刊︺一〇八期頁一二四，黃君璧捐贈故宮博物院之「文徵明蕉池積雪軸」。然此圖上書詩，也有誤漏之處，如杜瓊詩下，缺「杜瓊用嘉」四字。呂常詩下，未書「呂太常」。遺文林和文徵明自己的和韻而未錄。

五、〔穰梨館過眼錄〕册二頁七八二「仇十洲祝允明王雅宜文衡山陸五湖蔡九逵彭隆池七家書畫卷」。

六、〔甫田集〕頁三一八。

七、〔甫田集〕頁三一九。

八、〔甫田集〕頁七六二。

九、〔仇英作品圖錄〕圖一七一之一至八及黑白版頁八三至八八。畫錄見〔石渠寶笈〕三編册七頁三〇九九、〔故宮書畫錄〕卷四頁二九七。

十、〔中國繪畫總合目錄〕卷一頁七四圖「一三」之〇三三，鈴木敬編，財團法人，東京大學出版會出版。文徵明識又見於〔石田先生集〕卷十「石田先生事略」頁二十四（總頁九一〇）。

十一、「史際」，一作「史濟」，本文從〔明人傳記資料索引〕頁一〇五「史際」條及〔宜興縣志〕舊志頁四一八「玉女潭」條。

第八十七章　天籟閣

史際以玉女潭爲起點，決澮導流、芟除蔓草、修築石磴，所開闢整建出來的，不僅是某一景觀，而是一山之勝；使幽巖絕壑、靈湫邃谷，盡皆呈現眼底。在宜興奇景中，堪與張公洞媲美。而史際所花費的策劃之功，所投注的財力和物力，可想而知。

史氏莊中，玉陽山房的「玉虛堂」，是棟頗爲奇特的巨構，圍繞堂中天井一共八間房屋，成八卦形，依易卦爲面勢，隨方位而署名爲：純陽、中陽、初陽、循陽、明陽、通陽、來陽、升陽。

玉陽山，以地在玉女潭之陽而得名，景名「玉陽洞天」，其東西兩側，勝景極多，臺榭樓閣祠宇杠梁，不下三十餘處。高高下下，各依地勢而建，以延閣、遊廊、岩磴，互相聯絡。而林壑巖竇，著名者也有二十多處。史氏莊後有環玉岡，岡西盤玉隈附近有一亭，直對太湖洞庭西山的縹緲峰，名之爲「縹緲亭」。自環玉岡而下，左右盤亙，蜿蜒不絕，恍如步入仙境。

其中水之勝者爲「龍湫」。湫在玉陽洞天西面數百步之遙。深不可測的玉女潭水，先是向南伏流，匯爲小池。繼而淵泓洄洑，流速漸增。隨後又在亂石和砥柱之間，奔流激射，終至飛流噴薄，濺沫成輪，聲震谷中。幾經伏現轉折，流抵龍湫的積石之下，又復匯爲深淵，碧綠澄湛，有如玉女潭一般。湫在三面峭壁的深谷之中，其形勢的絕險，也與玉女潭相似。遊人至此，要緺艇而下，然後再從岩下石洞划進穴中；洞內通明虛敞，有如廳室，石皆下垂，峆岈岩崿，不可名狀。在一線天光的照射之下，奇石深水，一片翠碧。此外，洞中有悁；如捨舟緣石而上，可以從一個狹隘的洞穴，轉出石室下面的洞穴。其中白色石柱，可合抱，晶瑩如玉，以故命名「玉陽洞」，是龍湫最爲奇異之處。

文徵明這篇「玉女潭山居記」（註一），洋洋一千八百餘言，筆觸具體而細膩，使人有如身歷其境。

玉女潭伏流之水，首在南巖石下，滙爲小池，玉潔不流，史際築亭其上，名爲「凝玉」。文徵明於歷述諸景之後，特將山水脈絡，加以總結：

「……水自凝玉而來，東南互流，至此凡百折，乍盛乍微，或浮或伏，而其源皆出於玉潭。石自玉潭而來，或隱或見，亦皆綿延相屬其間，松檜梗楠，幽蘭靈卉叢生，蔓被與水石相蔽虧，周遊其中若去塵寰。……」

有人以謝康樂伐山開徑，以極遊放，柳子厚發永柳諸山，而著爲文章，來比擬史際，可能也是「高才棄斥」，用攄其抑鬱不平之氣。

不過，文徵明對質美才高的史氏，卻另有其看法：

「……恭甫恬靜寡欲，與物無忤，而雅事養性，解逅得此，用以自適。而經營位置，因見其才；初非二公有意於其間也。……」

史際的性情，闢山的動機，在文徵明心目中既不同於謝康樂和柳子厚，自然也異於宦海波瀾中，創痕纍纍的王獻臣。

他對拙政園主王獻臣和復現玉女潭勝景的史際，必將名傳千載，似乎有著同樣的信心，文徵明在「玉」文的尾聲中加以論斷：

「……雖然二公（按指謝、柳）在當時或有異論，而風流文雅，千載之下，可能少其名乎！嗚呼！地以人重，人亦以地而重；他時好奇之士，遊於斯，庶幾有知恭甫者。」

距文徵明傳誦一時的「玉女潭山居記」完成十載，也就是嘉靖三十四年，紅衣黃蓋，自杭州北新關登陸的倭寇，經蕪湖、南京，秣陵關一路掠奪而來。深秋九月，先洗劫了史際的故鄉溧陽，隨即竄抵宜興。這時，當年募力士逐虎的史際，毅然以其智慧、勇氣和龐大的家財，招募死士，加以邀擊，追至太湖。倭寇後在滸墅爲官兵所圍，殲滅於楊林橋一帶，平定了江南的倭患（註二）。

自此之後，遊玉女潭的好奇之士，不僅以風流文雅，闢山造景稱許史際，更憑弔他保土衛民的義舉；這也許是文徵明執筆「玉女潭山居記」時，所未料及的。

△　　△　　△　　△

嘉靖廿六年，上元之夜，王守、陸治等好友及門生，讌集停雲館中。二人賞月於湖石之下，四人在房內聚飲，僮僕在迴廊中忙碌地穿梭。敞廳裡面一位長者，趺坐床上與訪客相對清話；想是停雲館主人，年高七十八歲的文徵明，和佳節造訪的張瀚。

張瀚，字子文號元洲，仁和人，嘉靖十四年進士，授南京工部主事，歷廬州、大名知府。

二十三年冬十月，經常入寇北邊的諳達（一作小王子），進抵完縣，京師戒嚴。詔遣兵部郎中，徵畿輔民兵入衛。張瀚立即挑選精壯八百人馳至眞定，請使者校閱和調遣。他的幹才，遂爲使者和朝廷所重視，其輝煌的事業前程，自然也爲人所預見。

當歡讌中的賓主紛紛賦詩和韻之際，張瀚請陸治圖寫勝會，陸氏乃以素箋，設色描寫良宵嘉會的景況。平日儘管文徵明和子弟們在詩和畫中，描繪停雲館、玉磬山房、西齋及好友在園中話別等景象，但缺乏全景；始終予人一種神龍見首不見尾的印象。而陸氏的「元夜讌集圖卷」（註三），卻令人耳目一新；軒室、遊廊、挺拔的山石、扶疏的古木、屈折的石徑：及夜涼似水的寧靜氣氛，可以充分領略到停雲館樸素而典雅的全貌。陸治雖然自謙爲「巴人之語」、「自慚形穢」，但拗不過衆人的催促，乃於卷末自書和韻一首：

「青雲誰不屬通家，燈影星光燦九華，今夜斗文因奏聚，詞人摛藻筆生花。馬踏銀花動紫埃，高軒停處綠樽開，清蟾光吐星橋艷，不夜城中醉裡回。」

這一年的六月，文徵明和兒孫，與江南首屈一指的石工章文，正忙著將祝枝山草書「古詩十九首」及其名著一時的書法理論「書述」，摹刻上石（按，即后人編爲〈停雲館帖〉卷十一者）之際，噩耗傳來，好友袁袞於六月十三日逝世；年僅四十六歲。

在袁氏六俊中，袁袞年齡最少，也被認爲是最有前途的一位。五歲知書，七歲已能賦詩，詩中奇語，聞者莫不贊賞。

二十三歲中南京解元，次年廷試，名列二甲榜首。想不到張璁百般攏絡這位江南才子不成，便惱羞成怒地打擊他，使人構陷他。在那場冤獄中，袁袞幾乎性命不保，終於謫成到湖州衙會而結案。

嘉靖十八年張璁死後，袁袠才赦歸爲南京武選主事，歷職方員外郎。在坎坷的宦途中，以廣西提學僉事，結束了宦海生涯。

致仕北歸後，袁袠築〔列岫樓〕於橫塘之上，意欲在湖山勝景中，著書立說，度過悠閒自適的歲月；不意竟英年早逝。文徵明統計其著作中之要者：有文集二十卷、〔皇明獻實〕二十卷、〔吳中先賢傳〕十卷，加以〔世緯〕、〔歲時記〕、〔周禮直解〕等，可謂著作等身。

文徵明對袁袠袞的看法是：

「……始君雅志用世，及事與心違，時移身遠，乃肆意於此，以洩其所蘊耳。觀〔世緯〕所著，皆鑿鑿乎經世之論，其〔官宗遴傳〕與夫〔詎僞〕諸篇，寔維時敝；惜不得少見於事；而徒托之空言，可慨也已。……」——「廣西提學僉事袁君墓志銘」（註四）

袁袠遺有三女一子，女兒均已出嫁。兒子尊尼字魯望，像乃父一樣自幼聰敏。五歲授書，十歲諸經悉通。舉子業外，更廣讀群書，五年前已成貢士。尊尼闊達高朗，雅好詩文，饒有父風。書法造詣，也頗爲可觀，文徵明引爲忘年之交；濃厚的情誼，對老年失友的文徵明，和青年喪父的袁尊尼，都是一種安慰。

文徵明遠自青年時代，除赴試未歸，或重病在床，每逢重陽，多半與友人登高賞菊，泛舟遊湖；這一年並不例外。又以閏九月關係，因此一再遊湖，重陽詩畫，也源源而來。

第一個重陽，他與王守等一干好友門生，泛舟石湖，並登上方山。其時宿雨初晴，雲絮輕飄，透過湖邊的垂柳，遙見畫橋之上，遊人如蟻。湖心笙歌時起，酒香處處，仕女們攜壺舉盞；美景當前，似乎每人都想一醉方休。微醺中，文徵明在扇上書詩，並以小楷作「金谷園記」冊。

閏九月再次泛舟，菊花已不似前次之盛，插茱萸的興緻也不像前度那般高昂；但籬邊三數朶晚開的黃花，迎風搖曳，卻別有一種韻緻。頭髮霜白的鄉友，節日重逢，已經滿腹感慨，又值閏九月，就愈發感到難得；幾枝晚菊的象徵意味，格外深長。文徵明詩興勃發，不禁朗聲長吟：

「剛喜重陽臨閏月，不辭老病復登臺，多情秋色依前在，有待籬花故晚開。佳節從知難再值，青山端不厭重來；畫船記取橫塘路，十里笙歌載月回。」（註五）

是年秋天，他爲無錫華察作「紡績督課圖」，並作畫送好友湯珍赴崇德縣丞。

華察字子潛，號鴻山，嘉靖五年進士，選庶吉士，歷兵部郎中、翰林修撰等職，嘗出使朝鮮。「紡績督課圖」，對個性樸實的華氏，不知是否寓有不忘耕讀本色的意味。博綜群籍的湯珍，嘉靖十年，以年資貢入太學。卒業謁選時，有人勸他預行關說，湯氏謝而不往，結果僅得官拜崇德縣丞。丞職雖然微末，但他覺得只要能平易爲治，澤及於民，去又何妨。作別之際，文徵明想到東禪寺、竹堂寺的歡會，石湖治平寺寒夜讀書的歲月，以及湯珍對彭、嘉二子的殷殷教導……心中不勝依依。

△　△　△　△

仇英，一方面以臨摹古畫馳名，另一方面，更能從古代圖畫中，考據歷代服裝、器物、舟車和建築的色彩與形制，運用巧思，創爲新作。他某些嘗試性的山水人物，雖然也有類如文人戲墨的灑脫和奔放；但，主要的作品，仍以工整、瑰麗、典雅的歷史人物畫，爲世所重。

「能事不受相迫促，王宰始肯留眞蹟」。像杜甫詩中所說的那樣，他眞正的傑作，仍有賴於廣閱名蹟、長時思考與精心描繪，始得呈現。江南的藏家，似乎深知仇英的創作習慣，因此往往不惜重金，不限定時間，請他館於府內，長時沉浸在名蹟、圖書和古器物之中，逐漸醞釀出胸臆間的鉅構。

例如崑山周六觀，就曾以百金之酬，請仇英爲「子虛」「上林」二賦圖，經年始成；其後並請文徵明書二賦於後。長洲陳官（懷雲），欲仇英作「職貢圖卷」，乃邀至其家，館於山亭之中，數易寒暑，始完成長達丈餘，仿南唐待詔周文矩青綠設色的人物畫。而仇英於嘉靖二十年，應檇李（嘉興）項氏之聘，爲青年收藏家項元汴（墨林、子京）的賓客，不僅開闊了藝術上的視野，也步上了他一生事業的頂峰。從此可以無虞衣食上的匱乏，專心一意爲項氏製作精品，既可傳世，也足以增加項氏和自身的財富。

仇英的生卒年代，至今仍爲爭論不休的話題，所以他出入項府時間的長短，也難下定論，有的指爲五年、十數年，亦有認爲長達三四十年之久。例如項元汴的孫子項聲表，就在跋仇英「秋原獵騎圖」中說：

「仇十州先生畫，實趙吳興後一人，討論余先大父墨林公幃幕中者三四十年，所覽宋

元名畫，千有餘矣。又得性天之授，餐霞吸露，無煙火氣習，遂爲獨絕之品，聲重南金。……」（註六）

項元汴開始收藏古書名畫，約始於十五、六歲（嘉靖二十年左右），仇英作於嘉靖二十年的「仿周昉採蓮圖」，即爲項氏所收藏。假設仇英與項元汴交往始於是年，以各家所論仇英之卒年，最多相處十餘年之久，謂互相析賞討論達三四十年，似難採信。

項氏祖籍河南開封，即宋之「汴京」，後來遷至浙江檇李，項元汴之名，可能與此有關。其父項詮，獲贈吏部郎，在項元汴二十歲之前，便已謝世。所遺三子，長爲「元淇」，大元汴二十五歲，以南京太學生謁選爲上林錄事。中年致仕，與騷人野衲往來唱和，和文徵明入室弟子陳淳，也時而杖履相隨。當他見季弟元汴無意功名，善於理財，並蓄積古書名畫，遂把父親遺留給他份下的財產，讓予元汴。仲兄「篤壽」，長元汴四歲，後中嘉靖四十一年進士，官至兵部郎中。好藏書，名其樓爲「萬卷樓」。篤壽對元汴，也非常友愛，不時給予開導與協助；由於元汴奉養守節的母親，使篤壽在功名途上，減少了後顧之憂。

元汴自少穎敏，十歲已能爲文，絕意場屋之後，對寡母甚爲孝順。他穿著樸素，看來和寒家子弟無異。經營家業以來，無論讌會，或婚喪往來，皆有常度，並不因家境富裕而有所糜費，但，對於贍族賑窮，則毫不吝嗇，他說：

「吾自為節縮，正有所用之也。」（註七）

除了不吝於濟急賑窮之外，項元汴的雄厚家貲，便用以購買古今書畫名蹟乃至三代鼎彝。每得奇書名拓，不論價格，務必購求到手。東南名蹟固然往往爲其珍藏，但贋品也難免夾雜其間，如果遇有售價過高，或誤購贋鼎，項元汴不免悔恨交集，憂形於色，甚而茶飯不思；這時，就需要其兄篤壽的勸解與安慰了。

一次，他購得一張鐵琴，上有「天籟」二字，從此他把嘉興城內靈光坊的珍藏書畫之所，命名爲「天籟閣」；不但是他自己興趣寄托所在，也是江南書畫家和藏家羨慕嚮往之地。

對於書畫的蓄藏和編目，項元汴有其獨特的方式：

首先，他以千字文，或千字文外再附以數字，爲書畫編號，例如：祝枝山的「續書譜卷」，編爲「舍」字，沈周所畫「韓愈畫記卷」，編爲「幸」字，趙孟堅畫「墨蘭」，編爲「宇字二十號」等；他以小字眞書，把編號寫在書畫的下角。

他喜歡在書畫上面鈐章，愈是滿意的藏品，鈐章愈多，有的竟鈐至百餘方之多；既顯示藏者鑒賞的眼力，也流露出潛藏於心中的佔有慾。

「每得名蹟，以印鈐之，纍纍滿幅，亦是書畫一厄。……」—爲此，他也頗爲識者批評和責難。

元汴藏書藏畫另一特異之處，即在某些名蹟後面，標明購價，或加註來歷。如：王羲之的「此事帖」，他記「用價五十金，得於無錫安氏」，繼而又書「定價三百金」。推測其原因，可能：

一、記述名蹟來歷，便於考據其流傳過程，推斷作品眞僞的責任。

二、告示子孫藏品的價值，不可任意散失；即使不得已而求售於人，也要知道其價值。

三、元汴於收藏書畫之外，並經營典當事業，因此其藏品頗具買賣流通性質，所標購價和定價，或爲此而備。

其標明購價的藏品中，書，以王羲之「瞻近帖卷」最高，値二千金。歷代名畫中，則以仇英的「漢宮春曉卷」爲冠，値二百金。書重於畫，似乎是基於傳統的價値觀。「漢宮春曉卷」爲諸畫之冠，可見項元汴對仇英畫藝的重視。同時，此卷可能是項氏特請仇英精工繪製者，故而加重其酬。後來，文徵明的「袁安臥雪圖卷」，流入項府，原價僅十六兩，唐伯虎「嵩山十景册」，以元汴所記，不過二十四金。由此不難揣測，晚歲往來於蘇州、檇李道上的仇英，在項氏名蹟的浸淫，優厚筆潤的供應下，生活之優裕，遠非衰老貧病的文徵明可以比擬。

自少捨棄功名路途的項元汴，雖然在收藏和理財方面有所成就，但依舊難以見重於士林，因此，賓客之前，頗著意於顯示他的詩才和法書。

據說，有人不遠千里而來，渴欲遍觀項氏所藏。但，他僅出示部份藏品之後，便轉移話題到自己詩作上去，並喋喋不休，自稱其靈思與境界。直到客順主意，盛贊其詩作之後，才悅而盡發其所藏，供客欣賞。

除了累累滿幅的圖章，被認作是書畫一厄之外，他的書畫題跋，也被認爲是名蹟之累。由於性之所嗜，項元汴收藏日富，薰陶益深，鑒賞之餘，他自己也逐漸成爲書畫家。

書法智永和趙孟頫，畫學黃公望和倪雲林，但在文辭上，人們卻始終不敢恭維。

某些想得到他山水畫的人，不得不先以青錢三百，餽其身邊小童，囑咐趁元汴畫畢，立即用印、取出，以免他接著而來的長題大跋；這種預付「免題錢」的趣事，不脛而走，傳爲趣談。儘管如此，人們對他的鑒定收藏及保存古蹟，依舊備加贊揚，其對當時書畫家的獎掖，作品之購求，亦頗多譽辭。

嘉靖十九年，項元汴收藏書畫的早期，即擁有唐伯虎的「秋風紈扇圖軸」（註八）：

「秋來紈扇合收藏，何事佳人重感傷，請把世情詳細看，大都誰不逐炎涼。」

畫上並無年款，但就詩情畫意推測，當係伯虎春闈冤獄之後，回到蘇州，妻子離異，奴僕反目，不少昔時好友紛紛疏遠及冷淡之際，藉以發洩心中的牢騷和抑鬱之作。

對少年項元汴而言，無論爲了奉養父母或個人志趣，而捨棄功名，都難免受到士林冷落和親朋的譏刺。唐伯虎的詩畫，乃至那份悲涼的心境，立刻引發了他的共鳴，其年九月望日，他在「秋風紈扇圖」的裱紙上題：

「唐子畏先生，風流才子，而遭讒被擯，抑鬱不得志。雖復佯狂玩世以自寬，而受不知己者之揶揄，亦已多矣；未免有情，誰能遣此！故翰墨吟詠間，時或及之。此圖此詩，蓋自傷兼自解也。噫！予亦骯髒負氣者，覽此不勝嚄唶；豈但賞其畫品之超逸哉！」

項氏對伯虎此圖，感應於衷，愛不忍釋，遂於嘉靖二十一年仲春，再度題跋：

「子畏平生所畫美人，纖妍艷冶，幾奪周昉之席。而此圖獨飄然脩然，恍如李夫人夜半絺帷，姍姍來遲時也，筆墨至此間，出神入化矣。」

於此可見，項元汴對他的珍藏，非僅視爲奇貨，更藉以神交古人、撥動其不可言傳的心弦。

註一、〔甫田集〕頁四四九、〔宜興縣志舊志〕頁四〇三。按，前書篇名「玉女潭山居記」，後者題爲「玉女潭仙居記」。

二、〔宜興縣志舊志〕頁一八七、〔明代傳記資料索引〕頁一〇五「史際」條。

三、〔中國美術全集〕繪畫冊七圖一〇八，圖記見〔石渠寶笈〕續編冊五頁二八二〇。

四、〔甫田集〕頁八三五。

五、〔甫田集〕頁三二〇「是歲閏九月再泛」。

六、〔大觀錄〕冊四頁二五〇七。

七、〔項元汴之書畫收藏與藝術〕頁二四三附錄二「董其昌撰並書項元汴墓誌銘原文」，鄭銀淑著，文史哲出版社印行。又：本章有關仇英與項元汴交往情形，多綜據該書。

八、〔唐伯虎畫集〕頁一一七，雄獅版；原畫現藏上海。畫記見〔虛齋名畫錄〕頁一〇一〇，漢華版。

第八十八章　子路問津

對項元汴而言，仇英的「項墨林小像」，可能是最有紀念價值的作品。絹本，大斗方，青綠設色，眞可謂古艷照人。巖外桃花盛放，彷佛置身武陵源中，一個小童，手持古銅瓶，在溪中汲水，但他的眼神，卻貫注在飛鳥之上。

巖穴中，有兩人對奕，靜默專注，好像已經忘記了時間的流逝，和飛鳥、溪流、落英，形成一種對比。正面趺坐者，即天籟閣主人，青年收藏家項元汴。

項元汴收藏印中，有「桃花源裡人家」一印，可能是這幅小像景物佈置的旨趣。在這幅靜中取鬧的畫像右方，有小楷款書：

「爲墨林小像，寫玉洞桃花萬樹春　仇英製」（註一）

仇英爲元汴長兄元淇所畫的「姚村草堂圖軸」（註二），筆法、意趣，和「項墨林小像」，頗爲不同。也是青綠設色。爲雲霧所環繞的遠峰垂瀑，是仇英畫「仙山樓閣」或「桃源仙境」一類畫題的慣用手法。中景，花木掩映中，不是仙山樓閣那樣奇巧繁複的樓臺，而是一座古樸的方亭；把人的思緒從神仙的洞天福地，帶回優美僻靜的山村。亭側也有一個小童，在溪邊俯身汲水，大概是準備烹茶。

曲曲折折的山徑和急湍的溪流，使流動游走的視線，越過山腳的數間茅簷，凝注到疏松下面的隱士身上。飄擺的衣袂，使年近知命的項元淇，看來灑脫自然，有如玉樹臨風。

左下方一童，從板橋之上迎面走去，似欲向主人報命一般。從遠而近，左旋右轉，使整個畫面，貫通成一條流動的曲線，予人餘韻無盡之感。然而，方亭、茅屋、蒼松、板橋，又使流動中，產生一種靜穆的氣氛；和「項墨林小像」大異其趣的，也許就是鬧中取靜吧。

仇英在檇李項氏天籟閣所遺留的作品數量，相當龐大；但落有年款，並署明爲項氏而作的卻不多見。其中有兩件作品，均爲嘉靖二十六年所作：

「臨宋元六景」冊，爲其中之一。「高峰遠湖」、「雲山樓閣」、「山拗田舍」、「關山漁舍」、「松林村落」、「竹籬壓雪」；從六景的畫題，已可以體會出那種高古澹雅的境界。項元汴在冊後親跋：

「宋元六景，仇英十洲臨古名筆，墨林項元汴清玩，嘉靖二十六年春摹於博雅堂。」（註三）

第一幅和後副葉的右下角，均有項氏「聆」字編號，「聆」字爲（千字文）中的第六百八十九字，可見那時年僅二十三歲的項元汴，收藏已相當豐富。何況再加上其他不同編號方式的藏品，則所藏書畫名蹟數量，就更難以確估。

宋元六景中，多幅畫的邊緣，另以小字描寫畫中景物：

「金霞返照；『金霞』，南岸山也。去精舍數里，高□面矗，直掃天表，返照山石，絢煙如霞，憑欄而望。」—雲山樓閣。

「湖耕雨雲笻遠。」—山拗田舍

「河洑魚梁；有閣名『河洑』，洑之深，有古石嵌空。」—關山漁舍。

仇英　宋之六景一（局部）

仇英 水仙臘梅

「山煙寺，山上有古寺古井，煙中時見山椒，經聲韻清而遠。」—松林村落

「竹灣雪舫，灣名『竹寨』，亦聚□雪也□暮。」—竹離壓雪

這些書寫在畫邊上的小字，可能爲宋元原畫所有，經仇英臨摹後，究竟由仇英一并照臨，或由項氏臨寫則無法斷定。只是經一再裝裱裁割之後；這些小字，已經到了模糊難辨的地步。

畫中景象，有些是怕觀賞者走馬觀花，一時察覺不出的；像「雲山樓閣」中，嵯峨巨石上的金霞返照。有的是隱藏著的景物，無法瞭望得見的；如「關山漁舍」中的河洑，河洑深處的嵌空古石，以及「松林村落」裡山煙寺內的古井。亦有屬於聲音、地名，可聽、可知，然而卻無法直接狀寫出來的；如「松林村落」的「經聲韻清而遠」、「竹籬壓雪」中的「灣名竹寨」，因此以文字一一標出。從這些跡象顯示，這些精微細緻冊頁的原作者，定是師法自然，對景寫生。丹青不足之處，再輔以文字。務求眼之所見，心內所知所感，能充份傳達予觀賞者。此種樸實眞摯的心情，便已十分動人。

據項元汴侄兒項希憲表示，家藏仇英仿宋人花鳥山水冊約一百幅之多；由此可見項氏對宋人畫冊之喜愛，以及仇英仿宋元作品功夫之深厚。

仇英絹本著色的「水仙蠟梅軸」，作於嘉靖二十六年十一月。款：

「明嘉靖丁未仲冬，仇英實父為墨林製。」（註四）

有的學者認爲款書十五字，係出項元汴之手。

這幅雙勾填彩的花卉，構圖簡潔，清麗淡雅，充份表現出水仙蠟梅的冰肌玉骨。

「神品」、「墨林秘玩」、「項子京家珍藏」……從收藏印中，亦可見出項元汴對它的珍愛。

仇英仿宋花卉，存世不多，另一幅紙本「雙勾蘭花圖」册頁（註五），線條優美流暢，賦色異常淡雅，佈局簡單而富于變化，堪與水仙蠟梅相互媲美。

△　△　△　△

「貴妃曉妝」、「吹簫引鳳」、「松林六逸」、「子路問津」……仇英「人物故事册」，一共十幅，現藏北京故宮博物院（註六）。

其中「貴妃曉妝」，宮庭建築、人物乃至湖石樹木的風格，和爲項元汴所珍藏的「漢宮春曉」長卷頗爲相似；很可能爲同一時期作品。唯因資料所限，無法得知是否也爲天籟閣所藏。第七幅「子路問津」圖，典出（論語）「微子第十八」。長沮、桀溺並耕於野，孔子周遊列國，由楚適蔡，使子路問津。長沮問明坐在車上，手執轠繩者即爲遠近馳名的孔丘後，帶著幾分揶揄的口吻說：

「是知津矣！」

子路問於桀溺。桀溺非但未指點迷津，且勸這位孔門高弟：

「……且而與其從辟人之士也，豈若從辟世之士哉？」

爲了匡世主張，無法見諒於隱者，孔子悵然若有所失地說：

「鳥獸不可與同群－吾非斯人之徒與而誰與？天下有道，丘不與易也。」

仇英的長方形畫面，右上左下，略呈對角線的構圖；左上半部，天空、遠山、水田和滾滾溪流；色彩淡得似有若無。右下半則爲懸崖、叢木和阻路的頑石，墨重色濃；莫非世事擾攘，天下滔滔的象徵！

畫面底邊，以蟠曲的老樹及強勁的怪石，劃分成左右兩個不同的境界：

右側，樹木掩映中，孔子在輿蓋下執轡而坐，安祥的面容，流露出幾許期盼的神情。古木怪石的後面，可以望見轅下搖尾徐行的半截白色馬身。一門弟子隨侍輪側，迷茫中別具一種入世的執著。

相對的，畫面左下角，子路一反往日的莽撞與率直，恭謹有禮地向長沮問津；而短裝荷鋤的隱者，則置身於雲淡風清的背景下，遙指著樹蔭裡的執輿者：

「是知津矣！」彷彿可以聽到他的嘆息和揶揄。

仇英的「子路問津」圖，所以使人聯想到天籟閣的主人，原因是項氏收藏印中，有「沮溺之儔」及「隱居放言」白文印各一方（註七）。這兩方章中的印文，既可以看出項氏的氣度和風骨，也可以視爲偏離科舉之途的項元汴，對時文、顯學，乃至權威的一種心理抗拒。

△　△　△　△

事在嘉靖二十七年，日本貢使道過蘇州，贄見盛名遠播的文徵明。徵明爲了尊重國體，身著緋服，坐受謁見之禮。但是對於所贈贄見禮物，卻堅拒不受；可能與他不見中貴人，不交接王府，不收過往使者禮物出於同樣的原則；他認爲有違朝廷的禮法。此外，他也沒有贈送彼邦人士所珍視和嚮往的書畫（註八）。

又是草長鶯飛時節，岑寂中，年近八旬的文徵明，撿出了唐伯虎宏治十七年初夏所繪「坐臨溪閣」長卷，引首有他所書「六如墨妙」四個大字。

宏治十七年，他和伯虎均爲三十五歲，沈周七十八歲。春天，沈周首賦「落花詩」十首。其後，沈周喜得知音，接著又反和他、徐禎卿及呂㦂的和韻，共賦落花詩三十首。而伯虎卻獨和三十首，其才思之敏捷，文徵明不得不爲之嘆服。

文徵明玩味「坐臨溪閣」圖後的題詩，也與落花有關：

「空山春盡落花深，雨過林陰綠玉新；自汲山泉烹鳳餅，坐臨溪閣待幽人。」（註九）

同樣的落花，各人遭際不同，年歲不同，心中的感受也大異其趣吧！文徵明緬懷師友當日雅集吟哦的景象，想著自己孤單寂寞的晚景，搦管書落花詩四首，以與伯虎的「坐臨溪閣」合爲雙璧，讓師生好友的吟誦聲，永遠在山溪竹影間迴蕩。

湯珍自往崇德縣爲縣丞，一切以平易便民爲主，數次知縣不在，由他代攝縣政。他對官差人犯，一概不加笞責，而事情卻井井有條，深得民衆愛戴，稱之爲「佛子」。湯珍從崇德縣暫歸碧鳳里，其雙梧堂中，就少不了文徵明及親翁錢同愛的踪影。

文徵明在唐伯虎「坐臨溪閣」長卷題詩後不久，文、湯、錢相約往遊宜興善權寺，徵明外甥陸之箕亦隨侍在側。

遊善權寺後，一行人來到徵明亡友吳大本家，觀賞他生前珍藏的宋趙伯駒所畫「春山樓臺」長卷。

吳大本獲此卷時，卷後已有元大中大夫廣平路總管浦源，金粟道人顧阿瑛，及明初宋濂三跋，對卷中樓臺人物，雖師法大小李將軍，但卻參以荊關顧陸及僧繇道玄等法，陶冶融鑄，集衆善於一身，大為稱賞。大本遊蘇時，亟欲得到沈周、吳寬對此卷的評識，可惜天緣不巧，未能遂願。其後二公相繼謝世，吳大本亦遊蹤飄忽不定。對此一先賢名跡，未得吳沈二先生品題，文徵明總覺得是件憾事。

宋畫當中，趙伯駒、伯驌昆仲的青綠山水，文徵明仿習不遺餘力，而且幾可出藍；但他形容面對此卷的心理感受：

「……因過吳氏之廬，訊其嗣君，因索觀之，見其一段瀟灑出塵氣象，煜然可掬，猶若臨風把隨珠和璧，為之擊節，即欲效顰一二，恐未易窺其堂奧矣。……」（註十）

「余有生嗜古人書畫，嘗忘寢食；每聞一名繪，即不遠幾百里，扁舟造之，得一展為幸。……」文徵明跋「春山樓臺」，一方面彌補亡友未了的心願，一方面也表現出他對古人名蹟求賞的殷切。

文徵明此行，與玉女潭一帶勝景辟劃整建者史際相會，是可以想像得到的事。這年的九月十一日，文徵明完成了史際所托付的「玉女潭圖」卷（註十一）。他先前所完成的「玉女潭記」，早經刻石，立於潭側，供游人流連憑弔，但史際覺得玉女潭景物，幽奇繁複，更僕難數；如果請名家繪成圖卷，可以不越几席，而一目了然。對文徵明而言，由於對玉女潭的嚮往與偏愛，加之年老體衰，難以數數前往，因此不但樂於從命；自己也可以留得粉本，供他日繪寫及臥遊。

善權寺之旅，除湯珍與陸之箕年富力強之外，文徵明老邁年高，而小他五歲的錢同愛，可謂抱病前往。錢氏行履疲曳，但一路上談笑謔浪，負杖嬉戲；雖然是他性格開朗豁達，不願掃同遊者的雅興，也是主要的原因。出身醫學世家的錢同愛，身長玉立，一向喜好華服美食；晚歲卻因困於征徭，使家道日落。「有斐堂」中，已不像往日那般圖籍、棋局、酒壺、博具並列，管絃之聲不絕，奇人名士含醺賦詩的景象。

自宏治十四年至正德十一年，錢氏六試金陵不售之後，早已拋棄括帖襴幞，自免而歸。時常縈繞在文徵明腦中的，一是他與唐伯虎、徐禎卿、錢同愛早年同在庠序的時代，經常奔走相會，文酒譙笑，評隲古今，或各書近作，相質爲樂。一是，同愛文章奇崛深奧，讀之棘口，難爲句讀，一般提學，多半喜歡淺近而合乎規格的文章，對艱深者視同等閒。只有莆田陳主司，獨具隻眼，按試時置同愛於高等，並對徵明說：

「吾見其文有古意，知其非經生常士也。」（註十二）

文徵明爲此，既喜陳主司之得人，復爲好友能得提學賞識而欣慰。不意直至如今，負奇好學的錢同愛，依然窮困不偶。

錢同愛於遊善權寺的第二年，即歸道山；宜興之行，可能是兩位好友，最後一次相偕扁舟遠遊，共訪名勝與千古名畫。

嘉靖二十七年中元節後一日，文徵明爲郡人所倣趙伯驌後赤壁圖完成，心中感到無比的輕鬆，彷彿經過一場劇戰，鼓聲終於沉寂下來。

此一青綠設色的絹本長卷，是本著蘇軾「後赤壁賦」的文意而繪，共分成七段畫境：「舉網得魚」；即客曰：「今者薄暮，舉網得魚，巨口細鱗，狀如松江之鱸；……」置於卷首。依次是「人影在地，仰見明月」、「歸謀斗酒」、「山鳴谷應，風起水湧」、「孤鶴橫江」、「客去就睡」，而終於賦中的「道士顧笑，予亦驚寤，開戶視之，不見其處。」

徵明次子文嘉，二十餘年後，追憶當時情況是：趙伯驌「後赤壁圖」卷，爲吳中某氏所珍藏；原圖文嘉亦曾親見。其後有當道者，意欲取獻嚴嵩之子世蕃，而畫卷主人，卻難以割捨。

「豈可以此賈禍，吾當為重寫，或能存其髣髴。」（註十三）文徵明深知宏治末年，中官王瘸橫行江南，到處誅求法書名畫的故事，更清楚老畫師周臣晚歲，被嚴嵩困於南京，迫使爲之作畫，幾至性命不保的底蘊，故此加勸解。

「因爲此卷，庶幾煥若神明，復還舊觀；豈特優孟之爲孫叔敖而已哉。」（仝前註）文嘉跋中，爲珍藏被奪的鄉先輩憤慨之餘，對老父在倣作所下的功力，也倍加揄揚。嚴氏父子敗後，其巧取豪奪的法書名畫，少部份收入內府，餘者充武弁俸錢；流落民間者比比皆是。趙伯驌「後赤壁圖」原卷，也蹤跡杳然。只有文徵明倣本和濟人於危難的故事，供後人憑弔。

△　△　△　△

「簷樹扶疏帶亂鴉，蕭齋只似野人家，紙窗獵獵風生竹，玉盎浮浮火宿茶。日色射雲

時弄采，雨絲吹雪不成花，庭中卉物彫零盡，獨有蒼松領歲華。」（註十四）

文徵明這幅畫與詩，作於嘉靖二十七年初秋七月，其時江南暑氣未消。仔細咀嚼「雨絲吹雪不成花」、「庭中卉物彫零盡」詩句，分明初冬景色；然而，只見一種恬淡閒適氣氛，浮出筆墨之上。也許可以說是歲月悠閒和老年人心境閒適的象徵。在藝術上，則是他豐收的一年。

涼秋九月，文徵明又是閑齋無事，偶然間見到案上素册，便情不自禁地信筆揮灑起來。

雙鉤蘭竹、水墨芙蓉、白描蕉葉下酣鬥的雞隻……一口氣畫了十幅。由於在一種極爲閒適的心境下的命筆，則墨花蘊藉，逸韻遄飛，感覺上彷彿自然流洩而成。

其後這十幅水墨册爲天籟館主人所得，項氏愛不忍釋，稱之爲「文衡山水墨無價册」（註十五）。項元汴珍藏品中，往往鈐印無數，唯獨對此「無價之寶」，不敢以藏印相加。

△　△　△　△

依文獻所載，無錫收藏家華雲於刑部郎中任內，眼見嚴嵩用事，遂乞休歸鄉，築「眞休園」，廣收法書名畫，用以自娛。

唯嚴嵩用事時間甚久，華雲究於何時乞休，不得確知。但自嘉靖二十七年夏季起，文徵明爲華氏作畫及往來漸增，因此推測華雲掛冠南歸，可能在此稍前。

六月八日，他爲華雲以細筆白描寫魚鳥花木十幅册（註十六）。見者以爲七九老人，盛夏作此，可謂神明不衰，精妙絕倫。同時也認為當代鑒賞家，文徵明自是首屈一指，其次便是與徵明交游日久，深受薰陶，而不覺自化的華雲。

嘉靖二十八年春天，年屆八旬的文徵明，冒著春寒前往無錫劍光閣訪華雲，詩酒流連達數日之久。歸後，庭中玉蘭花乍放，芳香瀰漫，吮筆調粉，繪寫滿園春意（註十七）。雖然甚感得意，他仍托人將之帶給華雲，以報謝知音。想到華氏前曾請其代覓碑石，因不知大小用途，他也托送畫的王雅泉君，一併詢問明白，以便依照辦理。附帶也在信中，向這位相交多年的書畫知己，訴說眼前的痛苦；經過這番奔波之後，徵明瘡毒發作，日夜抓搔，使他坐臥不寧。

註一、〔江邨消夏錄〕頁四二九。
二、〔中國美術全集〕繪畫七圖六二，現藏北京故宮博物院。
三、〔仇英作品展目錄〕圖四三～五四，著錄見〔石渠寶笈〕續編冊一頁四九。
四、〔仇英作品展圖錄〕圖十二、〔故宮書畫圖錄〕冊七頁二四三。
五、〔中國美術全集〕繪畫七圖六七，現藏北京故宮博物院。
六、〔中國美術全集〕繪畫七圖七〇〔一～四〕。
七、〔項元汴之書畫收藏與藝術〕頁七三印章七七、頁七四印章八五。
八、〔文徵明年表〕頁一八七。
九、〔故宮書畫錄〕卷四頁一六九。

十、〔石渠寶笈〕三編册七頁三二四〇。

十一、〔美術叢書〕册十九〔聽颿樓書畫記〕續卷下頁五七五。

十二、〔甫田集〕頁八三二「錢孔周墓志銘」。

十三、〔文人畫粹編〕册四圖五九、〔故宮書畫錄〕卷四頁一九三。

十四、〔式古堂書畫彙考〕册四頁四八一。

十五、〔吳越所見書畫錄〕卷三頁五八。

十六、〔過雲樓書畫記〕頁二九七。

十七、〔文人畫粹編〕册四圖七二、頁一七二釋文。

第八十九章　聊畢當年未了緣

嘉靖二十八年春夏之交，文徵明兩題仇英圖卷；可見時人對文書仇畫合而為一的珍視。

三月底，文徵明強忍瘡毒之苦，書「李東陽跋張擇端清明上河圖」文，于仇臨張圖之後。他在書後記中表示，張擇端的眞蹟，李東陽的親筆跋，他曾在崑城顧椁齋處鑒賞過。和印象中的清明上河圖相比，文徵明覺得仇英臨得相當逼眞，「誠珍品也」；他對仇氏摹本的結論。

摹本已為繆東洲所得，因此他也不忘忠告繆氏：

「……他日東洲傳于後世，必與擇端正本並馳矣。」（註一）—從此不難看出他對仇卷評價之高。不過，繆東洲並未傳於後裔，仇英此卷未久便入于項氏天籟閣之中，被項元汴視為秘笈中的「神品」。

「摹趙千里丹臺春曉圖」，是仇英另一精心之作。

卷中人物景色，大約可分成幾個段落：

首先是綠柳紅桃所圍繞著的山村野廟，遊人如蟻，畫中犬馬，大如粟粒，精細得無以復加。

繼而，巖谷樓臺，層巒疊幛，竹木葱鬱，逶迤石路間，遊人不絕如縷；彷彿正為一個幽隱神秘的世界所吸引。

白雲、桃花映襯中，有座石欄環繞的兩重高臺，日圭、旂杆、丹爐……一應道家事物俱全。司火道人目注丹爐，一縷白煙上衝霄漢。雲霞糾縵，鸞鳳翺翔。山外則另有樓臺，始爲仙人納福之處。仙姝、道侶，或游行、或憑眺樓外遠山與縹緲的白雲。

因見卷尾已有施鳳來、秦雨基、陳鎏三跋，對仇英繪畫的功力和創意，贊嘆備至，是以文徵明僅題七絕一首：

「春光爛熳競芳菲，滿目湖山翠靄微，共看丹臺凌碧漢，鳳凰翔繞各鳴飛。己酉清和望前三日觀於玉磬山房并題，長洲文徵明。」（註二）

八月秋涼，文徵明一口氣完成了爲陸師道所畫的「千巖萬壑圖」。算算這幅畫一共畫了十三年，興來時則取出絹素揮灑數筆，興闌則止，從不勉強。然而歲月如流，想想十餘年來的人事變化，使他不禁嘆息。自己的身體和精力，也無時不在改變；驀然回首時，才愈發覺得這些變化，快而且大。

剛剛起筆畫這幅畫時，文徵明年近古稀，陸師道則僅弱冠，並於是年中式南京。他們這對忘年之交，方舟出遊，相互唱和，有如趙千里「丹臺春曉」中的道侶和散仙。在蒼翠秀麗的湖山景色中，雄姿英發的陸師道，出絹索畫，文徵明慨然應允，隨即落筆勾勒巖壑的輪廓。其後陸師道中進士，授京官，乃至棄官歸里，一切彷彿南柯一夢。

陸氏掛冠還吳，孝養老母、照顧弟弟、師事徵明，轉眼又已六年多時光；文徵明看看色已泛黃的絹素，搦管而題：

「尺素俄驚已數年，秀巖流壑始依然，感君意趣猶如昔，顧我聰明不及前。萬壑潺湲知水競，千巖青翠為山妍，詩中真境何容盡，聊畢當年未了緣。」（註三）

△　△　△　△

十一月六日，爲文徵明八十初度。

當全家大小忙著準備一應祝壽事宜，文徵明自己也有一番忙碌。他以八秩高齡，小楷精書「千字文」一本，親自督工上石。

「嘉靖二十八年，歲在己酉，徵明八十歲；親朋來者，每書一本酬之。」（註四）

祝嘏之日，停雲館外車水馬龍，冠蓋雲集，海內薦紳，江南士林以及親朋弟子，多以書畫爲壽，虔誠祝福。文徵明也格外高興，神氣精爽，步履穩健，周旋賀客之間，望之有如神仙中人。

徵明門人東海何良俊（元朗）獻詩三首，並撰有詩序。除敍述文徵明平日性情、修養，與爲官處世的高風亮節之外，第三首更生動地描寫出賀客盈門的景象：

「吳趨本清嘉，幽居帶城　。良辰敞芳燕，遠集八方賓。金蘭粲英蕤，玉樹羅璘珣。奉獻累百觴，旨酒何清醇。三千頌靈桃，八百歌大椿。堂階藹熙陽，玄冬若九春。至樂眾所希，祥風被無垠。」（註五）

良俊爲文徵明奉壽詩序中，有幾句話，究竟是在描寫徵明性情，或自道之言，頗值得玩味：

「……性兼博雅，篤好圖書。間啟軒牕，拂几席、爇名香、瀹佳茗，取古法書名畫，評校賞愛，終日忘倦；以為此皆古高人韻士，其精神所寓，使我日得與之接，雖萬鍾千駟，某不與易。遇有妙品，則厚貲購之；衣食取給而已，不問也。……」（仝註五）

何良俊自號「柘湖居士」，自謂尚友「維摩詰、莊子、白樂天」，因而名其居處爲「四友齋」。這位欲集儒、釋、道三教於一身的東海華亭縣貢生，在其所著〈四友齋畫論〉的序中寫：

「余小時即好書畫，以為此皆古高人勝士，其風神之所寓，使我日得與之接，正黃山谷所謂能撲面上三斗俗塵者也。一遇真蹟，輒厚貲購之，雖傾產不惜。故家業日就貧薄，而所藏古人之跡，亦已富矣。然性復相近，加以篤好，又得衡山先生相與評論，故亦頗能鑒別。雖不敢自謂神解，亦庶幾十不失二矣。……」（註六）

良俊也是一位山水畫家，不過就壽詩序和上面一段自述比較，文、何師生二人搜集古書名畫的愛好相同，而他之投入徵明門下，與其說是習文習畫，莫如說是偏重在鑒別評論方面。也許可以說他是來往衡山門中的另一個華雲華補庵。只是華雲與文徵明爲同輩好友，良俊晚文氏三十七歲，晚華雲十八歲，與徵明可能是誼介師友之間的中生代。

文徵明專爲八十壽誕酬謝賓客的千字文，未見何氏言及，但，文徵明前此所贈的「玉女潭山居記」及「文賦」拓本，則欣喜寶愛，溢於言表；對徵明所書「文賦」楷法上的造詣，尤贊頌備至：

「……文賦楷法遒媚，骨肉勻圓，米南宮所謂墨皇也。先生正行、行草比松雪翁，猶當鴈行，至如文賦一刻，當與歐虞抗行，松雪翁猶北面；蔡忠惠以下，勿論也。……」何良俊在「與文太史衡山書」中寫（註七）。

在江南收藏家中，如果說何良俊的「森清閣」、與華雲的「劍光閣」、項元汴的「天籟閣」鼎足而三，似乎並不爲過。其閣中所藏，書約四萬卷、名畫百籤、古今名人墨帖數十本、三代鼎彝數十餘種。數量雖然不多，但他對書畫收藏選擇很嚴。以書爲例，所藏者無非楊少師、蘇長公、黃山谷、陸放翁、范石湖、蘇養直、趙松雪之跡。而畫，則非趙集賢、元四家、高房山的不收，原則上，他主張畫必須以韻取勝。入明以後的畫家，看在他眼中僅沈周、文徵明數人而已。

他對沈周繪畫的評價是：

「……我朝沈石田之畫，品格在宋人上；正以其韻勝耳。……」（註八）

「沈石田畫法從董巨中來，而於元人四大家之畫，極意臨摹，皆得其三昧，故其意匠高遠，筆墨清潤。而於染渲之際，元氣淋漓，誠有如所謂詩中有畫，畫中有詩者。昔人謂王維之筆，天機所到，非畫工所能及，余謂石田亦然。」（註九）

在何良俊心目中，文徵明的繪畫，不僅能以人品和氣韻取勝，成爲畫壇上的「利家」，從他學趙集賢、李唐等的設色、筆法而言，其功力之深，也未嘗不是「行家」；遠非錢塘戴文進僅「行」不「利」可相比擬。他的結論是：

「……我朝善畫者甚多，若行家，當以戴文進爲第一，而吳小仙、杜古狂、周東村其次也。利家則以沈石田爲第一，而唐六如、文衡山、陳白陽其次也。……」（仝註九）

此外，他對當年與伯虎同應寧王之聘，名滿江南的蘇州畫家謝時臣，非僅評價不高，且直以「濁俗」斥之：

「蘇州又有謝時臣，號樗仙，亦善畫，頗有膽氣，能作大幅，然筆墨皆濁俗品也。杭州三司請去作畫，酬以重價，此亦逐臭之夫耳。」（註十）

△　△　△　△

何良俊列名文徵明門牆，已經有年，但由於家在松江縣東南七十餘里濱海的柘林城，只是不時來去拓林、南京和蘇州之間，不比其他吳、長弟子，可以朝夕隨侍。

無論就家世、教養方式，乃至生活環境，何良俊也與文徵明其他弟子大不相似。不過就他對於太老師沈周畫風的仰慕；以及他生活的富裕，對樂工舞妓的喜愛，倒和已故的陳淳，頗爲接近。因此，文徵明對這位弟子的態度，並不像對周天球、朱朗、居節、陸師道……那樣不拘形跡。從何良俊的書畫和詩文來看，思想雖然敏捷，下筆迅速，也頗有六朝遺風，卻不免有才人輕脫的習氣；老於此道，生性修謹的文徵明，對此豈能不察！

何氏先祖，曾以通法家之學，顯於元季明初。其後，有贅於柘林李氏者，子孫遂以濱海之柘林里爲家。至良俊伯父何嗣（訥軒）、父親何孝（靜軒）這一代，兄弟二人聯手振興家業，不但富甲一方，更能救急濟貧，交接地方豪右與文章之士。只是到了晚年，又都閉門謝客，嚮往一種寧靜簡樸的生活方式。

何嗣、何孝兄弟在納福之餘，心中最大的願望，就是怎樣督楚子弟讀書、獵取功名，光復先祖的門楣。何嗣生有三女，何孝則先後育有三子；即良佐、良俊與良傅兄弟三人。

良佐長良俊十歲，良俊和良傅相距僅三歲，其後以良俊過繼爲何嗣的宗兆。

何孝年已四十，始生長子良佐，兄弟二人戰戰兢兢地守著這個賴以傳遞香火的男孩。到了就傅之齡，何孝親自授以經學。良佐天性有些遲緩，作父親的則急欲兒子課業有成，每日誦讀必至三更，記誦稍有差錯，便痛加扑責。何嗣因自己年老無子，深怕傷損了共同培育和指盼的根苗，於是委婉勸解：

「吾家門戶所寄，唯有此兒，汝獨不爲宗祀計耶！」（註十一）

年已四十六七的何孝，則別有見地：「吾家世世修德，天不應使其絕祀；然子孫安可不使之學？不學之兒，雖復數人，亦何關於門戶！」（仝註十一）

爲此，作長兄的不由得淚流滿面，何孝只好丟下手中戒尺，與何嗣相擁而泣，次日卻又對兒子扑責如故。何嗣這種提心吊膽，唯恐失去香火繼承的日子，直到良俊降生，才稍爲放寬心情。

兄弟二人年逾耳順之後，爲了使已經補爲博士弟子的良佐，能出持門戶，就納貲爲他補了個太學生的名額。卒業後的良佐，依然不樂仕進，在家中堆土石爲山，廣植名花異卉，待客飲燕。在縉紳間，不但賢名素著，遇有騷人墨客，亦能隨韻賡和。

良俊、良傅，資質穎異，仍舊由父親親自教導。無論居家或出遊，兩個兒子時刻不得離開身邊，耳提口授，從不少輟。良傅身體本來羸弱，每夜三更稍息，五更復讀。夏夜命童子爲他拍去背上蚊蟲，冬夜怠睡片刻，即自刺其股。精神耗損的結果，雖然十四歲就成了秀才，但每到南京應舉，往往不得終試，就病倒在號舍之中。嘉靖十九年，終得中舉應天，次年春天，再中進士。其時介溪嚴公爲禮部主試，看到良傅試卷，即向闈場同事表示：

「此子與其兄良俊，皆吳中名士，今喜拔得其一矣。」（註十二）

良傅未第之前，曾數度病危，妻子宋氏，誓以死殉。一日，舉家呼號哭泣，在佛堂中的宋氏，以爲丈夫業已逝世，遂自經於佛堂之中。不意良傅絕而復甦，卻已造成了無可挽回的家庭悲劇。

在父親嚴厲的督導下，傳說良俊少時，曾二十年不下樓。有時挾筴出游，竟把竹筴忘墮坑岸之上；其勤奮與專注，可以想見。詩經、尚書、諸子百家之外，他也好談兵法，自負爲經世之才，可惜多年來滯於場屋，毫無寸進。有人把他潦倒功名，比之爲洞庭西山的蔡羽；其後，他也眞像蔡羽那樣，年及知命才謁選爲南京翰林孔目，爲官未久，便致仕家居。

良俊、良傅兄弟二人以年資入貢，受業於太學前，曾共相砥礪；凡足跡所至，必與當地賢豪長者游。所以一到南京，首先造訪名重一時的顧璘。良俊特別留意顧璘宴客時，管絃悠揚，與議論、吟哦起伏配合的氣象。其晚歲廣畜聲伎，樽罍傾於北海，絲竹理於後堂，親自倚歌顧曲，雖由於性之所好，妙解音律，然而也未嘗不種因於此。

良俊流連於吳門期間，與文徵明的好友和門生，都有很深的情誼。

「憶忝西堂宴，華辭粲綺筵，擬聯蓬海契，竟阻石湖緣。痛著真長塵，難調子敬絃，百年爾可贖，微生余亦捐。」──哭王雅宜四首（其三）（註十三）

王寵卒於嘉靖十二年四月，其時良俊二十七歲，以是年入貢太學。

何良俊和周天球、陸治、文伯仁等，都有很好的交誼，他離開蘇州時，他們在虎邱爲他餞別，別後寄詩和韻，時常往來。

他對文嘉臨王蒙「泉石閒齋圖」，稱贊不已：

「……其皴染清脫，墨氣秀潤，亦何必減黃鶴山樵耶！」（註十四）

在古書名畫方面，與文徵明相互探討之外，何良俊對文氏也常有所求；對年老體衰事繁的文徵明，未嘗不是一種困擾。

嘉靖十六年，何嗣逝世後二年，良俊撰「先府君訥軒先生行狀」，乞銘於文徵明，他以委婉的口吻表示：

「……獨幸以身得察于門下，而先生又有太史公之責，故敢涕泣再拜，乞銘諸幽，伏惟覽其志而憐之。苟得序列先公之行，使能施于後世，則先公府君幸甚幸甚……」（註十五）

他自己的著作，如「說苑序」及〈語林〉三十卷等，也一再向文徵明求正或求序。對神思時感疲倦，年近八十的老人，實爲一大負擔。

〈語林〉，是倣效〈世說新語〉體裁編輯而成。何良俊自稱是花二十年精力始具規模。也許爲了愼重起見，命侄兒何僑親自持往停雲館。他形容其侄對文徵明之欽慕，非止一朝一夕，在「與太史書」中寫：

「……每聞良俊輩頌仰文行，已私淑有素矣，但諷詠言教，不若親承音旨；故令齋沐

修謁。儻肯推良俊餘愛，賜之一言，使得服膺終身，或不失爲善士，則先生作人之功，寧有既耶！」（註十六）

何良俊所出的難題，文徵明似乎只有拖延一途。

轉眼數年過去，其時，文徵明年已八十三歲，何良俊也自覺齒髮凋弊，精氣衰減，志意淪落。預備秋涼進京，謁選補官。〔語林〕，再加上序論二十餘則，是他三十年精力的凝聚，他想以此作爲對金臺名公鉅卿的贄見之禮。雕版已近尾聲，估計四月中即可竟工；但直至這年早春，文徵明的〔語林〕序，依然不見音訊。事關聲望和前程，情急之下，他只好再遣侄兒前往蘇州停雲館，叩門以請。書信筆調，委婉中帶著幾分幽怨和無奈：

「……此編實三十年精力所成，儻得附先生以傳，則沒且無憾。刻手當在四月中訖工；某初秋需選北上，將藉手以見諸公，故令舍姪伏謁門屏以俟。倘先生肯費一日之思，以為某百年之計，想曲垂盼愛，當不惜耳。望賜操筆，即與舍姪領歸，幸甚，幸甚！」（仝註十六）

註一、〔穰梨館過眼錄〕册二頁七九二。

二、〔壯陶閣書畫錄〕册三頁六八六。

三、〔式古堂書畫彙考〕册四頁四八〇。

四、〔文徵明書畫簡表〕册上頁一二二「書千字文」條，原文爲：「拓本，小楷。末識『嘉靖二十八年歲在己酉，徵明八十歲。親朋遠來者，每書一本酬之。』陳繼儒、姚士粦、李日華……張蓉鏡跋。石在蘇州市拙政園拜文揖沈之齋。」按，以八十老人，書小楷千字文酬謝遠來親朋每人一本，實非可能；放推測係以千字文拓本，加以親筆落款酬賓，較爲合理。

五、〔何翰林集〕册上頁八六「奉壽衡山先生三首（有序）」，明何良俊撰，國立中央圖書館編印。

六、〔美術叢刊〕册二頁二五九〔四友齋畫論〕，虞君質選輯，中華叢書編審委員會印行。

七、〔何翰林集〕册下頁七〇四。

八、〔美術叢刊〕册二頁二六六〔四友齋畫論〕。

九、〔美術叢刊〕册二頁二六九〔四友齋畫論〕。

十、〔美術叢刊〕册二頁二六七〔四友齋畫論〕。

十一、〔何翰林集〕册下頁八〇六「兄光祿寺署丞五山何君行狀」。

十二、〔何翰林集〕册下頁七九三「弟南京禮部祠祭郎中大壑何君行狀」。

十三、〔何翰林集〕册上頁一五七。

十四、〔美術叢刊〕册二頁二七〇〔四友齋畫論〕。

十五、〔何翰林集〕册下頁七六五。

十六、〔何翰林集〕册下頁七〇四。

第九十章　玉田圖卷

依〔搜神記〕所載，雒陽羊雍伯父母雙逝後，葬於無終山。山中無水，守著廬墓的羊氏，汲水作義漿以救山行之渴者，三年而不懈。一日，有神人前往求飲，飲後贈石子一升，囑羊雍伯種石於田，能長出美玉，並可聘得佳婦。

後來羊雍伯求婚於徐氏女，徐女戲言倘得白璧一雙作爲聘禮，才能許親。羊雍伯聽了，頓時想起神人敎他種石子之事；前往田中挖掘，竟然挖出五雙白璧。非但娶得美眷，事情傳開之後，天子感其義行，封爲大夫，並表揚其地，名爲「玉田」。

仇英作於嘉靖二十八年季夏以前的「玉田圖卷」，評者以爲，這幅絹本青綠山水卷中所表現的雲山萬木、溪澗田疇，文秀可觀，已經擺脫了仇英原來的風格，別具一種新意。圖卷引首，爲陸師道隸書「玉田」二字。圖後又有「仇英實父爲玉田先生製」的款書；但這卷「玉田」究竟是何所指，觀者仍舊如墜五里霧中。

仇英「玉田圖卷」後面，接以隆池山樵彭年二十八年六月六日所書「玉田記」，讀過之後，觀着對圖裡的山林、田宅與活躍其間的人物，方可恍然若有所悟。爾後，也只有記和圖兩不分離，永成合璧，才成爲一件完整的藝術品。

記中所描寫的蘇州名醫王氏，其成爲醫者的過程，醫人濟世的義行，及以「玉田」爲號，來自我期許的意旨，都帶有一種神秘感人的性質，與〔搜神記〕的羊雍伯故事，可以先後輝映。

少年時代的王氏，心懷大志，飽讀孔孟之書，希望在功名路上能有所成就，用以經世濟人。但夙夜強學的結果，非僅功名未得寸進，反而患了嚴重的耳疾，久醫不癒，因而失聰。從此，他索性捨棄場屋，廣游名山大川，精心訪道。

偶然間，遇到一位異人，爲他診視耳疾之後，告訴他：耳疾已難望治療；但這卻無礙於他成爲良醫。如果他能妙手回春，醫人濟世，與他經國治世的初志，又有何差別？說完之後，即探手入懷，贈以醫書，並授以脈訣心法而去。

王氏攻讀醫書，回想異人所授脈訣心法，心中漸有所得，遂入市買藥，爲人試醫；結果竟藥到病除。醫癒數百人之後，名聲鵲起，一時吳中賢豪之士，多與之親重。對於患者的厚酬，他也往往堅辭不受，因此他的廉名，也遠播四方。

對於過往之事，這位耳聾的名醫，時刻暗自反省：他認爲失聰既然已成命定，何不專意治心，培養德行！玉如君子之德，心則爲可以種玉之田；王氏表示，他要慎選玉種：

「……吾將以溫潤而澤者爲『仁』種，縝密而栗者爲『知』種，廉而不劌者爲『義』種，瑕瑜不掩孚尹旁達者爲『忠信』種。……」（註一）

王氏謙遜地說：

「……吾雖無德以比之，而深耕易耨，且溉且滋，罔敢少自暇逸，使鄙吝得稂莠焉。……但願畢力其間，日積月累，至乎不知老之將至焉，則庶幾其亦有秋乎。」（同註一）

彭年的「玉田記」後面，陸師道和周天球，各賦七古一首，對王醫師的仁心仁術，以及種玉心田，深耕易耨，培養至德美行的胸襟，大加稱頌。

右副都御史王守，也以七律一首，描寫醫師王氏山林之樂和其內在的修爲：

「湖山淡清暉，巖石結槃谷，精舍鬱珠林，煙霞藹晴旭。焚香諷寶書，牕外豁田綠，要知不染心，應種無瑕玉。」（同註一）

王守此詩，是他生命末季之作，次年即歸道山，對王醫師而言，也許別有其紀念價值。

王守、王寵兄弟，當年讀書南濠，俱爲諸生，並有才名。其後守中高科，爲官於張璁桂萼用事之時，以謹厚的性格、從容的氣度與不妄交游，爲人稱道。有人說他能守中庸，也有人批評他有些鄉愿。至於王寵，由於潦倒場屋，大半生讀書石湖之上，除非省視父母，足跡向少踏入城市。於書無所不讀，其手寫經書不計其數。人們形容他的丰神氣度：

「……風儀玉立，舉止軒揭，猥俗之言未嘗出口，蘊藉自將，對人未始言學。溫醇恬曠，與物無競，人擬之黃叔度。」（註二）

王寵逝世愈久，愈爲人們所懷念，其名氣也日益凌駕官位日隆的王守之上；這也許是另一個「心田種玉」，大有所獲的明證；仇英的「玉田圖卷」，彭年的「玉田記」，對逝世多年的王寵而言，似乎有著同樣的意義。

以「文窮而後工」這句話，來論仇英晚年的畫作，似乎並不適宜。在他館於項氏天籟閣，待遇優渥，生活富裕這段時期，許多足以流傳千載的精品，源源不絕。

「雲溪仙館」和「仙山樓閣」二圖（註三），不但構圖類似，畫的上方，均有陸師道所書「仙山賦」。仇英畫後，向少年款，師道所書賦後，一署：「嘉靖二十七年冬十月廿又一日，陸師道書。」（註四）一署：「嘉靖庚戌春二月既望，五湖陸師道書。」（仝註一）「庚戌」爲二十九年，據此推測仇英二軸可能作於二十七至二十九年之間。

二圖共同之處爲：

從右首陡峭的石壁下方，有曲屈的遊廊棧道，通向構築絢爛宏偉的平臺樓閣。樓中人物，隱約可見，筆畫細如髮絲，精工之極。臺下溪流，琤琤琮琮，彷彿可聞。

透過一片錯錯落落的松林，可以看到隔溪山坡上，桃花怒放，中立尖頂方亭，狀甚奇特。繞亭的亞字廊下，人物影影綽綽，似乎正在舉行一場盛會。坡與右首樓閣平臺間，有石樑互相通連。

亭、樓之後，雲霧繚繞，奇峰聳峙，垂瀑如縷，愈遠愈淡，予人一種清新遼闊的感覺。

「雲溪仙館」、「仙山樓閣」，雖說佈局相似，其中差異亦復不少：

「雲溪仙館」整體爲淡綠色調，「仙山樓閣」除峰頂染以華青，餘多絳色，鐵壁千仞，雖有繁花，卻似秋景。就雲山手法而言，「仙山樓閣」不僅比較繁複，在垂瀑下方，兩峰夾峙間，又多了一座類似古寺、道觀的樓影，而「雲溪仙館」則無。

「五百羅漢圖」作於二十九年四月，「上林較獵圖」，成於同年秋天；這又是兩件爲人視如珍寶的文仇合璧。

仇英　仙山樓閣

「五百應眞」，文徵明大書引首之外，並在跋中，對此一長幾四丈的白描羅漢，發出由衷的贊嘆：

「五百羅漢見佛書，惟宋人有石刻最妙。今實父白描，種種生態，色色飛動，無減宋筆也，暇日獲一展卷，不覺歎伏，援筆題此。嘉靖壬子菊月二日，徵明識。」（註五）

「壬子」乃嘉靖三十一年，文氏時爲八十三歲。

文徵明之後，彭年、王穀祥各有一跋：

「仇十洲天性善畫，自其少時，即有奪胎換骨之妙。茲卷乃龍眠居士之副本也。十洲少即見賞於衡翁，今有翁題，其畫之佳可知矣。」

王穀祥見到此卷，幾乎想效米芾據舷而呼，他題得也是旣率眞又風趣：

「余蓄畫不少，而實父居多。此『五百應眞』，則未之得也。友人以此卷見示，幾欲奪之；泚筆書此，以誌余貪。」

至於文徵明以隸書書「上林賦」於仇英青綠設色，長及四丈的「上林較獵圖卷」之後，則爲嘉靖三十年孟春。賦中所寫，與仇英彩筆下的千乘萬騎，競馳衝突場面，兩相對照，愈發覺得生動；文徵明的墨蹟，也格外顯得古意盎然。

△　△　△　△

年逾八旬，時逢年節，感慨也深；文徵明在「己酉除夕」中賦：

「八十衰翁仍送歲，罏薰燈影共婆娑，青雲志業消都盡，白髮光陰得最多。天地勞生空蠹簡，江湖得意有漁蓑，孫曾繞膝情堪戀，後飲屠蘇且笑歌。」（註六）

「孫曾繞膝情堪戀，後飲屠蘇且笑歌」；也許如詩中所描寫的天倫之樂，激發出文徵明的生命活力，引發他吟嘯的雅興；二十九年新春，不僅元旦有詩，正月初七，與門弟子燕集王庭東園；正月十三日，飲於周天球家；元宵之日，飲於王庭家，皆有所作。

致仕歸吳那年，王庭年僅五十六歲，轉眼之間，家居已經五個歲月。他經常出入停雲館，與文徵明、王穀祥、陸師道等，不是討論詩書，就是游山玩水，飲酒賦詩。有故人門生，按部蘇州者，知其家貧想加以資助，便艴然色變，堅辭不受。門弟子有過，也最怕傳入他的耳中。

王庭曾任許州知府、國子博士、南京禮部、刑部郎官、福建僉事等職，以江西參議致仕。其時江西乾旱，王庭禱雨於烈日之下，希望以至誠動天；結果得了重病，急忙謝歸。宴居吳門的王庭，雖然性情恬淡，徜徉山水，但任官時，卻精敏幹練；訊劇賊、擒悍盜、伏黠民……，宦蹤所至，往往能使一方寧靜，民衆感戴。

最使王庭感到終生無憾的，是他對父母的終養。

初舉鄉試之時，公車北上，趕赴春闈。未及至都，心中忽然轉念父親年老，恐有不妥，立即中途返轉蘇州。其父王頤未久逝世，王庭得以親視含殮，時人稱其能孝。官福建僉事時，上疏乞求終養，結果也得侍高堂，以盡人子心意。

文徵明與弟子群集東園，適值人日，江雪初霽，梅花吐艷，心情異常舒暢，朗吟七律一首：

「雪後江梅燦玉英，蕭然人日半陰晴，雜占誰問東方朔，妙思空懷薛道衡。縣勝千年

傳故事，菜盤七種薦春羮，白頭不落山林事，又向名園聽早鶯。」（註七）

周天球投入衡門，轉眼二十餘年，當日十六歲少年，已漸向不惑之齒。入蘇後，即補爲府學諸生，故除從文徵明學書之外，也習舉子業。可惜，在書法方面兼擅大小篆、古隸、行、楷，書名滿海內，功名卻像徵明諸子一樣，無尺寸之進。詩文造詣，也相當可觀；唯爲書名所掩。天球性極友愛，不但與二弟分甘共暖，姊妹及親黨之孤寡無依者，也多賴其筆潤而舉火。

嘉靖二年，文徵明、蔡羽相偕北上，吳爟、王守、王寵宴別於湯珍雙梧堂，湯珍命人圖六人像以爲紀念。時天球年僅十歲，尚在太倉。其後不但師友傳說，周氏極可能也觀賞過此一歲月的痕跡。他之集祝枝山「黃庭經」、文徵明「蘭亭序」、王寵「曹娥碑」、蔡羽「湘君」、「湘君夫人」、陸師道「麻姑山仙壇記」，及求而未得的彭年「洛神賦」於一卷，並請仇英爲之一一圖像，用意不但要留下像雙梧堂六客那樣永恆的紀念，也要繼吳中前代書家如徐有貞、劉珏、李應禎之後，保存一段完整的書道史蹟。

此外，爲感念文徵明對他在書法方面的教導和接引，周天球時常設想，乃師百年之後，必將設像於中堂，以便歲時奉祀。

「己酉除夕」、「庚戌元旦」、「立春」、「十三日飲公瑕家見月」、「上元飲王陽湖（按，王庭號）宅」—對於整個新春的歡愉，師生共飲之樂，文徵明也深感是一個不可磨滅的歲月留痕，他以行草書寫下來，末識：

「新年拙作，書贈克承賢契，徵明」（註八）

上巳之日，文徵明照例與好友門生如徐縉、周天球等游山玩水，爲修禊之事。這使他不免想起上一年受紹興沈知府之託，撰「重脩蘭亭記」的往事。

沈知府爲吳江縣人，到任不久，即在紹興西南二十五里的蘭渚之上，發現晉王羲之所描寫的蘭亭故址。但已是一片荒蕪，比之「蘭亭集序」所述，眞是不可同日而語。

蘭亭禊帖已傳遍天下，各種蘭亭搨本，亦成無價之寶，而啓發古人靈思與感慨的勝蹟，卻令人不忍卒睹。

感慨不已的沈知府，於政事就緒之後，便著手考據遺址舊觀，以及所謂「清流激湍，映帶左右」的源頭和水道的流向。於是翦茀決澮，甃以文石，築亭造欄，使「墨池」、「鵝沼」，一一恢復蘭亭集序中所形容的氣象。而後沈知府大集賓客，重行脩褉故事，並以專書乞徵明爲記；時約嘉靖二十八年暮春前後。

右軍父子法書，是文徵明終身尊崇仿效的對象，除了欣慰蘭亭的恢復舊觀之外，他更以太史的眼光，在記中分析王羲之的器識和東晉的衰亡：

「……其兩諫殷浩北伐，而策其必敗。若會稽王，須根立勢舉，而後可以有謀；不然社稷之憂可立而待。當時君臣謾不知省，而卒皆蹈之，晉之爲國迄以不競；迸其所爲，豈空言無實者。……」（註九）

對於王羲之僅以淸眞任率的性情及法書、文章流傳千載，文徵明不禁深爲嘆息：「……使其得志，行其所學，而功烈施置，當不在茂弘、安石之下。時不能用，而斂其所爲，優游於山林泉石之間；至於誓墓自絕，嗚呼，豈其本心哉！……」

是日，飽覽山景的文徵明，歸後一方面想著虎山橋畔的落花滿徑，同行者的言談笑貌，腦中不覺浮起王羲之「蘭亭集序」的字句：

「……古人云：『死生亦大矣』，豈不痛哉！每覽昔人興感之由，若合一契，未嘗不臨文嗟悼，不能喻之於懷。固知一死生為虛誕，齊彭殤為妄作；後之視今，亦猶今之視昔，悲夫！……」

想著自己的年歲、體力，以及困擾年餘的瘡毒；昔時常游之地，不知可能再往？文徵明感慨之餘，揮筆作絹本「虎山橋紀遊圖卷」，識：

「嘉靖庚戌春暮，偶同默川諸公遊虎山橋。時落花滿徑，歸而圖之，以紀興爾。徵明。」（註十）

同日，與緻高昂的文氏，更為同邑畫家謝時臣題仿古山水册，何良俊在其〔四友齋畫論〕中，不但批評謝時臣筆墨濁俗，論及杭州三司請其南遊作畫，酬以重金之事，更直斥：「此亦逐臭之夫耳」。

一般的說法，指謝時臣能詩、善畫；山水學沈周。他的設色淺淡，人物點綴也極其瀟灑。尤擅於畫水，能作大幅，江潮湖海，俱見其妙，長卷巨幛，揮灑自如；所以連何良俊也不得不稱他「頗有膽氣」。不過，眞正與沈周相比，則是豪放有餘，蘊藉不足。另一說法是，謝氏雖屬吳派，卻參雜著戴進、吳偉等浙派畫風。

謝時臣請題的山水册，正是何良俊所指應杭州三司之邀，游浙之後的力作。計仿趙孟頫、戴文進、李唐、馬遠、夏珪等山水畫十二幅，俱為絹本。款書：

「嘉靖十二年謝時臣作於樹勳堂，計十二方。」（註十一）可見其待題已久。時臣畫學沈周，無論私淑，或石田老人在世之日當面請益，與文徵明均「誼屬同門」。

文徵明搦管沉思：凝視年已六四，滿頭飛霜的謝氏，良久始題：

「謝君思忠示余所作畫冊，總十有二幅，雜仿諸名家，種種精到，眞合作也。思忠往歲客杭州，又嘗東遊天台、雁宕，南歷湖湘，皆天下極勝之處。此畫雖其學力所至，要亦得江山之助也。若余裹足里門，名山勝地未有一迹，雖亦強勉塗抹，不過效昔人陳述，愧於思忠多矣。

嘉靖庚戌三月上巳書，徵明，時年八十一。」（同註十一）

註一、〔式古堂書畫彙考〕冊四頁四七〇。

二、〔蘇州府志〕卷八〇總頁一九六〇「王寵」條。

三、〔仇英作品展圖錄〕圖五、六。〔故宮書畫圖錄〕冊七頁二六一、二六三。

四、〔故宮書畫錄〕冊三頁三五六。

五、〔祕殿珠林〕頁一二〇。

六、〔甫田集〕頁三二四。

七、〔甫田集〕頁三二五。

八、〔文徵明書畫簡表〕頁一二三。

九、〔甫田集〕頁四五七。

十、〔文徵明書畫簡表〕頁一二四。

十一、〔美術叢刊〕册十九集四輯七〔聽颿樓畫記〕續卷下頁五七二。

第九十一章　千巖競秀

對於兒孫輩久困場屋，文徵明有時吟哦祖父文洪的「除夕」詩以自解：

「……梅漸有香因得煖，竹能無恙為禁寒，一杯莫道貧非幸，且得團圓共笑歡。」（註一）

文洪賦此詩，時在中乙榜不就，自北京南歸家居，含飴弄孫，有感而發。近時每屆年節，孫曾繞膝，徵明想起祖父詩中所謂不幸之幸，得享天倫團圓之樂，他的心中，倒有了層更深的體會。

他也記得正德晚歲和長子文彭一起到南京赴試的往事；江西寧王造反的消息頻傳，城內一夕數驚。在長夜細雨聲中，百無聊賴地喚醒文彭，閒話半生的得失。

一次他在玉蘭堂中置酒，已是送長子文彭和長孫肇祉赴試金陵。當他正想囑咐幾句筆硯和南都起居之事，肇祉卻口吟五律一首：

「吾祖已垂白，堂開聚德星，衣裳動雲氣，杯酌吐玄音。喜共趨庭日，那堪駕遠臨，歐公倘相遇，蘇氏慰初心。」——大父玉蘭堂小酌時將奉侍家君應試南畿（註二）

這種三年一度地送兒孫赴試，無論離別的惆悵，別後的懸念，遙遠的祝福，以及父子叔侄鎩羽而歸的沮喪；似乎都成了一種固定不變的循環模式。丹陽、焦山和金山，均屬必經之地，首先，他會在家書中，讀到他們紀遊之詩，和滿懷的信心與鬥志。寓邸的夜讀和應酬的景況，他不但知之甚詳，更彷彿身臨其境。鎖院的煎熬，中秋後的焦慮和等待，不僅應試者，更是全家人心之所繫；這期間兒孫媳婦對他的飲食和照顧，都顯得格外地審愼。

如果收到肇祉「雨花台」或「出場月色如畫侍家君至顧尙書園登見遠樓」一類的詩篇，其用意一方面爲抒解入試者的心理壓力，一方面也爲鬆弛家人緊繃的心絃。接著，就是出現在里門，包括書僮在內的一張張沮喪的面孔。

「一秋惝失意，九日廢登臺，菊為佳辰發，懷從濁酒開。哀蟬猶夕響，征雁向南回，時序愁中改，城高砧杵催。」——九日不出（註三）

文徵明看到長孫肇祉失解後的重陽詩，想到自己集中的類似詩篇，心中眞是別有一番滋味，許多往事，紛紛浮現在眼前。

同樣潦倒而歸的文彭，稍事休憩之後，便手不停揮地書寫起來。他不同於乃父的，是性情隨和；徵明晚年，索書者如非其人，或是在情緒上不樂於書時，雖權勢富貴者，亦無法強求。文彭卻使求者無不如意；因此，堆積在其齋中的楮素，反而是他屢試不售後，消除心中塊壘的良方。

雖然少承家學，但年已五十三歲的文彭，無論篆、分、眞、行、草、都已漸漸擺脫父跡，自成家法。有人認爲其才勝過乃父；而功力精熟，比文徵明則稍嫌不足。也有人認爲其小楷肉而圓，行、草有懷素、孫過庭法，在臨摹雙鉤方面，則有明以來，無人能及。而文徵明始料未及的，是長子篆刻方面的成就，已開一代之先河。

文徵明治印，不知始於何時，也不知以那家爲法；大概是以秦漢爲師吧！論者認爲文徵明印章雅而不俗，淸而有神，頗得六朝遺意；比秦漢璽印，也許缺少幾分蒼茫古樸。宋元以來，王詵、米芾、錢選、趙孟頫、王冕，皆能治印；以前文人的「詩書畫三絕」，逐漸轉向詩書畫篆刻四美，似乎成了一種必然的趨勢。尤其王冕以花乳石爲印材，突破了古代銅鐵金玉等印材的限制，治印時不但下刀容易，且別具神韻。

文徵明治印，知者不多，其印作也鮮有流傳，就愈發凸顯出文彭在此道的歷史地位。

「爲善最樂」，白文長方印，文彭作於嘉靖九年；由此以觀，到了嘉靖二十九年，文彭治印起碼已經歷了二十年的歲月，或許更爲久遠。文徵明的名、字、「停雲」諸印，莫不出於文彭之手。

文彭的治印習慣，於印背以眞書釋印面篆文，以行書爲邊跋；字跡瀟灑流暢，有一氣呵成之感。

「琴罷倚松玩鶴」，嘉靖二十六年，爲好友唐順之（應德、荆川）作的朱文印，就是最好例子。款爲：

「余與荆川先生善，先生別業有古松一株，畜二鶴於內。公餘之暇，每與余嘯傲其間，撫琴玩鶴，洵可樂也。余既感先生之意，因檢匣中舊石，篆其事於上，以贈先生，庶境與石而俱傳也。時嘉靖丁未秋，三橋題識於松鶴齋中。」（註四）

文彭早期篆刻，並非以石，而是以象牙爲材。寫好印文之後再請南京李文甫操刀爲鐫。李氏善雕扇邊花卉，玲瓏有致，極爲生動。他爲文彭刻印，頗能把握文彭的筆意。及至以石為材，自然不必假手於人，也就愈能表現出其獨步當代的風韻。

此外，文彭在繪畫方面，亦非吳下阿蒙，寫墨竹，老筆縱橫，可入文同之室。山水蒼鬱，頗近吳鎮。對於花果寫生，風評也大為可觀。

至於在闈場中同屬難兄難弟的文嘉，倒也能藉藝文創作來平復失意的心緒。其小楷輕清勁爽，山水疏秀似倪瓚；但無論書畫，較之父兄，都稍遜一籌。人們認為，他鑑古和石刻的工夫，可為有明之冠（註五）。

詩文草隸大有父風的文肇祉，雖然也是屢試失利，比起年逾半百的父叔，文徵明總覺得肇祉來日方長，得失之間，不會過份縈懷；然而他讀過肇祉的「覽鏡」五律之後，則不能不予以格外的關懷。

「覽鏡對愁顏，西風秋雨霅，慚看新白髮，猶著舊青衫。酒醒難成寐，詩裁不用芟，辭巢雙燕子，空自語喃喃。」（註六）

「清朝攬明鏡，元首有華絲，愴然百感興，雨泣忽成悲。……」伯虎賦「白髮」詩時，年僅二十六歲，不但徵明可以體會他那種父母妻子相繼死亡後的哀傷，及功名無成的焦思，連父親文林也趕緊和韻，加以勸慰。算來肇祉不但年逾而立，連其子文周，也漸漸長大成人，看來「五世同堂」當非空想。難怪肇祉攬鏡自照，悲頭上之白髮，也悲那襲難以擺脫的秀才青衫。

△　△　△　△

文徵明的「千巖競秀」軸，完成於嘉靖二十九年三月十日；共歷三年歲月。比起他為王寵所作的「關山積雪圖」—歷時五年，爲陸師道畫的「千巖萬壑圖」—歷時十三年；爲王穀祥所畫的「千巖競秀萬壑爭流」卷—始於嘉靖二十四年，已經六載，尚不知成於何日？爲時三年完成的「千巖競秀」不能算是太久。但他年歲愈高，愈感到光陰之可貴；他忍不住在識中自責：

「……昔王荆公選唐詩，謂『費日力於此，良可惜也』；若余此事，豈特可惜而已！」（註七）

七十九歲那年冬天，長夜無眠，取紙戲寫此圖，當時僅成一樹而已，以後屢作屢輟，以致拖延到八十一歲的暮春。

此軸紙幅狹長，位置奇特，結構緊密。首先，以山溪和樹梢，斷斷續續地形成一條斜線，右上左下，把畫面分成兩部。這條分割線的起迄，是由右邊的中點伸展至左邊五分之三處；在分割比例上，異常優美。

上部山巖結構極爲繁複，有巒頭遠峰、光滑的石坡、蜿蜒起伏的崗嶺、以及可予人憩息登眺的平臺；千巖競秀的繁複中，卻佈置得井然有序。山以淺絳色染成，一簇簇的遠樹和盤旋紆曲的泉流，使奇巖巨石，頓時顯出一片生氣。圖的下半，在偏左側的枝葉掩映中，衆流匯聚成垂瀑，直瀉而下。瀑底岩石略呈弧形，遠視清潭，彷彿一具銀瓶，承接著萬斛明珠。近處一座小小石峰，突兀而立，與垂瀑上下呼應。伸向潭中央的一個石坡，順理成章的連貫了山峰和落瀑之間的氣脈。在潭岸、峰頂和左緣的樹幹之間，微露攜琴童子和兩位相對清話的高士；這瀑布、明潭、高士，就是千巖之外令觀者矚目的另一個焦點，也是人與自然和諧圓滿，融合一體的所在。而上下兩個焦點之間，也安排得恰到好處，在「競秀」、觀瀑間，呈現出一片馨寧。

又是初夏時候，停雲館蟬聲四起，聞知長洲茂才張鳳翼（伯起）病臥石湖僧舍，文徵明心中不覺憮然。

張鳳翼父親張沖，賈而俠，性情與當年唐伯虎父親唐廣德有幾分相近。張沖育有三子，鳳翼、獻翼（幼于）、燕翼（叔貽），氣質俱各不凡，而鳳翼更有奇童之名。

童年的張鳳翼與文徵明幼時頗爲相似，到了五歲猶不能言語，人以爲魯鈍。一天，見祖父張準掃除庭院，張鳳翼突然開口指著乳娘說：

「汝當代掃！」聞者莫不嘖嘖稱奇。

另一傳揚一時的佳話是，童年的張鳳翼不知何故觸怒父親，張沖一把抓住他的頭髮，鳳翼忙說：

「徐之！是中有簪，末銳，懼傷大人手。」父親的怒意因之而解；所以鳳翼的孝名，也傳聞遠近。

他像文徵明一樣，自少便耽於二王的法書，年紀雖僅二十有三，卻已退筆成塚；在文徵明眼中，他像周天球一樣，倘然投入門下，又是一位書道傳人。而其專心治易的精神，則像亡友蔡羽。這一切，似乎都加強了文徵明對這位同邑張鳳翼秀才的關懷與厚愛。

那天夜晚，當彭年把張鳳翼臥病消息帶到玉磬山房，文徵明又是疼惜又是感嘆，隨即剪燭命筆，作水墨「古柏圖」。

圖中古柏雖僅一株，但情態、筆緻，和那種偃仰蛣屈，孤高凌雲之勢，使人自然想到他六十三歲那年，爲石門王氏所摹的趙孟頫「虞山七星檜圖」。畫在千年古柏後面的湖石，雄奇醜怪，頗有與天地同生共存的氣概。這幅古柏圖，對年輕的張鳳翼，既是激勵其求生的意志，更是祝禱他壽比貞石古柏。最令門生子弟稱羨的，是文徵明題詩中對張鳳翼的獎譽：

「雪厲霜凌歲月更，枝虬蓋偃勢崢嶸，老夫記得杜陵語，未露文章世已驚。徵明寫寄伯起茂才。」（註八）

圖後，和者十餘人，茲舉三首，可見文徵明門生、好友和兒子對此圖詩的珍視，對張鳳翼蒙其垂愛的羨嘆：

「書法翩翩近率更，詩才未儗讓鍾嶸，鄭公三絕親題贈，一日聲名藝苑驚。」—陸師道

「翠柏星霜閱變更，仇池風骨自崢嶸，文翁為愛張衡賦，片紙圖成滿座山。」—袁褧

「秉燭揮毫僕屢更，虬枝香葉鬥崢嶸，知君臥病無聊賴，寄向空山神鬼驚。」—文彭

年壽日高的文徵明，無論體力、目力，常有日益不濟之感，對於所作書畫，也往往不甚滿意。

「感君意趣猶如昔，顧我聰明不及前」；類似題「千巖萬壑圖」的句子，遠自二十年前就屢見不鮮。

這年五月二十六日，有客索書「赤壁賦」，當時他覺得興緻尚好，隨於燭下連夜作行

草書赤壁賦軸。次日懸壁自視，愈看愈不滿意。數日之後，又覺得意興勃發，頗得蘇長公文氣之助，乃秉筆揮毫；結果依舊不盡如意，他題：

「……踰數日再爲書此，而卒不佳；豈老人氣弱，不可強也！」（註九）

由此一跋，足見文徵明晚歲之虛懷若谷及自我要求之嚴。兩個月後的七月二十五日，有客持唐伯虎的「赤壁賦圖」來謁，文徵明覽圖懷人，感慨之餘，爲書小楷赤壁賦。

不知何時，價如珙璧的唐畫文書，卻失其圖而存其賦，使人見了，不禁生出感傷。五、六十年後，文嘉的長孫，徵明曾孫文從簡，感傷之餘，以淺設色，補繪赤壁圖，使曾祖遺澤免于孤零。此一藝壇佳話，當爲文徵明始料所未及。

「曾王父楷書赤壁賦，圖失而書存，簡追摹此紙。前賢名蹟，加於人數等，何物小兒，敢爲邯鄲之步；多見其不知量也。曾孫從簡拜書。」（註十）

在五月的行草赤壁賦、七月的楷書赤壁賦之間，又有七月十六日所書「阿房」、「赤壁」兩賦（註十一）；文徵明對赤壁賦之喜愛，書寫之勤，於此可見一斑。

△　　　△　　　△　　　△

年已知命的王穀祥，不僅愈來愈少交遊，連那渲染有法，意致獨到的寫生花卉，也鮮有新作。每日杜門卻掃，焚香默坐，並手錄古文，多至數百千卷。他錄古文的書册、仿晉的字跡，精緻美好，令人不忍觸摸。

此外，他像文彭一樣，篆籀八體及摹印，無所不善；滿室之內，琳瑯金薤，寧謐溫馨。他有詠「繡毯」詩二首，無論用以形容他敏穎的才思，修潔的姿容，乃至那種清靜優雅的生活情調，都很恰當：

「朵朵冰鏤就，團團玉簇成，水晶簾影外，相映太分明。
朵朵瓊瓏玉，團團簇不開，天風苦無賴，推月下瑤臺。」（註十一）

文徵明的長孫文肇祉，對王穀祥的人品風範，一如對王寵般景仰，那如詩如畫的生活境界，更使他流連忘返。一次，王穀祥邀飲於宅內，使他有種當年置身陳淳浩歌亭的興奮：

「吏部聲名久，堂虛客到稀，舉杯留夜酌，邀月弄清輝。露沃天香襲，談霏玉塵揮，
清朝思報答，明主正垂衣。」秋夜王吏部錄之丈招飲（註十三）

不過，言及當年在吏部所見所感，這位乞歸奉母不准，反被謫爲眞定通判的文選員外郎王穀祥，只是不置可否地淡然一笑。

大約深秋時分，多時不見的王穀祥，冒雨造訪停雲館，手攜趙孟頫所畫蘭竹。文徵明自謂嗜古書畫成癖，聞有名書名畫，甚至不遠幾百里，扁舟往訪，一展爲幸。尤其趙孟頫的書畫，是他上追晉唐的橋樑，爲復興古代書畫的重鎭，展卷之際，其內心的快慰，可想而知。文徵明感覺中，趙孟頫飄逸的筆墨，疎篁幽蘭相看不厭的情態，彷彿眼前衝寒冒雨，翩然而至的嘉賓。他對趙氏蘭竹、心領神會之餘，也搦管揮灑一幅，以報良友的美意：

「纖纖小雨作輕寒，最好疎篁帶雨看，正似美人無俗韻，清風徐灑碧琅玕　雨中祿之攜松雪畫蘭竹過訪，即爲作此。徵明，時年八十有一。」（註十四）

對於一生榮辱，不管看得何等澹泊的人，內心中總有一些縈懷不去的往事；文徵明自不例外。

他鈔錄予人最多的詩篇，則爲當年赴試入京後的「午門朝見」、「奉天殿早朝」、「實錄成蒙　恩賜襲衣銀幣」……這是他生命史上最輝煌的一頁。比之金殿傳臚，進士及第雖然未可同日而語，然而能蒙優旨除授翰林待詔，也是多少讀書人夢寐難求之事。次爲懷歸詩和遊苑詩；懷歸詩一方面反映權臣當道、朝政混亂，多少老成謀國的元老重臣，多少胸懷理想，不爲身家性命與前途計的新銳，紛紛掛冠求去，或遭受殺害、斥逐。另一方面則表現出他的風骨和志節，不爲威迫和利誘，寧可犧牲那得來不易的榮寵，毅然致仕出京。

「西苑詩十首」，紀錄著他離京前的一次奇遇。御苑之美不亞於蓬萊仙境，歷代高官顯宦，終老金臺，倘無特殊機緣，恐怕也難越雷池一步。他所以能留下這十首詩作，不能不感謝亡友陳侍講魯南和守苑官王滿。

從他當日的西苑詩後記中，即可見出那種機緣不再的感喟：

「竊念神宮秘府，迥出天上，非人間所得窺視。而吾徒際會清時，列官近禁，遂得以其暇日遊衍其中，獨非幸與！然而勝踐難逢，佳期不再：因盡錄諸詩藏之。他時邂逅林翁溪叟，展卷理詠，殆猶置身於廣寒太液之間也。」（註十五）

儘管時光流逝，這令人難以想像的人間仙境，不但時時呈現眼前，更一遍遍地鈔錄，與好友共享。然而每鈔錄吟哦一次，也往往引起他內心的感慨。

嘉靖二十九年十月十六日，他再次以行書錄西苑詩，看著鏡中白髮；豈僅「勝踐難逢，佳期不再」，一切都像南柯一夢；遂加小敍於后：

「……於是去遊苑之歲二十有七年，而余八十有一矣。回首舊遊，恍若夢境，可慨也。徵明識。」（註十六）

註一、〔文氏五家集〕卷一頁一四。

二、〔文氏五家集〕卷十二頁七。

三、〔文氏五家集〕卷十二頁六。

四、〔中國印譜〕頁八六。

五、有關文彭、文嘉，綜據〔篆刻入門〕、〔中國美術家人名大辭典〕「文彭」、「文嘉」條。

六、〔文氏五家集〕卷十二頁九。

七、〔故宮書畫錄〕卷五頁三七九、〔故宮書畫圖錄〕冊七頁一〇一。

八、〔文人畫粹編〕冊四圖七五、頁一七二「圖說」。有關張鳳翼，綜據〔蘇州府志〕頁二〇九二、〔列朝詩集小傳〕頁四八三「張鳳翼」條。

九、書爲巴黎集美博物館藏，本文間接引自〔文徵明與蘇州畫壇〕頁二三五。

十、〔石渠寶笈〕續編冊三頁一七〇〇。

十一、〔文徵明書畫簡表〕頁一二五。

十二、〔明詩紀事〕冊七頁一七八一。

十三、〔文氏五家集〕卷十二頁五。

十四、〔式古堂書畫彙考〕册四頁四八七。

十五、〔甫田集〕頁二六二。

十六、〔文徵明書書簡表〕頁一二五。

第九十二章　香生別院晚風微

對於潔白溫潤、芳香如蘭的玉蘭花，文徵明有著特殊的偏愛。從停雲館中以「玉蘭」名堂，以及王獻臣的拙政園中，特闢「玉蘭堂」，供文徵明休憩和揮毫，可見一斑。

舊日沈周有竹莊中種有玉蘭，樹高二三十尺，三四月花開，一枝一花，狀若玉杯，葉子形如倒卵，滿庭飄著香氣。沈周不是舉觴對月，花下吟哦，就是軒窗調墨，爲花寫照。

弟子陳淳，有題玉蘭花七絕一首，文徵明時而吟哦咀嚼，頗感清新可喜：

「韻如溫玉氣如蘭，別後春風幾度看，此際含情無一語，淡煙踈練雨夜凭闌。」（註一）

「伴月曾無影，含風卻有香。」

「姿潤堪裁珮，形奇可作杯。」（註二）

兩聯均見於陳淳所作玉蘭圖中；但在境界上，前聯卻勝後者一籌。

可見無論種玉蘭、賞玉蘭、畫玉蘭，都不乏知音和同好。

嘉靖二十八年三月，文徵明逋自無錫訪華雲歸來，見堂前玉蘭綻放，芬芳淨潔，竟忘掉瘡毒痛癢和旅途勞頓。立刻拈筆貌寫花容，遙寄華雲，奇花共賞；華雲不僅是位書畫鑒藏家，也是玉蘭的愛好者。

在文徵明（甫田集）中，有「玉蘭花」七律一首：

「綽約新姿玉有輝，素娥千隊雪成圍，我知姑射真天子，天遣霓裳試羽衣。影落空階月冷初，香生別院晚風微，玉環飛燕元相敵，笑比江梅不恨肥。」（註三）

初看只以爲春暖花開，文徵明向月獨吟之作。「玉環飛燕元相敵，笑比江梅不恨肥」，兩種相互矛盾的美，在比照之下，竟然調和無比，混化無跡，當爲此老合意之作。繼而在某些書畫著錄中發現，此詩共有七律二首，集中所錄不過其一。詩後自識：

「嘉靖辛亥人日，訪補菴郎中，適玉蘭花盛開，連日賞玩賦此，併系以圖，徵明。」（註四）

「辛亥」爲嘉靖三十年，由此可知，年高八十有二的文徵明，再訪華雲劍光閣時，適逢玉蘭花季，賞玩之餘，賦詩作圖，以紀一時之樂。

其後赫然發覺，同樣的兩首七律，類似的題識與畫記，分別載於〔石渠寶笈〕三編、〔式古堂書畫彙考〕、〔穰梨館過眼錄〕等著錄，竟達七八件之多。

古人作畫，題材、佈局近似，詩相同，題跋相類者，固然所在多有，但重複若是，不免令人迷惑，也聯想到作品眞僞的問題。

「文徵明」題識中，年款均爲「辛亥」，但月日則有所差異；或許可作分辨眞僞的初步線索。計有署爲「辛亥人日」、「辛亥八日」、「辛亥二月八日」及「辛亥春日」四者。

推測，除署「辛亥春日」者外，其餘似有疑問。七律之一既見於〔甫田集〕中，而各種著錄中的題識，除紀月日外，餘皆相同，可見文徵明確曾有過這樣一幅詩與畫。其創作，既有一定的情境，也有一定的時間和空間；很可能當筵賦詩，對花寫生。

進一步推測；或者說是假定，首位倣製文作者，可能由於傳鈔錯誤，將「辛亥春日」，寫成「人日」。「人日」爲正月初七，離玉蘭花季尚有很長一段時間，是其主要的疑點。

署「辛亥八日」者，可能又是倣「人日」本的筆誤。通常「九日」皆知爲「重陽」，不待書月，便知爲九月九日；「八日」有何特殊意義，似乎未見。至於署「辛亥二月八日」者，也許在倣製「八日」本之前，便發現了「八日」無「月」的誤謬，因之約略性地改寫成「二月八日」。

玉蘭花的性質、花葉的形貌與花季，載於古籍乃至現今之植物辭典或圖鑑之類，前述所署作畫日期，只有「辛亥春日」，可以概括玉蘭花季。然而，諸著錄中，署爲「辛亥春日」者，也非只一則，可能之一是著錄雖然不同，但所載錄的卻同爲一畫，其二，則是所載作品並不相同。但無論如何，其作品眞僞，僅憑有限資料恐怕是難以判斷的。

△　△　△　△

老年人心思，大部份在回憶往事，岑寂中，過去的交游、好友的忌日、文場中的盛事……一一浮上心頭，咀嚼玩味，反芻著逝去的歲月；文徵明自不例外。

往事中，有的令人欣喜，有的不免思之悵然，乃至悔不當初……情緒變化，不覺流於眉宇之間；文徵明的情緒，則更見於書畫題跋上面。

「展閱斯圖一惻然，轉頭陳跡十經年，欲題新句還生感，愧我聰明不及前。」（註五）文徵明在爲野亭所作山水軸上題。

幾乎每一位求書畫者，都極力表示對書畫家人格的尊崇，對其墨迹的珍愛；必將昭示子孫，永爲世襲的寶藏。令文徵明感嘆的，不單是重對十年前手跡，自愧聰明日衰，而是藏者言猶在耳，畫卻早已易主。他在詩後識：

「往歲爲野亭所作，今爲原承所得，持以示予，賦此志感。辛亥二月望，徵明重題。」（仝前註）

看著畫中景物，石橋、野亭、巖石縱橫，危巒孤聳間的水閣、相向凴欄而坐的隱者……作爲畫面重心的野亭中，案陳古陶彝器，顯示出主人的好古博雅。裒衣廣袖的幽人，扶杖過橋而來，從容的氣象，彷彿回到陶唐之世。

記得畫時，一坡一石，巍然的中峰，垂懸的雙瀑，出峽的怒流，均配合主題與人物的性格，詳加構思，緊密配合。上題：

「嘉靖辛丑夏五月徵明爲野亭作。」畫後，見者莫不嘖嘖稱異，認爲畫中景物，野亭精神，已融合成爲一體，藉文徵明靈明的筆墨，必將傳之不朽。豈知僅十二年的歲月，畫已易主；無論其原有的含意如何，在文徵明眼中，或是在任何人眼中，它已與「野亭」其人無關。它只是一幅普通的山水掛軸；正如同一幅別人祖先的畫像，看來只是一幀人物畫而已，其中不再有任何精神關聯和血統承傳的神祕意味。

辛亥六月，除了八日那天，思及師生好友當年共賦「落花詩」的情景，以行草書寫「落花詩」一冊，並爲正德十六年「和王寵元墓五古」七首補圖。

七首五古，草書於縱九寸五分，橫八尺餘的紙上；已是三十年前的舊物。紙上烏絲闌，爲長子文彭手界，其時文彭年方二十五歲，王寵大文彭三歲。有一段時期，同在楞伽山治平寺，從蔡羽讀書；光陰迅邁，世事變化，令文徵明感嘆。

王寵原唱已經散失，未見於〔雅宜山人集〕中，文徵明吟誦數句，奈年老記憶衰退，心中不禁湧起幾分懊惱。

那年三月，南征回鑾的武宗皇帝，駕崩於豹房，四月新皇帝即位，一時消息頻傳，人心未定。幾位好友，索性寄情於山水之間，吟詠嘯傲。七首詩題分別爲：

「舟中望靈巖」、「虎山橋」、「七寶泉」、「登元墓」、「竹塢」、「光福寺」、「宿僎上人房」。而後兩首詩中，所表現的感慨尤深。

「……聞心會空寂，塵世思欲避；所以高世人，往往輕祿位。轉首昔人非，舉目溪山異，衰盛故相尋，歡娛不容意；同是百年期，何須嘆荒棄。」——光福寺（註六）

文徵明至今無法忘記，穿行山椒之中，忽見這座南朝古寺時的心理感受，只覺得萬事皆空，苦惱中的功名利祿，均可拋諸腦後。其後的北京之行，想來也很無謂，只是那時尚未能眞正徹悟。

文徵明詩中，形容僎上人生活環境的靜雅淸幽，何異於神仙世界：

「瞑色起湖心，徘徊日沉島，人散鳥亦歸，山空靜愈好。玉梅不藏妍，殘雪夜爭縞，荒游已窮日，秉燭何潦倒。更愛水明樓，浮空樹如草，秀色真可餐，何須飽糧稻。怪底神魂清，雲房枕湖腦。乃知從前日，枉作塵中老，江上無悋情，相見苦不

早。」（仝前註）

人生的執迷和開悟，很有些不可思議。正德十六年，他五十二歲，百年強半，長處於窮困潦倒之中。「光福寺」、「宿僎上人房」詩篇，在時勢、命運及情境的激盪下，靈光閃現，恍如醍醐灌頂。然而這瞬間的開悟，對其後半生而言，僅僅像電光石火一般，隨即歸於沉寂。

當年王寵賦了七首五古之後，依舊顛仆於場屋間，直到北京歸來，始築室越來溪上，尋求心靈的寧靜。文徵明品味前詩，悵然若有所失。

元墓、虎山橋、七寶泉……他以橫近四尺的絹素，參照詩意，揮動彩筆，點染出當日的游蹤，算是對亡友和逝去歲月的憑弔。

「辛亥六月，徵明補圖；回視前書，已卅有一年矣！」文徵明在畫後，以寥寥數語，譜出最深沉的嘆息。

△　　△　　△　　△

〔停雲館帖〕卷七爲「宋人名書」，上石之際，又是文府一件忙碌的盛事。

江南名工章文，字簡甫，與文徵明同屬長洲人。章文非比一般工匠，他本身就是一位書家，其楷法極類文徵明；由他鐫刻，最能把握住文書的神韻。因之，數十年來，無論停雲館的古書名帖，或徵明所書文章，非章文出手便難以愜意。章文之子章藻（仲玉），不但能習父業，書法成就，尤其不可忽視。

怎知正當文徵明父子師生，對章文依重日甚一日之際，他卻逐漸沉迷賭博，經常與博徒互相徵逐。不僅刻品不如往日精嚴，有時根本找不到人影。文徵明惋惜感傷之餘，只好找尋其他刻工如吳鼒、梁元壽、江濟、溫恕、溫厚、吳應祁等人，分散工作，以免受限於人。其中吳鼒，爲章文之外，最使文徵明覺得順心如意的刻工；所以文徵明晚年所書詩文碑銘，不少出於吳氏之手。

文徵明有兩件同署「嘉靖三十年辛亥七月二十四日」的法書，據說都由吳鼒鐫石拓印。其一爲前後「出師表」，其二爲「醉翁亭記」軸。

「出師表」拓本，收於〈天香樓藏帖〉、〈十二梅花書屋石刻〉（註七），「醉翁亭記」原書見於〈故宮書畫錄〉「書」卷二頁九；可能藏于台北故宮博物院。而北京故宮博物院所藏，或即此軸之拓本。

文徵明生平，謹言慎行，虛懷若谷，且寢食有節，但此一烏絲闌小楷書軸的跋中，卻生動地表現出一位書家因展玩王羲之黃庭經初刻本，不但據以批評唐初書家僅得書聖之皮毛，自己更感動得廢寢忘食，浸淫數月之久，始悟羲之楷法而作此軸：

「余於梅韻堂，展玩右軍黃庭經初刻，見其筋骨肉三者俱備。後人得其一忘其一；即唐初諸公，親睹右軍墨跡，尙不能得，何況今日。至其冰姿玉質，宛如飛天仙人，又如臨波仙子，雖久爲規撫，而杳不能至。近余屏居梅韻齋中，案頭日置黃庭經一本，展玩逾時，倦則啜茗數杯，否亦握卷引臥，再日頹然。如是者數月，而右軍運筆之法，炙之愈出，味之愈永；幾爲執筆擬之，終日不成一字。近秋初氣爽，偶檢閱歐陽公文集，愛其婉逸流媚。世傳歐陽公得昌黎遺稿于廢書簏中，讀而心慕之，苦心探頤，至忘寢食，遂以文章名冠天下。予輒有動於中，因倣右軍作小楷數百餘字，聊以寄意；敢云如鳳凰臺之於黃鶴樓也。時嘉靖三十年辛亥七月二十四日，長洲文徵明書于玉磬山房，時年八十有二。」

此跋令人費解者，有下列數點：

跋中所表現的語氣神貌，不似文徵明平日爲人。所云「梅韻堂」、「梅韻齋」，其他文獻資料中，也未見提及；識謂「書于玉磬山房」，則「梅韻齋」或爲府中的一間書齋。在自家書齋中所展玩的黃庭經，又未書明係訪客所持來的奇珍異寶，何以使文徵明驚詫寶愛，不忍釋手若是？

文徵明〔甫田集〕中，有「題黃庭不全本」，首段即辨析，王羲之卒後三年，黃庭始出，所謂右軍書黃庭經換鵝之說，根本是後人附會：

「宋諸賢論黃庭衆矣，然但辯其非換鵝物，卒未嘗定爲何人書。雖米南宮亦弟云『並無唐人氣格』而已。至黃長睿秘書，始以逸少卒於升平五年，後三年爲興寧二年，黃庭始出，不應逸少先已書之；意宋齊人書，然不可考矣。……」（註八）文徵明以善鑑著名於時，其對歷代書畫名蹟，名賢掌故，一向考據精詳。上引「題黃庭不全本」，書於都穆在世之時；文氏自不能根本否定王羲之書黃庭經之事於前，再廢寢忘食地揣摩、學習「右軍黃庭經」初刻本於後。

〔文徵明年表〕及〔文徵明書畫簡表〕編著人周道振，對文書「醉翁亭記」拓本，也感到了幾點懷疑：

「出師表」與「醉翁亭記」，如爲一人同日所書小楷，何以字體不同？此外，款末兩方印章（按，指拓本），也未見文徵明用於別處。

「……吳鼒，明嘉靖間人，徵明書生前勒石出於鼒手者，應皆眞蹟。此記自云『展玩右軍黃庭經初刻至數月』，『因倣右軍作小楷數百字』，則書體小異，不爲無故。但款末兩方印，皆未別見爲可疑。」（仝註七）

周氏一方面以這些理由，自釋其心中的疑惑，一方面也表示對那兩方「並未別見」的印章，無法釋懷。

△　△　△　△

文彭在一個偶然機會中，過訪無錫華雲書室；時爲嘉靖三十年二月，在其父文徵明往訪劍光閣，寫玉蘭花之前。

華雲琳瑯滿目的藏品中，他特別注意到乃弟文嘉歷時十六年，完成於嘉靖二十五年的十幅宜興「二洞紀遊圖册」。十幅均爲水墨山水，各高八寸一分，闊八寸七分，引首篆書「二洞紀遊」，出於周天球手筆。

文嘉在首幅「東湶泛月」畫上題：

「萍逢得故友，水宿感煙波，笛起關山弄，杯停子夜歌。竹深防臥虎，江近有鳴鼉，興劇渾無寐，翻嫌月色多。」（註九）

那的確是一次令文嘉畢生難忘的經驗；嘉靖八年冬天，他與袁袠（永之）有事赴荆谿。歸途適逢華雲攜少子華誠、塾師倪原所乘的船隻駛至，遂方舟同遊善卷和張公二洞。在月光波影搖曳之中，傳來悠揚的笛聲，不遠的江濤，兩岸的深篁，颯颯作響，相互回應。幾分陶然的酒意，驅散了睡意和倦怠，文嘉和袁袠各有所作，華雲亦朗吟「遇文袁二子汎月聞笛」七律一首：

「偶爾方舟弄谿月，忽聞一篴暗飛聲，嬋娟對影卻自笑，楊柳關愁不可聽。他日看雲望春樹，此時促席盡平生，歡然酌酒陶然醉，只恐魚龍夢不成。」（仝前註）

遊張公洞次日，文嘉為圖，袁袠作記，華雲不但有詩多首，並為「遊宜興二洞詩敍」。文嘉十圖全部點染完成次年，袁袠即歸道山，往時荊谿之歡會，也只能求之於圖畫和記憶之中。

文彭瀏覽冊中圖畫、詩和敍，感到獨缺袁袠當日的記文和詩作，實為美中之不足。袁氏記文之生動，紀遊詩清新灑脫，當年讀過之後，一逕縈繞在他的腦海之中，因此，他在冊後題識，希望有朝一日，能由袁氏子魯仲補書，以成全璧：

「……庶幾補亡，當疑中郎之尚存也。」文彭無限感嘆地寫。

嘉靖三十年九月，文嘉受陸師道之托，臨沈周「西山有虎圖」（註十）。沈周虎圖，作卷、軸兩本，文嘉所臨乃高四尺三寸八分，闊一尺的立軸，連各題跋也一並臨寫下來。

這圖已經是七十三年前的舊蹟，其時文徵明年方九歲，沈周五十二歲，吳寬是時亦居憂在鄉。沈周父親沈恆吉逝世於前此一年，沈周為了尋求葬地前往西山，而虎之暴虐，與地方官之顢頇，乃藉著虎圖和歌詠題跋傳之於世。所以陸師道之請托臨寫，非止想為先賢名蹟留下一份副本，可能也有藉以警世的意味。

「……今年虎多令人憂，遍山搏人荼不收。牆東小女膏血流，村南老翁空髑髏。官司

射虎差弓手，日隱山家索雞酒，明朝入城去報官，虎畏相公今避走。……」（註十一）

沈周字句，鏗鏘有聲，彷彿杜甫的「兵車行」和「石壕吏」，寫出民間的疾苦。而他畫筆下的古松黃茅中蹲踞的猛虎，反倒成爲人間悲劇的一種陪襯。一時名公吳寬、李應禎皆有題，足見此歌此畫所引起的廣泛共鳴。

註一、〔陳白陽集〕頁二九九。
二、〔陳白陽集〕頁三一七。
三、〔甫田集〕頁三二六。
四、〔穰梨館過眼錄〕册二頁七〇五「文徵明設色玉蘭花軸」。
五、〔書畫鑑景〕頁二七四。
六、〔石渠寶笈〕三編册四頁一九〇六。
七、〔文徵明書畫簡表〕頁一二九。
八、〔甫田集〕頁四八〇。
九、〔虛齋名畫錄〕卷十二總頁一五七七，漢華文化事業股份有限公司印行。
十、〔吳越所見書畫錄〕卷三頁六三。
十一、〔吳越所見書畫錄〕卷一頁七九。

第九十三章　衡山圖

「朔雪暗山河，立馬不得發，何處是滹沱，雙關鎖重闕。野燒鐵衣僵，寒聲刁斗歇，遮莫綠窗人，歌鐘待明月　辛亥仲冬陸治為慈雲題。」（註一）

在慈雲上人明心閣題文徵明雪景袖珍卷，陸治不是第一人。嘉靖二十九年十一月下旬，隆池山人彭年亦曾投宿於此；連夜大雪紛飛，到了淸晨，早已積雪盈尺。山空景幽，和文徵明雪卷兩相對照，不知身在畫裡或是畫外。面對著畫卷和漫山白皚皚的大雪，慈雲和彭年忘記了空氣的冷冽，相與誦謝靈運族弟謝惠連的「雪賦」。誦後，彭年興緻高昂，以烏絲闌紙書小楷「雪賦」，與文徵明的雪景袖珍卷合爲雙璧。

文徵明隆冬至此，是八十一歲那年的事，也是遍山積雪，在茲雲上人慫恿下，于高不過六寸二分，長二尺餘的狹幅之上，呵凍揮毫；但尙未完成即下山而去。再次執筆點染，則是第二年三月，雪已溶化，山坡上一片新綠，蒼松翠柏，把閣外桃杏襯托得極爲冷艷。文徵明時而擱筆閉目，體會冬天那種滿目荒寒的景象。他以蠅頭小楷題於這幅水墨雪景之後：

「……老衰病瘡，強勉執筆，不足觀也。徵明年八十有二。」（仝註一）

陸治的題詩，不單針對文徵明畫境，似乎也受到文氏強忍著衰病與嚴冷，置身於高寒之地的心境；乃至彭年當日冒雪暮投明心閣，在積雪盈尺，滿目空茫中，一面展開畫卷，一面朗誦雪賦的情境所感染。細味陸治這首五律，愈發加重了邊塞的寒苦和戍卒無奈的氣氛。既似范仲淹的「漁家傲」，又恍如李陵「答蘇武書」中所描寫的塞上風光。

陸治題詩袖珍卷不久的臘月十六日，文彭也機緣湊巧地投宿明心閣。早起無事，閒看四周山色時，慈雲上人再度展開徵明雪卷，與其共賞。文彭像彭年一樣，讀後未有所作，僅搦管錄了一首梁朝庾肩吾的「詠花雪」：

「瑞雪墜堯年，因風入綺筵，飛花灑庭樹，凝瑛結林泉。寒光晦八極，同雲暗九天，飄飄黃竹路，共慶白渠山。」（仝註一）字裡行間，一派恬靜、昇平的景象。

同樣有感於文徵明的水墨雪景，但陸治所詠，和文彭所錄詩境，竟大異其趣，不能不說是仁者見仁，智者見智了。

△　△　△　△

急景凋年之際，八十二歲的文徵明又去了一趟無錫，祝華世禎七十壽，並有詩爲贈。歸程則阻風於離無錫不遠的九里湖。黑夜中的雁聲、風聲、雨聲，使他輾轉難眠。

「……人生何必江山險，咫尺離家即畏途。」（註二）旅途的驚險勞頓，也許只有像他這樣年邁之人，才眞正體會得到。然而，在雨過天晴的梁溪道中，他又似乎忘了九里湖的驚濤駭浪，隨口吟出帆輕天淨，隨著東昇的明月，飄出陣陣漁歌的詩情畫境：

「雨餘新水漫，風外一帆輕，山繞湖南去，人從畫裡行。天空雲樹渺，月出暮潮平，煙靄知何處，漁歌時一聲。」（註三）

這一年的除夕守歲，檢點年來詩文和遭際，心中不免又是一番感慨：

「坐戀殘年漫有情，夜堂燒燭待天明，不愁老大無同輩，祇覺聰明愧後生。……」（仝註三）

對識拔、愛護和教導後生不遺餘力的文徵明而言，的確覺得那些門生及後進的才智不可低估，前途無可限量。

自撰生壙碑的楊循吉，逝世於嘉靖二十五年七月二日，享年八十九歲；老輩風流，至此凋謝已盡。同年，顧璘也離文徵明而去；他那睿智、風趣、滿佈鬚髯的面龐，時而浮現在他的眼前。

袁袠之喪，使他一直不忍再登橫塘之上的列岫樓。

好友也是姻親的錢同愛，逝於他八十歲那年，得壽七十有五。他的感慨和悼念，表現於他所撰的錢氏墓志銘中。

「不愁老大無同輩」，既是文徵明的無奈，也是他的自我安慰。在這種空虛、寂寞的情況下，只有把希望寄托在兒孫和後輩身上，生活才更有意義。

嘉靖辛亥、壬子（三〇、三一）年，分別有兩位才質優秀的少年，遊走於文氏門下：

文徵明對秀才張鳳翼的憐才與厚愛，曾喧騰於蘇州文壇，一年後，鳳翼年方十六歲的仲弟獻翼以詩來贄。獻翼像乃兄一樣，有志於易經。他那灑脫的性情、軒昂的氣宇，使在座的文門弟子，不覺贊賞。

長洲有皇甫沖、涍、汸、濂兄弟四人，好學工詩，功名亦各有所成，人稱「皇甫四傑」；至鳳翼兄弟嶄露頭角，漸有「前有四皇，後有三張」之譽，可見三兄弟受器重的程度。

長江後浪推前浪，江山代有人才出，文徵明心中，又是欣慰，又是感慨，轉頭向弟子陸師道說：

「吾與子俱弗如也」（註四）。

不過，兄弟三人爾後一生的發展和命運，並不如意；恐怕是文徵明和蘇州藝林，始料所未及的。

鳳翼及三弟燕翼，同時考中嘉靖四十二年南京舉人。不幸燕翼早卒，鳳翼則四上春官不第，年八十七歲，貧困以終。

成人後的獻翼，好游大人之門，並雅嗜聲妓。晚年與吳下名流王穉登（伯穀）爭名不勝，益發頹然自放，越禮任誕。年七十餘猶攜妓同棲荒圃之中，為盜匪逾垣而殺。

三十一年，僉都御史太倉王忬的十七歲次子王世懋（敬美）也以詩來贄，不但得到徵明的重愛，呼為「小友」，並書「原道」作為贈禮。

王世懋長兄王世貞（元美），行年二十七歲，嘉靖二十六年進士，授刑部主事，陞刑部員外郎。推測王世貞結識文徵明，當與世懋同時或稍前，也同樣受到文徵明的器重，詩文書畫時有所贈。二人接觸最多的，應是嘉靖三十二年，文氏高齡八十有四；前一年十月，王世貞回到太倉，未久以倭寇之警，挈家避居蘇州，直到三十二年九月返抵北京。在蘇期間，非僅遊於文門，更與陸治、彭年等頻相往來。但，斯時王世貞青年得志，才高氣盛。他那「文必西漢、詩必盛唐」的文學主張；使他於所著〔藝苑卮言〕中，對吳下名賢詩文，批評得相當嚴苛：

「吳匏庵如學究出身，人雖復閒雅，不脫酸習。」

「沈啓南如老農老圃，無非實際，但多俚辭。」

「祝希哲如盲賈人張肆，頗有珍玩，位置總雜不堪。」

「蔡九逵如灌莽中薔薇，汀際小鳥，時復娟然一覽而已。」

「唐伯虎如乞兒唱蓮花落，其少時，亦復玉樓金埒。」

「湯子重如鄉老入城，威儀舉步，終少華冶態。」

…………（註五）

文徵明生平所敬重的恩師及好友的詩作，在王世貞犀利的筆鋒下，弊病百出，難有當意；而文徵明生平吟詠，亦不例外：

「文徵仲如仕女淡妝，維摩坐語，又如小閣疏窗，位置都雅，而眼境易窮。」（仝註五）

蘇州詩人最爲王世貞推崇的，無過於「前七子」（註六）中的徐禎卿：

「徐昌穀如白雲自流，山泉冷然，殘雪在地，掩映新月；又如飛天僊人，偶游下界，不染塵俗。」

王世貞推崇數十年前客逝金臺的徐禎卿，固然由於徐氏才思卓識、刻苦力學所獲至的成就；但，他近年與李攀龍、謝榛、吳國倫等文壇新銳，結成盟社；其文學主張和宏治、正德年間活躍於北方文壇的前七子先後呼應，也是主要關鍵。

尤有甚者的是，王世貞認爲領袖吳地風騷的是徐禎卿，不是年高德韶桃李滿門的文徵明。文氏晚年神倦，某些稍感率致的詩作，竟被王世貞和李攀龍譏爲「吳歈」。這種表面上親近，詩文唱酬、杖履從游，背地裡卻加以輕視或譏刺的情況，直到十餘年後，才有了眞正的改變。

嘉靖三十二年，淸正剛直，不惜以死報國的兵部員外郎楊繼盛，上疏劾嚴嵩十大罪五奸。結果反被嚴嵩所構，下詔獄，受廷杖，移刑部定罪。在獄中，繼盛杖傷潰爛，幾瀕於死，王世貞時常進送湯藥。論死後，楊妻爲夫訟冤，願代夫死，也由世貞起草訴狀。三十四年冬十月，楊繼盛終被處死，臨刑前慷慨賦詩：

「**浩氣還太虛，丹心照千古，平生未報恩，留作忠魂補。**」（註七）死後，王世貞經紀其喪；由此得罪嚴嵩和嚴世藩父子，也種下了其父王忬被殺的禍因。

嘉靖三十九年，薊遼總督王忬，以灤河兵敗事，爲嚴嵩藉機構害，下詔獄論死。繫獄時，世貞和世懋每日匍匐嚴氏門下涕泣，求貸其父一死。又身著囚服，跪於道旁，向過往貴冑攔輿求救。憚於嚴氏的威權，貴人不敢救；嚴嵩則一面以溫語寬王氏昆仲之心，一面暗中加緊持獄，終使王忬被斬於西市。

上述種種心靈上的創傷和家庭的巨變，加以年歲日增，閱歷日富，不但改變了王世貞的價值觀，也改變了他在文學上的主張。想起往日對淸正廉潔一生，藝業照映江左的文徵明的輕慢，感到無限的悔意；但那時文徵明早已回歸道山。因此，當文氏次孫文元發，持文徵明行狀，請爲作傳時，王世貞不僅慨然應允，運用平實、懇摯的筆調，寫出文徵明的家世、人格和遭際，以及平凡中益見偉大的一生。並在文末，表現其心中的崇敬：

「……余嚮者東還時，一再侍文先生，然不能以貌盡先生。而今可十五載，度所取天下士，折衷無如文先生者，迺與先生之子彭及孫元發，撰次其事。」（註八）

此外，在〔藝苑卮言〕文中，論及文徵明行事和人品，王世貞再次表示寫「文先生傳」的心境：

「文徵仲太史有戒不爲人作詩、文、書、畫者三：一、諸王國。一、中貴人，一、外夷。生平不近女色，不干謁公府，不通宰執書；誠吾吳傑出者也。吾少年時不經事，意輕其詩文，雖與酬酢而甚鹵莽。年來，從其次孫請爲作傳，亦足稱懺悔文耳。」（註九）

△　△　△　△

三十一年秋天，玉磬山房來了一位遠客；文徵明的族弟文彥端自衡陽到訪。舊時，另一位族弟文彥仁，也曾來蘇州小聚，秋風落葉下，談論家族輝煌往事及衡陽的近況，以慰文徵明的桑梓之思。詩酒流連，不勝依依，臨別之際，文徵明曾賦七律一首：

「南望衡陽舊德門，虎符元帥有諸孫，山川我正懷桑梓，水木君能念本源。兩地衣冠曾不乏，百年忠孝至今存，相違不盡相留意，狼藉秋風酒滿樽。」（註十）

文氏先祖爲四川人，後徙至衡陽。元代，文俊卿爲都元帥，佩金虎符鎭守武昌。其後俊卿的孫子文惠—即文徵明的曾祖，贅於吳；因此，衡陽、蘇州，都留下詩中所說的「虎符元帥」的後裔，維護著百餘年的家聲文物於不墜。

擺在文徵明和文彥端眼前的，是蘇州群賢祝賀文徵明八十壽誕的詩畫冊。首頁爲文徵明自寫的蘭花，風格頗類趙孟頫；大概用以象徵其一生的清高與君子風範。其後八幅山水，分別是謝時臣的「衡山圖」和「寶帶橋圖」、陸治的「葑溪圖」及「陽城湖圖」、錢穀「東禪寺圖」、朱朗「齊門圖」、陳淳兒子陳栝的「荷花蕩圖」，最後一幅則爲「婁江圖」。除「衡山圖」具有特殊意義之外，餘者皆爲蘇州城內外勝景，文徵明生平常游之地，老年閒適，臥游其中，必然另有一番情趣。每幅山水對頁，各繫一詩，描寫畫中情境，兼頌徵明盛德；作者如皇甫沖、袁袠等，都是一時之選。

其中最具紀念性的，自然是謝時臣的衡山圖，和致仕南京吏部尙書朱希周的衡山詩；故列於八幅山水之首。圖中的近寺遠峰，襯托得雄偉異常，其氣勢不愧爲五嶽之一。謝時臣曾以六十高齡，遠游吳楚及匡廬，到處寫生；衡山圖，不知是否亦對景寫照？此時，文徵明和來自衡山的族弟披圖玩賞，心中別具一種滋味。

「南方多名山，衡山獨爲宗。根盤八百里，萬刃摩蒼穹，有峰七十二，最高爲祝融。……」（註十一）宏治九年狀元朱希周的楷書，謹細中自有一種雍容氣度。在這篇五古中，開宗明義地寫出南嶽的廣闊與高崇，隨即轉過筆鋒，用以比擬文徵明的宏德偉業和不忘本源的胸懷：

「……一從開闢後，萬古神秀鍾，巍然鎭南國，氣象合尊崇。茲山孰可配，名今屬文公；昔公四世祖，自衡來吳中，遙遙念先澤，稱號寓遺蹤。公今負重望，實與茲山同。有文軼班馬，有道出羲農，行年已八十，鉛槧日相從。吳中尊舊德，海內仰高風；衡嶽終古在，公名永無窮，更看壽域躋，高並祝融峰。」（註十二）

嘉靖早年大禮之議，希周議論不但與張、桂相左。在左順門哭門事件中，他更奔走呼籲內閣諸臣同往請命。其後，又爲因議禮繫獄的諸臣求宥，以此屢次觸怒嘉靖皇帝。由左侍郎遷南京吏部尚書時，文徵明曾有詩相送。嘉靖六年，文徵明自北京南旋同時，朱希周也致仕林居，二人的學養和聲望，不僅見重於士林，也一直爲朝廷內外所景仰。

文徵明的數筆幽蘭，謝時臣象徵著崇高、永恆、長壽的衡山圖，朱希周虔誠祝賀與推崇的詩篇，以及那些江南俊彥、得意門弟子的殷殷祝福，也許這才稱得上「無價寶」冊吧。

陣陣秋風，拂過窗外的梧桐，湖石下，偶爾傳出幾聲秋蟲。想著那陌生而遙遠的衡陽故鄉，對眼前這位初識乍見，而即將離別的族弟，文徵明有種說不出的情懷：今生今世，可能踐及斯土？實在難以想像。他在「送族弟彥端還衡山」中賦：

「彥字諸孫端甫良，秋風訪族自衡陽。百年文物家聲在，累葉松楸世澤長。君視前人應不忝，我於同姓自難忘；不堪相見還相別，楚水吳山意渺茫。」（註十三）

△　△　△　△

早在入京以前，潦倒場屋之際，面對鏡中日漸疏稀的白髮，眼見功業無成，文徵明心中，便湧起無限的感慨。

三十一年深秋，引鏡自照，絲絲白髮，早已不及一梳，八十三年歲月，眞如白駒過隙。所幸瘡毒大有起色，雙足尚屬強健，著屐登山，甚至不須人來扶持。到了重陽登高之日，文徵明重又燃起登臨的雅興，與門弟子相約於虎丘悟石軒燕集。

這一年春夏之交，文徵明亦曾來此，正逢陰雨，山上山下，一片濕翠，碼頭橋畔，竟難得的清靜。雨中劍池不但深不可測，更顯得格外地冷冽，他在悟石軒闌下獨吟：

「海湧春嵐濕翠鬟，生公臺下雨漫漫，風迴陰壑奔泉黑，雲鎖蒼池劍氣寒。淨洗塵氛開絕境，不妨煙靄是奇觀。詩人自得空濛趣，悟石軒前獨倚闌。」（註十四）

怎知這次去了，依然是陰雨綿綿。好在人多，並攜壺而來，把盞朗吟，遍揷紫萸，雅不似前此的孤獨冷淒。

座中袁袠獨子袁尊尼（魯望）英俊的面龐，洪亮的吟誦聲，使文徵明恍如置身列岫樓中，面對逝去的好友。

也是這年春天，比虎丘觀雨略早數日，袁魯仲曾邀他登袁袠築於橫塘依山面水的列岫樓。樓據湖山之勝，不僅登高眺遠，窗外翠樹幽鳥，風帆點點，更有如仙境一般。致仕歸吳的袁袠，原以爲可以讀書著述，終老其間，那知未及數載，竟盛年凋謝。五六年來，文徵明唯恐睹物傷懷，一直沒有登臨。當日，感慨之餘，賦七律一首：

「故人湖上有高樓，十載清罇續舊遊。飛翠窗中仍列岫，片帆天際見歸舟。依然綠樹啼黃鳥，無賴青山笑白頭，不盡阿戎淹戀意，渚雲江草兩悠悠。」（註十五）

是晚，並過行春橋賞月。見水波如鏡，畫船靜泊杜若洲西，炊煙裊裊，林外清歌時起，又覺得人生如夢，美景當前，不宜自苦。登樓懷人的惆悵，只好拋諸腦後，舉觥朗吟：

「……已知世事皆身外，肯著閒愁到酒邊，宛轉歌聲出林表，晚煙依約正蒼

然。」（註十六）

註一、〔吳越所見書畫錄〕卷三頁四九「文衡山雪景袖珍卷」。

二、〔甫田集〕頁三二九「阻風宿九里湖」。

三、〔甫田集〕頁三三〇「梁溪道中夜行」。

四、〔蘇州府志〕頁二〇九二「張鳳翼」條。

五、以上數則均見〔弇州山人四部稿〕卷一四七〔藝苑巵言〕四，總頁六七七五。

六、「前七子」：李夢陽、何景明、徐禎卿、邊貢、康海、王九思、王廷相七人。

七、〔明鑑〕冊下頁四〇三。

八、〔甫田集〕卷首「文先生傳」。

九、〔弇州山人四部稿〕卷一四九總頁六八〇七。

十、〔甫田集〕頁三三二「舊送彥仁一首追錄於此」。

十一、〔中國繪畫總合圖錄〕冊一A一四—〇四九「諸名賢壽文徵明八十壽詩畫册」。原畫爲王季遷氏所藏。

十二、（一）資料出處同註十一。（二）有關朱希周生卒年；據〔明人傳記資料索引〕頁一二九，朱希周生於一四六三年（英宗天順七年），卒於一五四六年（嘉靖二十五年；文徵明七十七歲那年，享年八十四）。〔明史〕卷一九一頁十二「朱希周列傳」，未載其生年，但謂其於嘉靖六年稱疾乞休，林居三十年，卒年八十有四。由此推算，當卒於嘉靖三十五、六年之際，其時文徵明當爲八十六、七歲。

十三、〔甫田集〕頁三三一。

十四、〔甫田集〕頁三三二「虎丘觀雨」。

十五、〔甫田集〕頁三三一「袁魯仲邀予登列岫樓予自胥臺沒數年不登矣」。

十六、〔甫田集〕頁三三二「是晚過行春橋翫月再賦」。

第九十四章　蓬萊仙奕圖

明神宗萬曆十年五月六日，長洲張鳳翼題仇英臨冷謙（啓敬、龍陽子）的「蓬萊仙奕圖」（註一）。

依所題文意看，此卷係仇英受華雲之托而加意臨摹的精品。引首「蓬萊仙奕」四字爲文徵明隸書，原卷張三丰（君寶、邋遢）與祝枝山二跋，則分別由文彭、文嘉兄弟所臨；仇英一卷而驚動文氏父子三人，亦屬罕見。臨摹的時間，據張鳳翼說是三十年前舊事，推測當屬嘉靖三十年左右。

據卷後文元發跋中表示，冷卷原爲張鳳翼的父親張雲槎所有。雲槎先生好文而俠，以布衣交結當世的鉅卿長者。其談吐行誼，豪邁如已故南京尙書顧璘，府中所藏古代書畫彝器無計其數。張雲槎和文徵明過從甚密，常以所藏名品，請文氏鑑定眞僞。其中最爲文徵明所欣賞的，莫過於歷元、明兩世的道人畫家冷謙的「蓬萊仙奕圖」。圖長三尺有餘，紙本設色，工緻秀逸，彷彿不食人間煙火。

仇英臨本中，水殿雲廊之下，二位仙人對奕，神情專注，彷彿時光永恆凝定了似的。另一仙人從榻上觀局，而仙女們則進蟠桃、採蓮花或倚欄小立。加上階前掃葉，旁殿揷花的仙童，形成動與靜相映成趣的畫面。畫上無款，只有「仇英」、「實父」二印。

按圖後文彭所臨武當奇人張三丰的長跋，不但敍述冷氏生平，也言及此圖創作時日，就益發增加了人和圖的神祕意味。祝枝山所題七律一首，看在文徵明眼中，睹物思人，想必憑添一份感傷心緒。

張三丰指出，冷謙乃湖南武陵人，寓居浙江的嘉興。早年與劉秉忠從沙門海雲學佛（按，明史張三丰傳，三丰爲金時人，元初與劉秉忠同師；如是則劉秉忠、冷謙、張三丰當爲同門師兄弟）。元順帝至元年間，因好友劉秉忠入拜太保，參預中書省事，他也棄釋業儒，和劉秉忠偕遊於浙江霅川，並結識宋王孫趙孟頫。一次，與趙氏在四明史衛五（彌遠）府中，同觀唐李思訓李將軍山水，心中突有所悟，乃加以效法。不過月餘，冷謙繪畫進步神速；不但筆法細緻，無異李將軍再世，其創作想像力，更源源不絕，遂以畫名傳播於世。這時冷謙年壽，已達百數十歲；但綠髮童顏，望之如四十許人。

元末紅巾之亂，冷謙避寓金陵，以藥物濟人，醫方極爲靈驗。洪武初，冷氏以善音律入仕，官拜太常協律郎。後以「畫鶴之誣」，運用「隱壁」術仙逝。

三丰跋謂，蓬萊仙奕圖乃冷謙爲他所作，時爲至元六年五月五日。此圖一直爲張氏所珍藏，向少出以示人。及至張三丰自謂：「予將訪冷君於十洲三島時」，唯恐冷謙去世日久，墨跡早已無存；而此一奇仙異筆，世人無識，難免與凡流庸筆混然不辨，才長跋於蓬萊仙奕卷後。

「特奉遺三元老太師淇國丘公」，張三丰在跋中寫。意思可能希望冷謙之筆，藉功高望重的丘國公，以資永遠流傳人間。

「時永樂壬辰孟春三月，三丰遯老書。」下鈐「張氏希貞」朱文印；文彭臨此跋時，還特別以硃砂筆把印描在仇摹本後，以示存眞。

依（明史）卷二百九十九頁八「張三丰列傳」，張氏爲遼東懿州人，身軀雄偉高大，龜形鶴背，大耳圓目，鬚髯如戟。無論寒暑，身上惟著一衲一簑。有時數月不食，有時升斗立盡。他的記憶力奇佳，經書可以過目不忘。

明太祖和明成祖聞其名，曾先後遣使尋覓而不可得。其後更傳說他在寶雞金臺觀死後入棺，臨葬時則又復活，遨遊四川，復入武當。

明成祖永樂帝遍訪不著，只好命工部侍郎郭璡、隆平侯張信等督工三十萬人，營造武當宮觀，賜名「太和太岳山」，設官以守，表示對張三丰的敬意。

劉秉忠、冷謙與張三丰事涉神祕，難以理解。若冷謙的「蓬萊仙奕圖」和張三丰的長跋墨蹟爲眞，無異千古瑰寶，難怪名收藏家華雲千方百計請仇英摹圖，文氏二子臨跋。

「紅塵不與此山通，一局千年萬事空，知白知玄無象妙，爲生爲死不言功。興亡劉項山河外，聚散乾坤草木中，滿眼羊腸無妙著，此機何處問仙翁　祝允明。」（仝註一）枝山晚歲，頗近於道，披圖感嘆，容或有之。

不過，張三丰題跋中，有兩點時間上的矛盾，令人頗感費解：

趙孟頫卒於元英宗至治二年（一三二二）六月，享年六十九歲；去元順帝至元年間（一三三五—一三四〇）尚有二十年左右，何能與棄釋業儒的冷謙結識，觀畫於四明史府？

其次，張三丰跋蓬萊仙奕圖於「永樂壬辰孟春三月」，「孟春三月」不知是否筆誤？「壬辰」爲永樂十年，即跋中所謂把蓬萊仙奕圖「特奉遺三元老太師淇國丘公」之前。按〔明史〕卷一四五頁九「邱福」列傳，邱福爲鳳陽人，出身卒伍，樸戇而驍勇，常能奮不顧身，戰功卓著，深得明成祖的信賴。成祖即位後，特進榮祿大夫右柱國中軍都督府左都督，封淇國公，祿二千五百石。

永樂七年七月，淇國公邱福將大軍出塞，至臚朐河，由於輕敵而兵敗身亡。至永樂十年，不但世爵早已被奪，連其家屬也奉命徙往海南，則蓬萊仙奕圖無由爲贈，其理自明。

仇英摹本，題者頗多，張鳳翼外，有徵明次孫文元發、繼文徵明後領袖江左風騷的文彭姻親王穉登、文徵明曾孫文震孟、陸師道之子陸士仁、陽峰山人馮時範及樂安孫翼鳳，可謂洋洋大觀。從這些不同年代的題跋中，約略可以見出「冷謙蓬萊仙奕圖」和仇英摹本收藏流傳的跡象。

張鳳翼跋，首敍仇英摹作的源起：

「曩華秋官過余，觀仙奕圖，愛玩不忍去手，因出澄心堂紙倩仇實父臨之。復托二文先生摹其跋與詩，裝潢成卷，乃請徵明公題其端。自以爲得叔敖於優孟，面中郎於虎賁矣。去今三十年，而遙不知卷已易主；閱間，不無今昔之感，因爲識之。……」（仝註一）其後，張鳳翼重錄他題冷卷的舊作長句。

從張鳳翼跋可知，冷卷可能尚在其家，但仇摹本卻因嘉靖三十九年華雲過世，劍光閣珍藏散落而易主。卷首有「華雲從龍」、「華氏珍玩」、「古吳歸氏鑒賞圖書」三印，文彭臨張三丰跋後，則有華雲、項元汴、蔣濂儒三人或收藏或鑑定印；推測此次「易主」，可能爲項氏所有。

再十八年後，即萬曆二十八年，文元發題識，除敍述童年時代，曾隨侍乃祖文徵明，在張雲槎府中見過冷卷，並無限惋惜地說：

「……今此卷已不可得見，得見仇實父氏摹本……」

則知冷氏原卷、張三丰與祝枝山墨蹟，已經散失，不復爲張氏所有，且不知去向。

至同年七月二十三日王穉登跋仇摹本時，既有幸見過冷卷，又能重睹仇氏摹本諸人中，文元發與他可能是碩果僅存。憶及往事，備感惆悵：

「……華氏最爲好事，所藏古今名蹟不減尚方。秋官易世之後，一時散軼略盡。而此圖此題流落人間，衰齡老眼，幸獲展閱。回思啓敬畫，三丰之書，如米襄陽所云：『煥若神明，復還舊觀』，豈不大媮快哉；乃如人代之變易，圖畫之流傳。則蓬瀛淸淺與棋局翻覆，仙家與世道盡然，何必撫卷三歎！」（仝註一）

王氏跋後，僅餘「蔣濂儒鑒定書畫」騎縫一印，大概已歸蔣氏所有。以下諸跋均無年款。

陸士仁指出：

「……先生（按，華雲）故與先尙寶善，不肖嘗得瞻其風度；蓋好事而兼賞鑑者，其輕贋本而重摹本也固宜。」（仝註一）

「輕贋本而重摹本也固宜」，陸士仁此言，或許無意，但視爲「一語相關」似也未嘗不可。從前述張三丰跋中疑點觀之，「冷卷」倘非贋作，亦屬僞托。

張鳳翼和孫翼鳳，名字相近，姓氏則異，在仇摹本中一個題跋在前，一個殿後，也是有趣的巧合。言及冷圖張跋和仇英副本，他認爲這是一種仙機、讖言：

「蓬萊仙奕世稀見，維冷與張應共宴。冷偶作圖特贈張，繪其涉歷非空羨。世間苦心愛者誰，前有句曲華後追。臨摹伯仲混眞贗，衡山枝山相參差。仇翁飄蕭亦其儔，十洲三島神所遊。試爲反覆鐵冠語，始信先機讖已留。奇珍流轉四百春，何日來歸有道人！……」（仝註一）從其後段題語推測，仇摹本流轉四百年後，已爲孫翼鳳「凌雲閣」所藏。

四百年後又如何！令人不無茫然之感。

△　△　△　△

前述「仇十洲摹冷啓敬蓬萊仙奕圖」及諸跋，均載於陸時化〔吳越所見書畫錄〕。清道咸年間官浙江寧紹道臺的顧文彬，所撰〔過雲樓書畫記〕中，再次出現有關仇摹本的紀錄。

這位籍隸蘇州府元和縣的顧氏，對仇英摹作並無異議，但對仇英所精心臨摹過的冷謙「眞蹟」，卻大表懷疑。

在都穆遺作〔鐵網珊瑚〕中，顧文彬見過有關冷卷的記載。王世貞在〔弇州山人續稿〕裡，對文彭所臨的張三丰長跋，曾提出數點謬誤。因此，當顧氏在同邑汪佑生家見到聞名已久的「冷作」蓬萊仙奕圖時，心中已經有了警惕。

以他分辨的結果，認爲那不過是幅南宋的院畫，不知何時爲人在畫中柳樹上落了冷謙僞款，而騙過多少收藏家和賞鑒者。

此外，顧文彬更在嘉慶進士、翰林院編修胡敬的〈西清劄記〉，見到另一則有關「冷謙」作品的記述；胡氏於編修〈石渠寶笈〉三編，鑒別懋勤殿書畫之餘所撰劄記，記錄盡屬大內寶藏；不意也有「冷作」闌入：

「冷謙勞軍細柳圖」，圖後也有張三丰長跋，文意近似蓬萊仙奕。

「……至元六年五月爲余作仙奕圖」，此一跋中「張三丰」不忘與仙奕圖跋兩相照應，以求取信觀者。並云：「此卷乃至正二年春作也。」（註二）顧文彬綜據種種跡象，不得不直言：「……總之，市儈一再作僞，皆由當時士大夫率尚魏晉清談，故售其欺而曾不之寤，亦思啓敬於『如此江山亭』，援琴作三五弄，〈青暘集〉且樂稱之；豈有工於六法明初諸賢反絕無道及者哉！」（仝註二）

從此以觀，陸師道之子，所指華雲「輕贋本而重摹本」，或許早已看出此中玄機，亦未可知。

△　　　　△　　　　△　　　　△

畫高九寸，長丈餘，青綠大設色的「職貢圖卷」，款：「仇英實父爲懷雲先生製」。卷中，仇英照例未署年款；但卻成了判斷仇氏卒年的重要依據，恐怕是仇英始料所未及。

圖中所畫爲各國進貢使者，因而人物相貌、服飾、鞍馬轎輿制式各不相同，器物各異。配以絢爛的山水，愈發韶麗；有人指係倣閻立本畫風。

畫分十一個段落：九溪十八洞主　漢兒　浡海　契丹　崑崙國　女王國　三佛齊　吐

蕃　安南國　西夏國　朝鮮國

嘉靖三十一年九月既望，年已八十三歲的文徵明，題於玉磬山房。文徵明首先引經據典，敍述「王會圖」—文稱「職貢圖」的含義和源流的久遠，然後分析仇卷的風格和筆路：

「……近見武克溫所作『諸彝職貢』，乃是白描；而此卷為仇實父所作，蓋本於克溫而設色者也。」（註三）

「……觀其奇形怪狀，深得胡瓌、李贊華之妙，克溫不足言矣。」

距文題仇英「職貢圖」三個月後的臘月既望，彭年也有一題。

彭年一開始便以感傷的語調，略敍仇英生平：

「實父名英，吳人也。少師東村周君，盡得其法，尤善臨摹。東村既歿，獨步江南者二十年；而今不可復得矣。」（仝註三；本段前已引錄）

文徵明跋中，對於仇英的近況，未曾透露任何消息，彭年的一句「而今不可復得矣」，未免像晴天霹靂一般，引人痛惜和惋嘆。不由得聯想到天有不測風雲，人生如朝露，可能就在短短三個月之間，一位不世之才，便像深秋紅葉般凋落。

繼而，彭年談到陳懷雲對仇英的禮遇：

「……此卷畫於懷雲陳君家，陳君名官，長洲人，與十州善。館之山亭，屢易寒暑，不相促迫，由是獲畫。……」（前已引錄）

事實上，對仇英諸般禮遇，重金求畫的收藏家，除陳官、項元汴、華雲之外，尚有崑山周鳳來（于舜）。

周氏曾倩仇英爲其庋藏奇書圖畫古彝的「六觀堂」作圖，亭台屋宇，佈置極見精巧。嘉靖十六年，周鳳來曾聘仇英於其家，以四、五年時光，作長逾五丈的「子虛上林圖」，賀周母八十大壽。其後與嘉靖二十二年徵明所書「子虛」、「上林」二賦，合成「文仇雙璧」。據說，周鳳來在仇英作此圖期間，歲致千金，並不時張燈設筵，集女伶歌舞宥酒；其飲饌之豐美，不亞於尚方。

少年時代的仇英，曾作過磁工和建築油漆畫工，受伯虎的賞識，周臣的教導，文徵明父子的援引交遊，收藏家的禮遇，加上本身的才華與勤奮，不但在江南畫壇放出異彩，其女若孫並皆以畫藝成家。

「而今不可復得矣」；彭年跋中，語意雖然有些含混，但卻成爲尋求仇英生命蹤跡少有的線索。

仇英年壽之修短，史料和著錄之中言人人殊，難獲定論。有些推論中，仇英的年歲，往往無法涵蓋他早年的創作，如：爲朱存理所畫募驢圖、表彰顧春妻子貞烈的刺目圖與沈周等同賀盛桃渚五十七歲生日的玩鶴圖等。

〔石渠寶笈〕三編册二頁五五七載「仇英蓬萊仙奕圖」一卷，文徵明於嘉靖三十五年跋於其後：

「十洲仇子，於諸畫家無所不學，亦無所不似。此僊奕圖效趙千里筆法，尤爲逼真，乃未及三十時爲吳文定公所作，正其臥王濛於紙上，坐徐偃於筆端時也，觀者可以想見其臨池之勤矣。」

按：文定公吳寬中成化八年狀元，授修撰。釋褐後，客寓北京，僅於成化十二年、宏治八年兩度丁憂還吳。兩次均在三年後服除便回京銷假，起復官職。首次東旋，伯虎、徵明都只是七歲孩童，遑論仇英。再次，丁繼母憂時，則文、唐二人年已二十六歲。宏治十年三月暮春，沈周拏舟送吳寬於京口，作「送行卷」贈別；此後兩人便未再相見。宏治十七年七月十日，吳寬以古稀之齡客逝金臺。

仇英贈畫給吳寬，似乎只有宏治八至十年春，方得當面請益。如此際其「年未三十」，則與文唐二人年齡差距，最多不過二、三歲。

即使仇英在吳寬北上後才畫「蓬萊仙奕圖」，遙寄京師，也唯有在宏治十至十七這七年中間；假定仇英此際「年未三十」，則與文唐二人年齡差距，可能就會大些—大約小五六歲。

「仇英蓬萊僊奕圖」，雖載於〈石渠寶笈〉，現今存否不得而知，仇畫文跋的眞假難以考據。因此，用以考據仇英生年的證據力，似嫌薄弱，僅能略作參考而已。不過，這樣推測所得的仇英生年，才能涵蓋著錄中乃至現存的許多仇英早期作品。

「見仇畫方是眞畫，使吾曹有愧色。」（前已引錄），在諸多贊美仇英繪畫造詣者中，也許文徵明這句話，誠摯而公允，是對辛勤努力一生的仇英，最好的稱頌。

「……余閱畫家立意，或援古以諷今，或藉近以規遠；凡致力精工者，不虛作也。使十州操筆金馬之門，親見百蠻率服，賓貢闕庭，則其所圖又豈止於是耶！」（仝註三）彭年在跋仇英「職貢圖卷」時，對仇英因出身與生活環境所限，未能躋身金馬之門，盡展胸中才華，極表惋惜。

吳中後進王穉登，在所著〔吳郡丹青志〕，則對仇英褒貶互見：

「仇英，字實父，太倉人，移家郡城。畫師周臣而格力不逮。特工臨摹，粉圖黃紙，落筆亂眞。至於髮翠豪金，絲丹縷素，精麗艷逸，無慚古人；稍或改軸翻機，不免畫蛇添足。」（註四）

丹青志中，列仇英於「能品」。但，他心目中的「神品」，唯沈周一人，附沈周父恆吉、伯父貞吉及沈周老師杜瓊。唐伯虎、文氏父子叔侄，則僅列爲「妙品」。其允當性，後之學者，不能無疑。不過王穉登對仇英的評語，影響似乎很大，明末徐沁〔明畫錄〕，對仇氏的評價，便和王穉登如出一轍。

董其昌則在〔畫眼〕中，對仇英工筆畫，推崇備至，認爲連文徵明的青綠山水人物，也不免稍遜一籌：

「李昭道一派爲趙伯駒、伯驌，精工之極，又有士氣。後人倣之者，得其工，不能得其雅；若元之丁野夫、錢舜舉是已。蓋五百年而有仇實父，在昔文太史亟相推服。太史於此一家畫不能不遜仇氏，故非以賞譽增價也。」（註五）

他進一步形容仇英作畫時的專注：

「實父作畫時，耳不聞鼓吹闐駢之聲，如隔壁釵釧戒顧；其術亦近苦矣。」（仝註五）

董其昌有一種比較固執的看法，他認爲畫工筆畫，身爲造物所役，容易損壽；因此，他堅信仇英壽促之說：

「畫之道，所謂宇宙在乎手者，眼前無非生機，故其中往往多壽。至如刻畫細謹，爲造物役者，乃能損壽，蓋無生機也。黃子久、沈石田、文徵仲皆大耋，仇英短命，趙吳興止六十餘。仇與趙品格雖不同，皆習者之流，非以畫爲寄以畫爲樂者也。寄樂於畫，自黃公望始開此門庭耳。」（註六）

仇英，不但身世、年壽如謎，看來，其藝術之眞僞難辨，其畫品也說法不一，似乎難成定論。

註一、〔吳越所見書畫錄〕卷三頁一〇四。

二、〔過雲樓書畫記〕頁一三〇。

三、畫錄見于〔大觀錄〕册四頁二四八三、〔清河書畫舫〕册三亥頁五二。畫見于〔明代吳門繪畫〕頁九，故宮博物院紫禁城出版社、商務印書館出版。

四、〔吳郡丹青志〕，一稱〔丹青志〕，見〔美術叢刊〕册四頁三〇三。

五、〔美術叢刊〕册一頁二七九〔畫眼〕；本則載頁二九二。

六、〔美術叢刊〕册一頁二七九〔畫眼〕；本則戴頁二八二。

第九十五章　避寇

嘉靖三十一年小至日，致仕工部尚書劉麟來吳，行年七十九歲。文徵明爲劉麟繪製「樓居圖」那年，文氏七十四歲，劉麟年亦古稀；不覺已近十載，二人均垂垂老矣。

「城南秋草碧於煙，無數白鷗隨我船，風帆乍舉驚呼去，拍水過溪相對眠。」（註一）

從劉麟這首詠「鷗」詩中，文徵明不難體會到苕溪風光，和他那神仙一般的生活。據說劉麟船載書畫和雞犬。那種遺世獨立和風雅的韻味，使文徵明想起葑溪朱存理和他的「野航號」。朱存理當日，雖然年老家貧，尚能擁有他的葑溪小樓。劉麟則只能坐在號爲「神樓」的懸輿之中，面對著懸掛於素壁間的的「樓居圖」，以寄心中之興。文徵明滿懷著欽敬和油然而生的豪情，相約無論天氣多麼寒冷，明年冬天必定前往浙北長興，爲清廉耿介的劉麟祝賀八十大壽。

劉麟造訪，固然令文徵明心神爲之一爽，然而弟子何良俊來謁，卻使他心中有些惱惱。

三十年春天，何良俊預計於秋涼時前往北京謁選，積極將他的〔語林〕「序論」雕版付梓，以作爲金臺名公鉅卿的贄見禮。唯文徵明的一篇序言，卻遲遲未至；情急之下，遣姪兒何儁專程前往蘇州，催請揮毫。此一勉強索求的方式，難免引起文徵明不懌。

及至何良俊得授南京翰林孔目，自北京南歸時，又爲文徵明帶來了兵部尙書聶豹的書信，並面致聶氏向文徵明索畫之意，立刻激起了文氏的反感。

聶豹，吉安永豐人，正德十二年進士。嘉靖九年，曾以監察御史出任蘇州知府；未幾，即丁憂歸里。因此，他跟文徵明應有一面之雅。只是徵明生平，不欲出入官府，必要的禮節應酬之外，往來也就極爲有限。

丁憂後，聶豹起復爲平陽知府，遷陝西副使。當時晉、陝邊關，頻遭寇亂，這位爲大學士嚴嵩所賞識、拔擢的副使，功過議論不一。有人指其知兵；能就地募款、修築關隘、訓練鄉勇，所作所爲足以寧靖一方，應加以重用。有的論其在平陽發生乾沒之事，操守有虧，應予嚴懲；因此，他一度下獄落職。其後由於都城被寇，海內震動，禮部尙書徐階爲聶豹任華亭知縣時所取之士，不但爲他訟冤，並力言聶氏才可大用。聶氏遂奉召拜右僉都御史、擢兵部右侍郎，爲時不久，便位至兵部尙書；從宦海波瀾中，躍上事業的頂峰。

文徵明的慍怒，究竟由於聶氏的人品，或何良俊的多事，不得而知；只是始終未應所請，不作一畫。唯看在多年師生情誼，次年何良俊往南京赴任前，文徵明仍然以詩贈行：

「一命周行列鎬京，閒官剛喜玉堂清，紫薇蘭省聊通籍，綠水紅蓮亦宦情。爽氣鍾山秋柱笏，春風鼇禁曉聞鶯，白頭老友難為別，飛夢先馳建業城。」送何元朗南京孔目（註二）

何良俊北上之前的催索文序，南歸後替聶豹傳信，雖引起徵明不快，但何氏在北京期間，卻與適往北京的徵明之侄文伯仁詩酒往還，相處甚得。他對伯仁畫中筆法及設色，激賞萬分：

「文五峰德承在金臺客舍，為余作仙山圖。余每日攜酒造之，看其著筆，是大設色學趙千里者。其山谷之幽深，樓閣之嚴峻，凡山中之景，如水碓水磨稻畦之類，無不畢備，精工之極，凡兩月始迄工。」（註三）

「……老知無地酬君寵，貧喜傳家有父書。獨有梅花堪慰藉，春風消息定何如？」——壬子歲除（註四）

梅花，是文徵明貧窮、淡泊生活中的慰藉，但梅花也是他善保冰雪之操的象徵；他在「癸丑元旦」七律中寫：

「……短髮蕭疏霜葉脫，壯心零落曉燈殘。從前卉物冰霜盡，一樹梅花獨耐寒。」（仝註四）

正月初五，訪陽湖，飲於王庭家，畫山水一幅為贈，用陶淵明「斜川詩」「開歲倏五日」韻，行書五古一首於畫上。在平靜的早春中，八十四歲的文徵明，開啓了創作生涯豐收的一季。「姑蘇十景」冊，應屬最碩大的果實。畫題雖然是「姑蘇十景」，實則為「虎山橋」、「桃花塢」、「姑蘇臺」、「楓橋」、「支硎」、「天池」、「虎丘」、「靈巖」、「天平」、「太湖」、「石湖」、「堯峰」，共是一十二景，均為青綠設色的絹本畫。對題各為七律一首，其紙幅長高，與畫相同；七寸及八寸九分。

「虎山橋下水爭流，正是橋南宿雨收，震澤煙開孤殿逈，洞庭波動兩峰浮……」（註五）

有些景物，呈現在眼前，縈繞在胸臆的，好像永遠是那樣恬澹、寧謐。也有些古蹟勝景，一逕籠罩著令人惆悵的淒美，和興亡的感嘆；如文徵明筆下的「姑蘇臺」：

「姑蘇臺高昔拂雲，苧蘿女子真天人，楚舞吳歌隨山月，寶楣玉棟藏青春。春風離離動禾黍，吳王一去春無主，誰見當時麋鹿遊，秋草年年自風雨。」（仝註五）

細味畫意詩情，似乎又為明媚的春光，抹上一縷揮之不去的陰翳。然而嘉靖三十二年春天的蘇州，也正隱約有種不安的徵兆。不少濱海的富戶，攜家帶眷地來到蘇州，逃避傳說已久的東南倭亂。

想起正二月間的湖州之遊，和友人同宿舟中，清樽夜話的情境，文徵明不由得驚出一身冷汗。

春寒漠漠，北來的勁風，穿透了身上的重裘，使人直覺到大雨即將隨之而至。南望波光，灰暗一片。吳興縣東，運河畔的南潯鎮上，亮起點點昏暗的燈光，愈發增加了雨前詭譎與恐懼。所幸有故人相伴，不怕深宵的寂寞，於是就找個地方泊了下來。如今回想，應該恐懼的不單是暗夜中的狂風驟雨，而是隨時可能闖入的倭寇與海盜。

近日傳說，連蘇州城門，都可能隨時關閉，萬一棹返金閶卻不得其門而入，以他的老邁衰病，恐怕也是不堪想像的事。

而王世貞和王世懋兄弟卻於此際連袂來訪；由於寇氛日亟，王氏兄弟已由太倉，遷來蘇州避患。

△　　△　　△　　△

東南倭患，其來有自，但嘉靖年間，海防廢弛，以及閉關絕貢、廢置市舶，至使日商鋌而走險，與沿海富豪及無賴相互勾結，走私圖利。進而相互欺騙、報復、擄掠爲盜，逐漸形成心腹巨患。

嘉靖三十一年四月，大批倭寇，在國人汪直、徐海、毛海峰等率領下，進犯浙江黃巖、象山、定海諸邑，知事武偉敗死，整個浙東爲之騷動。朝廷見事態嚴重，乃主張調派重臣，巡視浙江防務；巡撫山東的王忬，因而臨危受命，於秋天七月到達浙江。

王忬見浙江不但軍府編制鬆懈、武器設備簡陋，更由於缺乏訓練，連浙人性情也變得柔弱，難以任戰。乃上疏請朝廷假以事權，誅賞俾得便宜從事，勦、撫不拘，嚴內應之律、寬傷損之條；朝議從忬所請，並改「巡視」爲「巡撫」，以利應付變局。

另一方面，王忬徵調外省兵員入援，任用參將俞大猷、湯克寬爲心膂，出驍勇善戰的都指揮盧鏜及尹鳳於獄，復召募溫、臺二州青年，嚴加訓練，期能逐漸仰賴自力，保衛鄉土。

三十二年閏三月，王忬偵知倭魁與汪直等，結砦於海中普陀諸山，不時出沒襲擊官軍，乃夜遣俞大猷、湯克寬先後出發，帥銳卒巨艦，縱火焚砦，倭盜倉皇逃竄，死傷無數。可惜千鈞一髮之際，颶風突發，軍心大亂，使汪直等得以率衆逃離，未竟全功。

普陀大戰的餘波，繼續激盪，尹鳳等雖然各有斬獲，但到處流竄的汪直餘黨，則北犯蘇州和松江二郡。盜目蕭顯，率勁倭四百餘，屠上海之南匯、川沙，逼松江，圍嘉定、太倉等地，而後，始爲盧鏜、俞大猷等所殲滅。蘇州壓力，也暫時得以舒解。文徵明在詩中喟嘆：

「狂搔白髮倚南樓，落日邊聲入暮秋，萬里長風誰破浪，一時滄海遂橫流。敢言多壘非吾恥，空復崩天負杞憂，安得甘霖洗兵馬，浮雲明滅思悠悠。」──南樓（註六）

宸濠叛變，正德南征以來，吳人再一次在兵馬慌亂中，惴惴不安。許多鎮、縣，遭受擄掠焚殺，幸賴蘇州同知任環，知兵而勇於任事，鞏固蘇州防務之外，無論防守寶山洋，及戰於寶山、陰沙、南沙，所向皆捷。同年六月，俞大猷逐賊海中，火焚其舟五十餘艘之前，盜、倭共在內地剽掠三個月之久，各衛所州縣被焚掠者，不下三十處。

避居吳市的王世貞、世懋兄弟，雖然對父親王忬的聲威和治軍能力堅信不疑，但依舊不免爲太倉被掠與四處蔓延的寇氛憂心忡忡。唯自春至夏，遊走衡門，結交吳下俊彥，廣收蘇市書畫；如沈周、唐伯虎、祝枝山、王寵、陳淳父子的精品，亦屬一生中難以忘懷的收獲。尤其文徵明的眞蹟，所收無數；當時雖未十分珍視，但事後思之，不能不說是難得的奇遇。

△　△　△　△

綜觀王世貞（弇州山人四部稿）中所記文徵明書畫，約略可分作於六十幾歲前及八十四歲兩個階段的心血結晶。推測，前者可能得自不同收藏者手中，後者則爲嘉靖三十二年避倭吳城之際文徵明所面贈。

「拙政園記」及「詠拙政園」三十一景，文徵明六十四歲爲王獻臣侍御作；據王世貞表示：「侍御費三十雞鳴候門而始得之」，詩、筆俱佳，他認爲是文徵明最合意的文章，也是最得意之筆墨。

「致仕三疏」，則是另一番氣象，從上面修改過的字句來看，應是嘉靖四、五年致仕出京前上疏的草稿，但是，其精謹程度，使他不由得與顏眞卿的祭侄文稿相聯想。

王世貞對「文太史絕句」卷，亦贊賞不置：

「文待詔此書，眞得豫章三昧者，取態雖小不足，而風骨遒爽，殆似過之。」（註七）

而詩中的「老病迂疏非傲客，只愁車馬破蒼苔」句，王氏以爲：

「大類白少傅分司洛中語，皆可寶也。」

至於文徵明的四體「千字文」，他不只寶愛，更認爲自梁周興嗣撰成此文後，獨元朝趙孟頫和文徵明能兼備衆體。如細加分析：王世貞認爲其楷法精工，有「黃庭遺敎」筆意。行體蒼潤，可稱「玉版聖敎」。隸，可得「受禪」三昧，篆書則入李陽冰的堂奧。略感遺憾的是，他覺得倘能羅織到文氏的章草千字文，當是再完美不過。

意外地，王世貞得到了文徵明的「雲山」畫卷；又稱「米法雲山圖」。正德三年，文徵明年僅三十九歲，黃雲博士以素卷索畫。文徵明不但爲作雲山圖，並書當時新作二十三首之多。其中如「春日西齋對酒示陳淳」、「承大本過訪」、「與家兄徵靜夜話有感」……在文氏生命史上，均具有重大的紀念價値。

喜出望外的黃雲，在幅後題跋：「……又規模中岳外史畫法，作雲山，天機流動，得海岳庵圖遺意，其今之鄭虔三絕也。徵明所立卓爾，不為豪動俗迫，不待委頓蛛絲煤尾敗筐中，即有餅金懸購者，因書以示子孫，勿為餅金懸購者所得，後之覽者，其毋笑予之不達哉！」（前已引錄）

不過，此畫、詩合卷，王世貞係得之於六十餘年後的隆慶年間，黃雲之跋，使他有無限感慨：

「……應龍絕寶愛之，戒其後人勿為餅金懸購者所得，去六十年，而其諸孫強以留余，得厚直而去。余聊以寓目而已，平泉莊草木，不能畢文饒身；且人失弓人得之，吾又安能預為子孫作券耶！」（註八）

文徵明八十四歲那年的一卷蘭石，雖然未為王世貞所珍藏，但卻清楚地印在他的心裡。

那日，他持一幅文徵明的畫卷，往停雲館索題。花香鳥語中，文徵明坐於西齋一隅，埋首作書。當他停筆寒暄之際，王世貞見他蘭石墨色秀潤，朗朗射人眉睫。後寫古體詩數首，清拔可喜，恐怕也是生平得意之作。豫章體的書法，尤為蒼老可愛，所謂詩、書、畫三絕，誠非虛語。多年之後，蘭石卷固不知落入何人之手，但只若他打開那日求題的畫卷，看著那如新的墨色，眼前不自覺地浮出蘭石詩、畫卷，和文徵明伏案作書的神態。

避寇吳城期間，文徵明贈書和贈詩中，用古朝鮮繭紙所書的小楷十四首近體詩，甚受王世貞愛賞；「早朝」詩也在十四首之中。他形容文氏眞書：「結構秀密，神釆奕奕動人」。王世貞將此書與文徵明八十八歲所書小楷「古詩十九首」合冊裝璜，兩相映照，尤覺可貴，他評析：「極有小法，其妙處，幾與枚叔語爭衡。」（註九）

另有三首詩，爲王世貞以金花古局箋索得的行書，書極蒼老秀潤，結體不疏，玩味詩格，濃婉不下於溫飛卿。但，他認爲「明妃曲」，學究氣未免重些，恐爲歐陽永叔觀點所誤：

「…以此，知宋人害殊不淺也。」（註十）王氏在跋中評。

秋天，亂局暫平，王氏裝束北上京師，文徵明復以扇面送行。世貞以文扇山水、夏木、寒林、清泉、白石等二十幅合裝一卷，送行扇居首，八十四歲高齡猶能以蠅頭小楷作七言詩，殊覺不易。

其中一扇，澹墨拳石中，隱見一隻貍貓，感覺中有若醉於薄荷，但看來威勢自足；人們常以肆市贋筆批評文畫，王世貞以爲未免有失公平：

「…信乎公胸中多伎倆也；世人往往見贋筆不免有蛭螃之撼，因拈出之。」（註十一）

文徵明暮年，限於精神體力，參與士林雅集日減，書畫眞品，更難得一睹，許多久聞其名的吳下後生，幾乎以爲他是異代之人。在風聲鶴唳，人心惶惶的嘉靖三十二年由春至秋的數月間，王世貞有此收獲，船載以去，當不知羨煞多少收藏鑑賞家和藝壇後進。

△　　△　　△　　△

「四壁鳴蛩露下餘，片雲收雨酒醒初，風撩墜葉秋聲早，月印空庭夜色虛。衰病不禁

時敍改，蕭閒自與世情疏，若為白首安眠地，時有驚塵報羽書。」—秋夜（註十二）

入秋之後，雖然烽火逐漸沉寂，避難人潮也日形減退，但感覺中，仍舊擾攘不安。浙江、金山衛、常熟等地，盜警時傳之外，戰時所募的地方武勇，集聚不散，隱然成為另外一種災難；所以有識之士，依然憂心忡忡，感慨系之。

這些市井惡少嘯聚成的團體，自稱雄傑，十百人不等，號為「打行」，不僅抽糧要餉，並有囮詐剽劫、武斷坊曲一類情事。其為患比之狂風驟雨、來去飄忽的倭寇海盜，同樣令人扼腕。

到了九、十月，文徵明始稍出遊治。九日，遊城東南隅定慧寺巷的雙塔院，次陶淵明「己酉九日」韻，為五古一首；頗有自明其志的意味。次日出城遊治平寺，殘葉迎風，禽鳥交鳴，回視石湖東岸，群峰高聳於晴空之中，多時煩慮盡消，乃再疊陶淵明「己酉九日」韻，賦詩一首：

「……但欣雙目明，寧辭一身勞，物理會有窮，何以心煩焦。世情共擾擾，吾樂方陶陶。達人悟遷化，千載猶一朝。」（註十三）

趁著秋涼，更棹舟前往華亭，歸途沽酒於唐行市，維舟磧碶村中，放眼竹籬茅舍中的燈火人家，想著九峰外的吳門，飲酒賦詩，以消漫漫長夜。

仲冬之際，文徵明冒雪前往長興南坦，以踐前約，祝劉麟八十壽誕。

文徵明賀禮，是幅精心繪製的「神樓圖」，可與十年前所贈「樓居圖」相映成趣。看來築樓而居，將永遠是劉麟心靈的空中樓閣，圖畫之外，只好求之於夢寐。

「僊人謾說愛樓居，咫尺丹青足卷舒，坐守黃庭幽闃逈，讀殘真誥夜窗虛。游心物外疑無地，寄跡空中樂有餘，一笑闌干不成倚，浮雲奄忽意何如！」（註十四）

文徵明在祝嘏七律中，描述劉麟心靈生活的深邃與豐富。立即引起劉麟的共鳴，爲詩次韻。

劉氏揚州友人朱子价（射陂），書所作「神樓曲」於幅後：

「神樓一何峻，神樓峻而安。胡不京洛遊，畏彼峽路間，峽輅誠崎嶇，險於太行山，□歌以言志，神樓峻而安。」（仝註十四）

「安期昔製神樓散，射陂今作神樓曲，神樓主人南坦翁，欲往從之限空谷…」（仝註十四）

因嘉靖大禮之議，哭門被放雲南永昌衛的楊愼（升菴），對神樓曲中的「峽路誠崎嶇，險於太行山」，感受至深且鉅，也賦以七古長詩，表現劉氏崇高的精神境界。一時之間，神樓主人、神樓圖、神樓詩、曲之聲，遍傳江南各地。

註一、〔明詩紀事〕册四頁一〇二七。

二、〔甫田集〕頁三三九。

三、〔美術叢刊〕册二頁二七〇「四友齋畫論」。

四、〔甫田集〕頁三三五。

五、〔穰梨館過眼錄〕册二頁六九九。

六、〔甫田集〕頁三三七。

七、〔弇州山人四部稿〕總頁六一一一。

八、〔文人畫粹編〕册四圖五二及頁一六七「釋文」、〔弇州山人四部稿〕總頁六三六三。

九、兩段評語均見〔弇州山人四部稿〕總頁六〇九一。

十、〔弇州山人四部稿〕總頁六一〇九。

十一、〔弇州山人四部稿〕總頁六三六七。

十二、〔甫田集〕頁三三八。

十三、〔甫田集〕頁三三八。

十四、〔明詩紀事〕册四頁一〇二七。

第九十六章　輞川圖

陸師道題文彭所藏趙孟堅（子固）的「墨蘭圖」卷，爲嘉靖三十二年八月六日，文徵明則跋於同年臘月。那次師道造訪停雲館時，五十六歲的文彭病目已久，連作小字都感覺困難，岑寂中好友相聚，披圖玩賞，也許是最好的調劑。

多年來受文徵明的薰陶，陸師道不僅畫藝大進，對繪畫理論也時刻思索揣摩。平日的澄懷觀照，對景寫生，和書畫同源，以書筆入畫，是兩項重要的心得；從趙孟堅的墨蘭中，更能使他得到進一步的印證。

如果把他前一年初夏所作的山水畫及題跋，和他這一年仲秋在趙氏墨蘭圖卷的題跋加以比較，可以看出文徵明對門生的啓發方式，以及陸氏探索畫理的心路歷程。

嘉靖三十一年四月，梅雨初霽，窗外鳥雀婉轉鳴唱，白雲飄浮而過。陸師道心中忽然若有所悟，濡墨揮毫，迅快地完成了一幅山水畫。畫完懸壁自視，丹崖、青嶂、松林茅舍，一人凭几觀書，神情悠然自得。陸師道覺得不經意間所寫的景物，彷彿自然天成，像在那裡見過，卻又很難指出是何方的勝景。經過仔細的追憶思索之後，他逐漸意會到筆下所流露的並非某一特定景物；而是平時游山玩水，澄心觀照的結果，是主客觀的自然融合。唯心曠神怡、靈思泉湧之際，妙手偶得，一氣呵成。他在畫後，寫下那思索已久的意念：

「游山之最佳處，輒自欣喜盤桓而不能去。領略幽致，有得於心，心形諸楮墨，恍對名山水；此古人之善作粉本，不假旁求……」（註一）

然而，他以爲對景寫照，並非摹寫生糙的自然，必須深入領會，始成爲創作的基礎：

「……然非眞會其理，則常心有餘而力恆不足。余嘗默體斯意，故每游目騁懷，皆手畫心維，不肯絲毫放過。以靜氣觀相，如在目前，此境之妙，非道中三折肱不及也。」（仝前註）

陸師道眼中的趙孟堅坡草幽蘭，正如他前所領悟的，從澄懷靜觀中寫生而來，形神俱全，花葉勁翠。細看那種沁人肌骨、幽香浮動的神韻，則又全是以筆尖書寫而出。

忽然，他聯想到在文徵明齋中觀賞文同、趙孟頫所畫竹，及溫日觀所畫葡萄往事。文徵明在展開的畫卷上爲他仔細地分析筆法：何者近於篆籀，何者爲行草。此刻將趙孟堅題詩和畫蘭的筆法兩相對照，使他益發覺得文徵明的析論，深入書畫的神髓，二者行筆、破墨，如出一轍；因此，書畫同源的信念，愈加堅定。文氏父子平日的一些重要作品，乃至於運筆、用墨的方法，也一一在師道眼前浮現，鮮活靈妙的墨色、連綿勁拔的筆緻，如蘭草、蛟虬、翔龍般的理路與形象，使他目不暇給。繼而回味某些以寫實爲能事的畫作，如崔白、趙昌者流，便覺如「以春蚓之筆，作風中之柳」；缺少那種含蓄和蘊藉，難爲達人鑑賞。在趙孟堅墨蘭的題跋中，陸師道更表現出對文徵明父子由衷的傾慕：

「……先生父子書，名冠一代，豈非山谷所謂以書法作畫耶！」（註二）

文徵明面對愛子的珍藏，緬懷宋王孫趙孟堅高風雅緻；不但畫蘭名噪一時。其性情和藝術的成就，更被推重爲米南宮第二。南宋的淪喪，使趙氏人與畫，蒙上一抹淒涼而神秘的色彩。前人之詩，陸師道之跋，文徵明看了又看，口吟七絕一首，錄於幅後：

「高風無復趙彝齋，楚畹湘江爛漫開，千古江南芳草怨，王孫一去不歸來。」（同註二）

△　△　△　△

嘉靖三十三年元旦，蘇州天氣異常晴和，爆竹聲中，擴散在人們心中的戰爭陰霾，似乎也一掃而空。一夜未眠的文徵明，整理完年來的詩作，親自到園中折取梅花，插入瓶中，和孫曾們所擺設的辛盤輝映成一片年的喜悅。運河邊的柳絲，已經看得出幾許新綠，在鳥雀的穿梭追逐中，呈現出盎然春意。文徵明攬鏡自照，想找出些歲月刻畫下來的新痕。

「……暮齒不嫌來日短，霜髭較似去年多……」（註三）就這樣，寫下了新年的第一首詩，彷彿預示著未來一年的幸福和平靜。鏡中鬢髮雖然日益稀疏，但檢點去年的詩囊，卻較已往數年豐盈，書畫創作，終年未曾中輟；趁著身體硬朗，他希望這是更豐饒的一年。

賀歲人潮逐漸稀少下來，文徵明抽身前往竹堂寺，尋求半日的清閒。這座地處東城的古寺，每到春天，冷香一片，彷彿置身在西山香雪海中。近三十年前，當他羈身金臺，病中懷念的無過於此寺。他曾與湯珍、唐伯虎等相約寺內，詩酒流連；藤掩苔封的壁間，不知能否找到他們留下的詩草？他記得京中所賦「竹堂寺寄無盡」七律的尾句：

「……憑仗山僧懸木榻，長安倦客且歸來。」（註四）

歸來轉眼快三十年了！三十年的變化多大，也不知道還能幾度來遊。他在一堵斑駁的粉壁上題：

「乘閒上日到僧家，慚愧空門有歲華，滿地碧煙新草色，一痕春意早梅花。」—竹堂（註五）

正月五日，他忽然想起張獻翼兄弟。文徵明玩味去年「除夕」那首七律，覺得「舊事悲歡燈影裡，春風消息酒杯前」（註六），頗有意趣，乃錄寄張氏兄弟索和。其後，此詩爲張獻翼收於〈文衡山詩帖尺牘〉中付刻，成爲永久性的紀念。

人日王庭東園小集，也成了文徵明少不了的新春活動，隨即進入他寫字作畫的常軌。「龍池疊翠圖」，是游西山，經龍池的紀游之作。畫長三尺三寸的「一枝竹卷」，爲仲春玉蘭堂中遣閒之作。引首以宋紙自書「愛竹」二字，與「愛菊」、「愛蓮」媲美輝映。次子文嘉首跋五律一首：

「幽人寡嗜好，愛此青琅玕，月出隨夜影，煙凝生晝寒。有時閒自撫，盡日倚闌看，怪得無塵到，清陰復籜冠。」（註七）

後之論者以爲梅花菴主後，當以夏太常（名昶字仲昭）爲畫竹之正統。繼太常之後者，則非文徵明莫屬；故跋其「一枝竹」卷曰：

「世俗相傳，仲昭一枝竹，西番十定金；此豈不值十定金耶！」（同註七）

「桃源問津圖」（註八），畫于三月之既望；這幅頗受趙千里、趙希遠影響的設色山水人物，頗有文氏的獨特面貌。展卷披閱，淡然蕭遠之致，照人眼目。

而其所臨「王右丞輞川圖長卷」，無疑地是文徵明在這溫和靜寧的季節中，一項最耗時費神的鉅製。

△　△　△　△

從陝西藍田縣城，南行八里之遙，突然山勢陡峭，水流湍急。這夾峙著的兩山，稱作南「嶢山」；出口川流，就是名著千古的「輞川」。輞川北流，進入「灞橋傷別」的灞河。由峽口南行，只有窄窄的石路；隨山鑿石而成，艱險異常，前後共約五里。過此之後，一片平坦盆地，川流縱橫，有如車輞環輳，「輞川」因此得名。雞犬之聲相聞，村落相望，田野間耕作的農民，不但弄不清朝代，有的更終生不出嶢山口；因此，稱之武陵源，並不為過。在山巒掩映中，繞路南行十三里左右，便是唐代詩畫大師王維（摩詰）別業的遺址。

王維母親篤信佛教，性愛山林，於是買下武后時代才子宋好問的故宅，依照自然山水林泉，闢成「孟城坳」、「華子崗」、「文杏館」、「南垞」等二十景。公務之暇，王維奉母、禮佛、嘯詠、作畫。好友裴迪，經常浮舟往來，彈琴賦詩，類如野鶴閒雲。他們所唱和的輞川勝景五絕句二十首，更是膾炙人口，傳誦海內。

天寶九年左右，王維喪母，服除後不數年，安史亂起。王維未得扈從明皇西幸，復被安祿山脅迫，囚於長安菩提寺，授以偽職，因此獲罪朝廷。

「**萬戶傷心生野煙，百官何日再朝天？秋槐落葉空宮裡，凝碧池頭奏管絃。**」中興之後，王維幽囚菩提寺中的「凝碧」詩，傳抵肅宗行在時，不但獲得唐肅宗的諒解和嘉許，更由於其弟王縉上疏，請削己官以贖兄罪，使他得到赦免並授太子中允之職。

不過，經過這番風浪之後的王維，對於仕進，似乎已經看得很淡。為了紀念亡母，他上表朝廷，把心愛的輞川別業，施捨為寺，後來的「清源寺」，由此誕生。勉強為官，一心向佛的王維，回首輞川二十景，以及與裴迪詩酒唱和的往事，眞如過眼雲煙。據說，他藉著詩意及深烙在心中的影像，繪成「輞川圖卷」。

「輞川圖卷」原本，傳聞散落江南；臨本甚多，最著名的莫過於北宋郭忠恕本。有的就郭本再臨，有的將郭本刻石；無非想從郭忠恕臨本中體會王維輞川圖的面貌。仇英在世，亦曾再臨一過，後為弇州山人王世貞所藏。

傳聞中的王維輞川圖，分高矮兩本，而高本勝於矮本。原因是卷矮則畫中邱壑為絹幅所限，顯得山不夠高聳，景物延緩；王維思索再三，乃復為高本，使山勢峻峨，臺館宏偉。

嘉靖八年前後，新安人古中靜，攜矮本輞川圖來到吳門。蘇州徐默菴看了愛不忍釋，但出價六百有奇，古中靜卻不肯割愛。直到嘉靖九年，文徵明為徐氏托人斡旋的結果，徐氏願以千金為壽，此圖始歸徐氏收藏。

嘉靖十三年五月，文徵明曾借臨一過；臨卷後歸項元汴珍藏，列為「神品」。清代金石學家孫星衍認為，比之他所見到的王維輞川圖，筆力單弱，遜於文徵明臨本甚多；推測文氏所臨可能為眞本，而孫氏所見者，當屬贋本無疑。他也在文徵明臨王維輞川圖後，感慨無限地表示：

「……唐畫何可得，亦如蘭亭原刻不及趙褚臨本之有神采也。嘉慶壬申歲嘉平月，孫星衍題。」（註九）

至於輞川圖高本，至三十三年，文徵明方始有緣一見，距見矮本，已有二十五年之久。

「王維輞川圖有二，此高本當爲第一；以其布置更勝也。宣和五年十二月御筆。」（註十）

「朝散無聊，檢出再觀一過，畢竟妙于矮本，是月廿有二日。宣和御筆題。」（同註十）

從宋徽宗題首和跋中，文徵明不僅證實輞川圖有高矮兩本之說，圖後瘦金體書輞川詩二十首，成書畫雙璧，更是無價之寶。

其後趙孟頫、黃公望、吳鎮、柯九思、王蒙等歷代名賢，題跋無數。太傅王鏊在世時，此卷藏於南京禮部尚書邵寶府中。

「二泉先生所藏高本輞川已久，一日過其寓舍，余欲求觀甚堅，先生不能自己，遂爲出示，乃知摩詰一生精脈盡萃於此……」（同註十）從王鏊跋中可知藏者寶愛之情，絕不輕示於人。此外，以邵寶與王鏊收藏之富，鑒賞之精，斷爲王維不世之作，文徵明愈覺機緣難再。除輞川圖外，連王維和裴迪所唱和的二十首輞川詩，一並臨寫下來。（註十一）

不過，對於他所欣賞臨寫過的高本輞川圖，二百餘年後，收藏古代書畫不遺餘力的乾隆皇帝，卻提出了不同的觀點。他把該卷題籤爲「宋人臨輞川圖」，僅將之列爲「能品」；至於原本係何人所爲，乾隆認爲不一定眞正出自王維之手。

該卷爲〈宣和畫譜〉所未載，但熟稔瘦金體書的乾隆皇帝，並不疑及宋徽宗題跋和所錄輞川詩的眞實性。他推測，可能係〈宣和畫譜〉成書之後，輞川圖卷才進入內府。至於是否爲王維眞蹟，恐怕能畫善鑒的徽宗趙佶，也爲所蒙蔽；他斷定，此畫係北宋高手所臨。

卷後歷代題跋，雖多名家，乾隆認爲有的是耳食之輩，未加深辨，盲信傳言；有的字體不類那些名家，或所題文句「自檜無譏」，難以認定出自其人之手。他在輞川圖卷引首寫：

「……蓋右丞止有清源寺壁畫，好事者因倣其大意，改爲橫卷；或在同時，或在宋代，皆不可知。後世所有輞川圖，謂之臨摹則可，若云高本出自維手，余斷以爲不然……」（同註十）

乾隆進一步剖析：

「……夫輞川圖王維之別業，亦猶蘭亭爲王羲之修禊處；今云『王羲之蘭亭圖』固可，而必非（疑，必、非二字顛倒）羲之所畫也。余謂王維輞川圖，亦如是而已矣……」（同註十）

△　△　△　△

嘉靖三十三年四月中旬，有些早熟的楊家菓已經開始上市，石湖岸柳間，傳出陣陣的蟬鳴。彭年、陸師道和幾位經常往來衡門的好友，放舟石湖。

吳中山水，可游者不計其數。小而近者如虎邱，每到良辰令序，軒冕綺羅畢聚，擁擠吵雜，令人難耐。大而遠者如洞庭，波濤萬頃，浩淼無際，只有喜歡探異尋奇者，才甘冒風濤之險，置身茫茫巨浸之間。在彭年心目中，石湖開闊、安全，兼具大小景之勝，與虎邱洞庭之美。所以士大夫喜歡清雅者，往往好作石湖之游。

南望吳山，峰巒起伏。北面的越來溪口和行春橋畔的范公祠一帶，波平如鏡。漁舟三五成群，一片昇平寧靜的氣象。比起去年此時，海盜和倭寇四處竄擾，太倉、柘林及松江難民，絡繹於途，閶門外的碼頭爲之擁塞，眞是不可同日而語。

羽書所傳，開正前後，官軍便圍倭寇於常熟西北五十里左右的南沙；唯始終未克。令人憂心忡忡的，是巡撫王忬，自三十三年暮春，便奉朝命以右副都御史巡撫大同，以徐州兵備副使李天寵代浙江巡撫之職。

「錦繡山川，夔龍人物，香山洛社，何以加諸；盛極必衰，恐難常也。」（註十二）看著優美的湖光山色，和無非一時之選的同游好友，陸師道心有所感地向彭年說。

那知不過十餘天，從南沙潰圍而出的寇盜，便開始四處掠劫。數萬鄉民見大難來臨，繞著已經關閉的蘇州城，號哭不止。因去年戰功被擢爲按察僉事，奉命整飭蘇松二府兵備的任環，冒著倭寇乘機突入的風險，打開城門，盡納避寇的鄉民。

任環（應乾），山西長治人，嘉靖二十三年進士，歷遷蘇州府同知。兵興後，知府林懋舉不知兵事，因此一切防禦及圍剿之事，完全依重任環。

前一年夏天的太倉之役，馳往赴援的任環，與賊短兵相接，身被三創，幾瀕於死。幸他平日與士兵同寢食，所得賞賜，悉分贈軍士；危急之時，庖人（一說宰夫）徐佩提刀捍禦，以身迎向敵刃，任環方始得脫。

未久之後，任環即裏創出海擊賊，在驚濤怒浪中，操舟者莫不失色，任環則意氣彌厲，終得大勝，斬俘百餘。而後之陰沙、寶山、南沙等戰，所至皆捷。升任按察僉事的任環，在蘇州人眼中，無疑已成爲江南的屏障。

註一、〔石渠寶笈〕三編册四頁一九七四。
二、〔大觀錄〕册三頁一七八七。
三、〔甫田集〕頁三四三「元日試筆」。
四、〔甫田集〕頁二七二。
五、〔甫田集〕頁三四三。
六、〔甫田集〕頁三四〇。
七、〔吳越所見書畫錄〕卷三頁四六。
八、〔石渠寶笈〕續編册二頁一〇四六。
九、〔文人畫粹編〕册一圖二四—二六、頁一七一「釋文」。
十、〔文人畫粹編〕册一圖四五、四六、頁一七三「釋文」。
十一、〔壯陶閣書畫錄〕册三頁六一四。
十二、〔式古堂書畫彙考〕册二頁四四八「彭孔嘉畫石湖記卷」。

第九十七章 櫟全

蘇州城最先遭到劫難的，是東面婁、葑二門外城的百姓，倭寇、海盜飽掠了五晝夜，才揚長而去。所幸防守得宜，內城無恙，否則人文薈萃，江南財富集中之地，一旦被破，賊勢熾張，將不堪設想。

六月四日，群寇再至，金閶門外萬餘戶人家，被焚戮一空，屋宇皆毀，運河碼頭富庶繁華之地，成爲一片廢墟。其後，副將解明道擊退賊衆，使之從太湖撤往浙江，由於去得倉惶，沿途反倒草木無犯。論前後守城破賊之功，進任環爲右參政。未幾賊掠常熟、陸涇壩、吳江、鶯脰湖等地，任環先後出擊。他與常熟知縣王鈇、總兵官俞大猷良好的配合下，一再焚舟敗賊；蘇州人感念之餘，甚至有人倡議爲其建立生祠。

不過歷經東西三門的戰亂之後，蘇州城雖然重新開放，但羽書星傳，干戈於途，軍門晏開；由夏至秋，依舊人心惶惶。

六月三日，寇焚金閶門外民居的前夕，文徵明三子文臺之婦，因病亡故，使八十五歲老人的情緒，陷於極度的惡劣。

上文曾提及，由於資料所限，文臺生卒年月，難以考據。文嘉「先君行略」中，僅謂「子男三人，女二人」，未列三子之名。王世貞「文先生傳」，則謂「丈夫子三人：彭爲國子博士，嘉爲和州學正，臺先卒，諸孫曾中多賢者。」是「文臺」之名，首見於〔甫田集〕卷首。〔中國美術家人名辭典〕載「文臺，字允承，號祝峰，長洲人，徵明第三子，慷慨豪俠，有國士風。山水、人物師李公麟。」其後註明，資料出於〔文氏族譜〕及〔明畫錄〕；但，查〔明畫錄〕，則不見「文臺」條。〔秘殿珠林〕續編頁一四八，錄文臺繪「香象皈依圖」，袁尊尼寫經，其中並無題跋和年款。（註一）

嘉靖五年八月七日，文伯仁畫「楊季靜小像」，書贊於後。祝枝山、唐伯虎、都穆、文彭、文嘉……題者極多，無不贊頌楊季靜琴藝與境界之高，古貌、古服，品格不群；文臺曾題四絕句一首：

「洵美誰子，高冠古服，流水在手。飛鴻送目。文臺雲承。」（註二）詩後未落年款。引首隸書「琴士楊季靜小像」，爲文徵明所書，款署「嘉靖庚寅穀雨日」。推測文臺與文彭等，可能題于嘉靖五六年間，畫成未久。文徵明嘉靖六年東旋，枝山、伯虎、文森皆已物故，待生活與情緒平伏之後，楊季靜始出卷求書引首。

依〔文徵明年表〕，嘉靖二十三年三月望日，文徵明與朱朗、周天球、彭年及子彭、臺至宜興，游史際玉陽洞天；惜表中未註資料出處。而王世貞〔弇州山人續集〕總頁七四六七，跋「國朝名賢遺墨」第三卷則曰：

「翰林院待詔長洲文先生與王中丞履約書甚詳；待詔生平無此苦，蓋喪其第三郎君時也。」

文台　香象皈依圖

按，履約王守卒於嘉靖二十九年，因此，只能概略測知文臺卒於嘉靖二十三至二十九年之間。

三十一年十月廿九日，文徵明子婿王曰都亡故，彭年爲撰行狀，陸師道撰墓志銘。數年來，表面看文徵明身體健朗，詩、書、畫創作不輟，但屢遭白髮人送黑髮人的鉅變，加以兵荒馬亂，寇氛不已，其心緒之零亂和惡劣，俱見于甲寅「除夕」及「乙卯元旦」二詩之中：

「坐戀殘燈思黯然，回看殘曆已無緣，萬千舊事空雙鬢，八十明朝又六年。笑飲屠蘇甘落後，老嗟筋力不如前，烽煙不隔春風信，次第梅花到酒邊。」—除夕（註三）

「滄溟日日羽書傳，華髮蕭蕭節敘遷，時不可追空逝水，老今如此況烽煙。漫拋舊曆開新曆，卻到衰年憶少年，潦倒不妨詩筆在，曉窗和墨寫新篇。」—乙卯元旦（全註三）

△　△　△　△

嘉靖三十三年臘月十六日，彭年、周天球、袁尊尼、張鳳翼、陸師道等，因事來到石湖，宿於楞伽僧舍。自初夏四月游湖之後，接著便是烽火連連的恐怖歲月；這是亂後首次游湖，放眼湖山，心中都有無限的感慨。不久，有來自崑山的張丈，來自無錫的華雲等不期而遇，於是開戶呼酒，數巡之後，就宿僧舍。

第二天，一行人自行春橋往謁范公祠，賞觀音巖勝景，再經茶磨山，抵治平寺等地。過吳山西麓之後，景物豁然開朗，南望太湖，涳濛飄渺，雲濤煙嶠，隱約可見。沿途山徑，寒梅綻放，香風處處，不啻人間仙境。午餐由袁僔尼僕夫攜帶餐具酒果，在盧侍御園小飲。返回楞伽僧舍時，天已向晚，共登華雲大船，再作泛舟之宴。

杯觥交錯，賓主唱和之間，談到東吳之士，輕揚剽銳，勇冠荆楚，古之善於馭用者，可用以爭霸中國。而今不善運用，致受島夷之侮；說罷共相嘆息。

華雲認爲，半年多的邊烽晝警，至此稍微平息。而良朋群集，詞客滿座，在這山水奇絕之處，不僅得地之勝，人之勝、天之勝，可謂兼得並備，非但不能無酒，更不可無詩無文。

船上珍饈管絃、華燭高燒，仰視天邊，雲月微明，湖面漁火，彷彿群星閃爍。這時雖屬臘月中旬，但夜風不勁，感覺上並無隆冬寒意。諸人爲了盡興，更下船來到行春橋，席地而坐，重設杯盤，在湖浪的衝激聲中，高吟低哦。

「錦繡山川，夔龍人物，香山洛社，何以加諸；盛極必衰，恐難常也。」（前已引錄）

歡樂酣飲中，彭年忽然想到陸師道初夏游湖之語，眼前浮起金閶門外那片荒涼景象，不覺黯然神傷：

「時方多艱，後會難卜；恐他日之視今，又若今之視昨也。」（註四）

於是思前想後，接納華雲的雅言。燭光下以行草書作「冬遊石湖記」，倩陸師道作圖，將諸人佳篇，合爲一卷，冀垂永遠。

△ △ △ △

崑山張情、張意兄弟，不僅望重士林，在書畫收藏方面，也極爲豐富。張情，字約之，嘉靖十七年進士，歷官爲九江知府。當兵部調三峒兵以備倭寇之時，所過縱暴，民不堪其擾。張情爲了百姓安寧，準備豐盛酒食加以迎勞，使其感激歡喜而去，九江居民絲毫未受驚動。張氏聽訟不尙刻深，有些累世纏訟不清的案子，經他探其根株，立刻使民服訟解，由此可知他寬厚愛民的氣度。

崑山有南北二峰，南峰差小；張情少時，曾讀書於南峰之下，故以「少峰」自號。文徵明曾爲他作「少峰圖」；畫僅尺許，但景物幽深蓊鬱，張氏視爲至寶。張情爲此自撰「少峰記」及「少峰歌」，由其宗弟張奉隸書。人謂張情的記與歌，張奉的隸書，各得漢魏唐人之遺風。

張意，字餘峰，自少與兄同學；但他的才學顯然比乃兄爲高。張情中舉時，就有相者預言，意將先兄登第。結果，張意於嘉靖七、八年連中秋闈和春闈，早張情十年步入仕途。

性情高簡，少年驟貴的張意，在宦途上並不順利。任性自適，不設周防於人，所以人無分貴賤，多樂於相處。但是山東副使任內，由於對御史的簡慢及持理力爭，卻在短短十餘年間，便結束了他的宦海生涯。

山東部民中，有人告貸千金，無以爲償。遂買了一位艷妓爲妻，盛裝艷抹，在債主面前百般挑逗。告貸者則趁機表示，旣然久貸未還，願獻嬌妻以爲折劵。那知債主一念之差娶了艷姬，卻也惹下不測之禍。告貸者的訟詞是，債主強占民婦。依御史的論斷，債主強占人婦，應依法處死。副使張意則認爲此妓應坐以詭詐之術，陷人於罪。張意不但手批御史的公牘，並和御史相互上疏糾劾。結果兩敗俱傷，張意罷官，御史被黜。

廉潔的張意罷官後，幾乎無法自存，所幸其長子張梅，善治生產，經常以珍膳聲歌，安慰落魄而歸的父親。

張意好遊，爲官時常登黃鶴樓，飲酒賦詩；在山東則謁孔林，登泰嶽，觀東海之日出。歸來後，除扁舟五湖，徜徉吳下山川之外，嘉靖三十年，更泛西湖、過錢塘江，登子陵釣臺，游齊雲巖、黃山、九華等地。

山水之游，開闊了心胸，也使他進一步勘破了官場和人生。在崑山縣界的安亭江上，構屋三楹，名爲「櫟全軒」。

〔莊子〕內篇「人間世」：匠人石到達齊國的曲轅，見到一株又高又大的櫟社樹，卻不顧而去，弟子厭怪而問曰：

「自吾執斧斤以隨夫子，未嘗見材如此其美也。先生不肯視，行不輟，何邪？」

師傅的答覆是，那只是棵無用的散木，用來作船會沉，爲棺槨很快腐爛，爲器、爲門、爲柱，不是易毀便是易蠹；由於是不材之木，所以才能長久。

如果從櫟的角度看，像棗、梨、橘、柚之類，雖然成材，可是果子被摘，枝被折，榦被斧斤，成材適足以害己，極少能終其天年；何如作株社樹，假神以永保！

張意的「櫟全軒」，用意似乎也就在此。他告訴在安亭江彼岸讀書的舉人歸有光說：

「少登朝，著官資，視同時諸人頗爲凌躐，一旦見絀，意亦不自釋。回首當時事，今

十餘年矣。處靜以觀動，居逸以窺勞，而後知今之爲得也……」（註五）

他也談到古之英雄、才子，以才得禍者，不可勝數，使人不禁嘆息：

「……則莊生所謂不才終其天年，信達生之至論；而吾之所以有託焉者也。」（仝註五）

在相互嘆息聲中，屢試禮闈不第的歸有光，覺得「材」與「不材」，所指並非物性或人的本性，根本就是朝廷用人的態度和觀點：

「雖然，才與不才豈有常也？世所用梗梓豫章也，則梗梓豫章才，而櫟不才矣；世所用櫟也，則櫟才而梗梓豫章不才矣。君固清廟明堂之所取，而匠石之所睥睨也，而爲櫟社，君其有以自幸也夫？其亦可慨也夫！」（仝註五）

歸有光感慨之餘，爲撰「櫟全軒記」，記爲文彭所書，對年近耳順，尚無一官半職的文彭而言，張意的故事，歸有光的感嘆，彷彿是則寓言，或有啓發作用，以舒解其潦倒場屋的抑鬱。三十三年八月既望，文徵明爲作「櫟全軒圖卷」，成爲歸氏之文，文徵明父子畫和書的合璧。

△　△　△　△

「經時不得嶺南書，白首無由慰索居，北闕聲華應籍甚，西山爽氣定何如！殘編空復淹司馬，當路何人薦子虛，三十年前潞河夢，一回相念一躊躕。」—寄黃泰泉學士（註六）

岑寂中，文徵明想起罷居嶺南的黃佐（才伯、泰泉）。

「不才」、「散木」、「櫟全」……也許只是達者自我寬慰的話，但細數歷朝多少才智之士，繫獄、逐斥，乃至遭殺身之禍者，何可勝數，而難得以「櫟全」者。文徵明不但爲張意慶幸，也要爲幾乎因言賈禍的好友黃佐慶幸。

三十年前潞河阻冰南歸不得時，黃佐年僅三十七歲，算來現今已是六十五歲白髮老翁。在宦途中，黃佐除於廣西督學任內，因母病引疾乞休，不俟報竟自離職而去，一度勒令致仕，家居九年之外，堪稱平順。嘉靖五年罷官前，黃氏官拜少詹事兼侍讀學士。

罷官的原因是：一日他往謁大學士夏言，這時權傾當世的夏言正陶醉於和其連襟總督三邊侍郎曾銑所計議的收復河套、永靖邊關的計劃。此計不但朝議未覆，嘉靖皇帝懷疑，嚴嵩更盡一切所能藉題攻訐，想入夏言於罪；唯夏氏非但懵然未覺，並作「漁家傲」一闋，掀髯朗笑，囑客作和。

「千金不買陳平計」，是黃佐和詞中的警句，想藉漢高祖的典故，勸阻河套計劃，以免挑起邊釁，釀出無窮的後患。怎知夏言聞詞色變，暗中指示言官疏劾黃佐，罷官逐去。但黃佐去不數日，夏言則以嚴嵩構陷去職：並於嘉靖二十七年十月，被斬於市。

夏言才氣縱橫，人物俊朗，先以強直開敏結人主之知，浹歲之間，由兵科給事中而位至六卿、官居首輔。其後在政爭漩渦中屢起屢伏。終因意態驕滿，漸失帝意。至若收復河套之議，勝算固所難料，但以此而致殺身之禍，天下莫不以爲冤屈。

文徵明回憶漫長的潞河嚴冬，若非黃佐相伴，詩酒唱和，文徵明眞不知如何度過。在冰封雪凍，瑟縮無奈之際，黃佐以清新的筆調，寫蘇州景色：

「闔閭城下浩煙波，日日沙頭載酒過，垂楊繫艇不知數，一紙黃庭雙白鵝。」—潞河阻凍戲贈文衡山（註七）

一時使文徵明甘美辛酸，齊集心頭，頗有曹孟德望梅止渴的意趣；當即拈筆作和：

「春風次第水曾波，千里清淮一棹過，更恐南行勞應接，隋堤新柳似新鵝。」—某比以筆箚逋緩應酬為勞且聞有露章薦留者才伯貽詩見戲輒亦用韻解嘲（五首之四）（註八）

春天終於等盼到了，文黃二人南歸途中，經過山東汶上縣西南三十五里的南旺湖。湖畔綠柳黃鸝，景色不啻黃佐詩中的江南。這位嶺南才子，不由得高聲朗吟：

「南旺湖邊沙柳春，鵜黃凫藻相鮮新，棹歌歌遍江南曲，嫋嫋輕風吹白蘋。」—南歸途中（仝註七）

轉眼三十年過去，一個長隱嶺南，埋首故紙堆中，一個居於屢遭烽火的危城，何時相會，恐怕只能求之於夢寐。然而，在此朝政日非，也正是歸有光所謂「世所用櫟也，則櫟才而梗梓豫章不才矣」之世，均能悠遊山林，終老故園，不能不說是得「櫟全」之幸。

大出文徵明意外的是，致仕南京兵部尚書湛若水（元易、甘泉），以詩來約文徵明作衡山之遊。湛氏廣州增城縣人，宦轍所至，築書院講學，弟子無數。他的學說和王陽明互相同異，陽明以致良知為宗，若水以隨處體驗天理為宗。陽明批評若水之學是「求之於外」，若水指陽明格物之說，「不可信者有四」。又曰：

「陽明與吾言心不同，陽明所謂『心』，指方寸而言；吾之所謂『心』者，體萬物而不遺者也，故以吾之說為外。」（註九）

湛若水以九十高齡，欲由嶺南，游南京，過江西，抵湖南省的衡山。所過之處，勢將與門人學者，展開論辯。湛若水的豪情壯志，使文徵明異常欽佩。提到衡山，則使他想起謝時臣祝其八十誕辰的衡山圖，及兩位遠道來訪的堂弟。那時在想像中而未曾一見的故鄉，使他又嚮往、又慚愧。時常望著「衡山」的堂額出神，想著數百年前落籍南嶽的先祖。他覆詩給遠在羅浮山的湛若水：

「家世衡陽有釣臺，江湖流浪未能回，政懷桑梓千年計，忽枉封題萬里來。月滿羅浮勞我夢，雲埋嶽麓待公開，追攀見說襟懷壯，儻許春風杖履陪。」——湛甘泉兵書以詩招遊衡山奉答（註十）

△　△　△　△

文徵明的春、夏、秋、冬四景圖，分別仿黃公望、王蒙、趙孟頫、盛子昭四位古賢，款署：「嘉靖甲寅秋日，徵明。」其中冬景所題：

「就船買得魚偏美，踏雪歸來酒更佳。」（註十一）正是他駕舟出遊時的寫照；運河、古鎮，泊舟買魚沽酒後，在燈火掩映中，自斟自酌，獨自吟哦，以度過漫漫長夜。此作隨手拈來，妙趣橫生。四畫後爲檇李項元汴所珍藏，並有其子文嘉題跋於後。

十月既望，書九歌於玉磬山房，與仇英白描九歌圖，合爲雙璧。是夕初寒，難以就枕，乃命童子篝燈，以素牋本作行草前後「赤壁賦」；文徵明表示「聊以遣興，工拙不暇計也」。

在彭年、陸師道、張鳳翼等石湖夜宴後的第三天—臘月十九日，年已五十四歲的文嘉，初獲麟兒。對烽火連年，又遭子婿、子婦之喪的文徵明，不啻天降喜事，深爲愛子香火得傳，慶幸不已。此孫名元善，字子長，性孝好施，成人後，書畫直逼其父，娶妻是繼文徵明掌江左風雅的王穉登之女，也繼承了父祖的藝業。

註一、圖見〔故宮書畫圖錄〕卷八頁六七。
二、〔石渠寶笈〕三編册四頁一九三五。
三、〔甫田集〕頁三四五。
四、〔式古堂書畫彙考〕册二頁四四八「彭孔嘉書石湖記卷」。
五、〔式古堂書畫彙考〕册四頁四九〇「文太史少峰圖」及「衡山櫟全軒圖卷」。
六、〔甫田集〕頁三四四。
七、〔明詩紀事〕册五頁一二五六。
八、〔甫田集〕頁二九七。
九、〔明史〕册六頁三一一六「湛若水傳」。
十、〔甫田集〕頁三四四。
十一、〔石渠寶笈〕頁四三四「買魚沽酒圖」。

第九十八章　停雲館帖

往年人日，文徵明和門生多半齊集王廷東園，飲酒賦詩，在江梅的清芬中，聽早鶯的鳴囀。嘉靖三十四年人日，則偕彭年、陸治和二子，同聚張獻翼齋中。鄉試失利，潦倒場屋的陸治，不願長此以往，糜費官廩，連連上書林懋舉知府，自請罷廩生。從此長隱支硎之麓，求天下之奇樹異卉，蒔以為樂。處亂世之時，籍隸福建，南京戶科出身的林懋舉，雖不知兵，卻頗知人；一再在督學御史前推薦以治易和人品知名江左的陸治。御史下書慰勞，令知府免除陸治的諸生試，依然致餼如故。

這件事，使陸治益感不安，以此陸治不但少入市廛，索性連畫也少畫，以免惹來無謂的應酬。東園之會，他分到的是「未」字韻，少事沉吟，隨賦五律一首：

「文園試春筵，篠風展和氣，數蓂及芳辰，傳餐奏新味。虛幄倚崇臺，晴華動群卉，同襟愜方娛，閒情渺難既，引步歷叢林，繁華已開未？」——乙卯人日侍衡山文太史暨彭孔嘉壽承休承集張幼于齋中分韻得未字（註一）

前文屢次提及，仇英生平如謎，單就其生卒年代，學者便議論紛紛，莫衷一是。主要有卒於嘉靖三十一年、三十八年及四十年之說。其中又以卒於三十一年之說，較能為人接受。此說以彭年題仇英「職貢圖卷」為據；彭年不但與仇氏同時同邑，且往來衡門，熟識仇英，其言應該可信。

唯繪畫及各種著錄中，嘉靖三十一年以後的仇作，以及文仇合璧，所在多有。因此使研究者頗感困惑。某些有關明四家的年譜年表中，遇到是類書畫，不是摒除不錄，便是存以發其偽。

陸治曾孫陸敏所輯〔陸包山集〕附錄陸治交遊中，錄有仇英繪畫款識一則：

「嘉靖壬戌之秋作平夷圖古吳仇英實父」，下有「十洲」朱文印（註二）

「壬戌」為嘉靖四十一年；〔陸包山集〕附錄，雖僅寥寥數字，但無疑使原已衆說紛云的仇英卒年論辯，又平添了變數。

筆者所持的態度是，遇有嘉靖三十一年以後的「仇作」，或重要著錄中的「文仇合璧」，依舊加以敍述、引錄，以待更確鑿的仇英卒年證據之出現，以免流於武斷。

不過有些著錄中的「文仇合璧」，出現得過於密集，文徵明在作品中的題跋，既不類其平日的語調，且有的互相矛盾、類似，甚至雷同。因而，即使暫時不提仇英卒於嘉靖三十一年之前的「成見」，仍難以解開疑雲。

以三十四、五年間「文仇合璧」為例：

一、「仇實父大慈勝境圖」；畫中世尊坐在松蔭石上說法，諸天王侍立恭聽，須菩提則合掌跪于世尊之前。文徵明在其楷書「金剛般若波羅蜜經」後跋：

「嘉靖乙卯四月廿二日，余敬掃靜室，神明其慮，茲以高麗箋製絲，研將金汁，焚香書寶經，若對如來。浹旬而功事成；然髦衰目眵，而幸點畫不贋，稍愜鄙愿。敬援實父仇英肅繪大慈勝境，共成連幅，以紀同時弟子誠意。謹識，長洲文徵明，時年八十有六

〇」（註三）

「乙卯」，即嘉靖三十四年。

二、同年五月初一，文徵明寫金剛經。仇英畫著色如來像。文跋則與前錄相類似（見〔秘殿珠林〕頁九九）。

三、「仇十洲大士像」，款書「弟子吳門仇英摹趙松雪先生寫大士像于集慶堂」；文徵明書「妙法蓮花經觀世音菩薩普門品」經文。跋：

「嘉靖乙卯七月廿五日之吉，余特拜請餘姚王文成公家奉趙文敏公金汁繪大士書寶經。依法製絲，敬援實父摹像，得趙儼然。焚香靜室，神明其慮，研金汁，端肅對臨寶經。而幸點畫不贗，稍愜鄙愿……」（註四）

四、嘉靖三十五年四月朔，文寫金剛經。仇作著設色如來像。跋文則與「一」相近（見〔秘殿珠林〕頁九九）。

五、同年四月十五日，文書「普門品」經文。仇英繪泥金大士像。文跋類似「三」，但是「余特拜請餘姚王文成公家奉趙文敏公金汁繪大士書寶經……」卻改爲「余拜請崑山葉文莊公家奉趙文敏公金汁繪大士書寶經……」（註五）

六、同年同日，文書金剛經。仇作大慈境圖。

七、同年同日，文書金剛經。仇作大慈境圖。

值得注意的是，「六」、「七」所書經、跋、畫完全相同，唯幅度稍有差異，跋文則與「一」相近。此外，這兩畫著錄，同載於〔秘殿珠林〕三編頁八七。

前列七件「文仇合璧」之跋，有一個共同特色，即明白表示，文徵明寫經文在先，「援」仇實父繪圖於後；似乎有意強調寫經之時，仇英尚健在人間。

△　△　△　△

嘉靖三十四年春夏，雖然倭寇、海盜在江浙一帶到處流竄，烽煙不斷，文徵明依然書畫不輟。

二月十五日，燈下行書「琵琶行」，連寫十六頁，自認老眼眵昏，實在不夠精到，跋謂「觀者毋哂」。次日，又爲王穀祥行書「水仙花賦」，四年之後的新正，王穀祥爲玉田先生摹趙孟堅水仙卷，與乃師「水仙花賦」合裱一卷；唯是時文徵明謝世已近三載，不能相與析賞。

夏日，病中友人次河帶著旨酒佳肴，過訪停雲館。酒後，文徵明賦七律一首，也足見其蟄居的情調：

「病暑經時閉草堂，故人挈榼漫相將，高軒恰似清風至，雅誼還同夏日長。把酒臨軒疎雨潤，捲簾深院碧桐涼，晚來客散詩成處，一樹蟬聲對夕陽。」（註六）

在綠蔭滿地，陣陣蟬鳴聲中，文徵明體康日有起色。往往手拿著書卷，閱讀吟哦，時而進入迷離的夢境。窗明几淨的玉蘭堂中，不時吹進一陣涼風，使他遍體舒泰，文徵明欠伸著身子，親自往寶爐中加添沉香末。有時午覺醒來，便與閒客對奕，偶而傳來幾聲庭燕呢喃或隔林鳥語，恍如置身幽靜的山中；直到書僮捲起湘簾，才驚覺到日已西下，梧桐樹梢，透出一勾纖纖的新月。

面對端溪古硯，拈著新裝的斑管兔毫，文徵明詩思湧現，不知不覺間，寫了「閒興」六首；也是近年少有的現象：

「蒼苔綠樹野人家，手卷鑪薰意自嘉，莫道客來無供設，一杯陽羨雨前茶。」（六首之二）（註七）

文徵明這種寧謐而閒適的夏日生活，直到五月下旬常熟被破，知縣王鈇和居憂在籍的錢泮（嗚敎、雲江）雙雙戰歿，才把他自夏日之夢中驚醒。他寫了篇洋洋一千五百餘字的「江西布政使司左參政贈光祿寺卿錢公墓志銘」（註八），描寫錢泮各種愛民利民的政蹟，以及丁憂在鄉，並無守土權責的情況下，結合縣令，號召鄉團，禦寇殉國的壯烈。這也是自叔父文森、好友顧璘、袁袠逝後，少有的長篇墓志。

稍加分析海寇的組成份子，就會發現眞正飄洋過海的倭寇，人數極爲有限。其中有中國的水賊、海盜和沿海的無業遊民，也有欲歸無門，被裹脅來的閩浙民衆。

檢視近年奉派到東南巡察治寇的督撫和將領，並非沒有具遠見、膽識或驍勇的忠勤之士。但，治倭平寇不難，整肅勾結倭寇和海盜的豪門勢家，才是眞正的困難。豪門勢家不乏戚黨或家族爲宦京師，互通聲氣，對治倭大員將帥加以攻訐構陷；使其身罹重典者有之，悲憤自盡者亦有之。王忬治倭防海有功，表面上昇任右副都御史巡撫大同，實際上，也是沿海的豪門勢家作祟，自毀長城。

三十三年二月，王忬之後，以徐州兵備副使李天寵代浙江巡撫。五月，令南京兵部尙書張經總督浙江、福建及南畿軍務；而三十三年寇焚金閶門，蘇州城閉，鄉民繞城哀號，即在此青黃不接之際。

三十四年春天，正當張經調兵遣將，準備予海寇以迎頭痛擊的時候，和嚴嵩相表裡的工部侍郎趙文華卻奉旨南下祭海，以求國泰民安；對擾攘多年，民生凋蔽的沿海百姓，無異是則諷刺。趙文華爲了諂事嚴嵩，與嚴氏結爲父子，很快的便由通政使進爲工部侍郎。東南倭患日熾，兵部尚書聶豹無才同時應付南北邊患，趙文華趁機上「禦倭七事」，以博取帝王的信賴。而他的七事之首，便是遣官前往江陰、常熟，拜祭海神。嘉靖皇帝用嚴嵩建議，遣趙文華祭海，並負責督視東南軍事。趙氏南下之後，由於挾嚴嵩之勢，頤指大吏，公私財賂，塡塞於途，頗爲張經、李天寵等所輕視。趙氏不悅；也因此種下張經、李天寵得禍的根由。

張經發動總攻，是在嘉靖三十四年四月之交。先破賊於無錫縣西北，運河濱的石塘灣。繼而三路官軍會師於浙江嘉興縣北的王江涇。這是禦倭以來最大的兩次勝仗；但捷報尙未傳抵北京之前，趙文華劾張經的密疏，卻已呈至嘉靖皇帝的御案：

「經才足辦賊，特以閩人，避賊讎，故靡餉殃民，畏賊失機。又惑湯克寬言，欲俟倭飽颺以報功，宜亟治以紓東南大禍。」（註九）

其後，趙文華等又劾李天寵「嗜酒廢事」、「失機瀆職」，嚴嵩則左右其間，致於三十四年十月，張、李同日論斬，天下冤之。

就在前述王江涇大捷後不久，海寇援兵湧至，三十餘艘賊船，與盤踞南沙、浪港諸寇會合，猛犯蘇州陸涇壩，直抵蘇州東北角之婁門。又敗南京都督周于德兵，殺鎭撫蘇憲臣。然後，一股北掠滸墅，一股南掠南塘。常熟、江陰和無錫各地，隨即爲之震動。常熟知縣王鈇、江西左參政錢泮即死於這次的進犯。其後任環、俞大猷破之於陸涇壩、馬蹟山才暫解蘇州和常熟之危。所以年近古稀的畫師謝時臣，在所畫水墨「關山逆旅圖」上題：

「嘉靖三十四年乙卯夏，昔倭寇犯境，今就殲滅，余老人，復事筆研，爲寫關山逆旅，以消長日。」（註十）

錢泮，和文徵明亡友錢元抑，同爲武肅王錢鏐的後裔，登嘉靖十四年進士，出知侯官縣，歷官爲江西參政。丁父憂時，年逾耳順的錢泮與知縣王鈇極相友善。王鈇善於騎射，錢泮有兩個蒼頭，也是弓箭好手，因此王、錢二人時常憂國憂時，把酒談兵。想到倭寇屢次劫掠，出沒無常，錢泮對王鈇說：

「寇既得志，勢必復來；公有守土之責，而吾父母之邑，墳墓親戚所在，忍坐視耶？」（註十一）

於是商議練兵飭甲，整備戰守之具。剛剛佈置就緒，就有倭寇突然兵臨城下，兩人急忙登城，指揮捍禦，弓弩齊發。數年來倭寇所至之處，守城者多半緊閉城門，一弩不發，任令其在城外燒殺虐民，滿載而去；像這樣事先有充份的準備，臨敵則登城拒守，實所少見，所以連忙遁去，暫解常熟之危。

第二天，又有賊寇從吳門劫得關稅巨萬，奪民船裝載，將由虞山前的尙湖北上，直指讓港，企圖出海遠颺。

「此可邀而擊也！」錢泮告訴王鈇。於是率領民兵，揚旌出港截擊賊船，戰況慘烈，雙方各有死傷。忽而賊兵大至，衆寡懸殊，民兵一見情勢危急，紛紛作鳥獸散。王鈇陷身泥淖之中，瞋目大呼，腹部中刃而死。困於重圍的錢泮，雖已身中數槍，猶奮勇手刃三賊而死。事聞朝廷，詔贈光祿寺卿，諭祭、建祠，蔭一子爲錦衣百戶，世襲。

文徵明認爲錢泮的壯烈犧牲，實出於求仁得仁的素志：

「及茲死事，亦其素志敢爲，不欲苟且自恕耳；非直邂逅倖功爲也。嗚呼，烈哉！」（仝註十一）

墓志中，文徵明追述錢泮爲陝西按察副使的一段往事：時逢荒年，有些郡縣饑民，相率盜採官礦，耀兵嘯聚。巡撫據報之後，便欲發兵勦除，錢泮卻執意不從。他認爲那只是一些饑民，暫時藉以求活；如果派兵征勦，說不定眞會激成民變。

「麥熟則散矣；萬一猖獗，某執其咎！」（仝註十一）錢泮以身家性命，向巡撫保證。

於是錢泮檄所在群縣開倉賑民，佈告流民，隨地安集，不究既往。但倘若麥熟仍不歸農，即爲眞盜。流民見到這些措施，紛紛放下武器，事情隨即平息。類此，但求保民，不計個人前途和利害的措施，不勝枚舉。

夏秋之交，〔停雲館帖〕卷九「元名人書」上石。刻工之外，文府上下也是一番忙碌。

這部歷代名人書帖，文徵明和兩個兒子經營已近二十年，可惜鐫工章文，日漸沉溺賭博，賴吳鼒、溫恕等爲繼，否則進展當更爲順利。

文氏父子選帖精嚴，僞蹟、劣品獨少，較之他帖，不可同日而語。就鐫工而言，也神采清勁，世罕其匹。

〈停雲館帖〉，共分十二卷，依序爲「晉唐小字」、「唐摹晉帖」、「唐人眞蹟」則佔兩卷、「宋人書」三卷、「元名人書」兩卷、「明人書」三卷。這一年所刻即爲元名人書的第二卷，也就是總卷數第九。

對避寇吳門適逢其會的王世貞而言，元人書中，他最欣賞的是第八卷的趙孟頫書；他所留下的評語是：

「第八卷爲吳興趙文敏書行草尺牘若干首，遒媚清麗，妙有晉人風度。小楷常清經、千字文各一篇，精工之極，妙逼黃庭、洛神；唯凡骨未盡換耳。昔人謂之『儀鳳沖霄，祥雲捧日』；又云『上下五百年，縱橫一萬里，舉（疑漏世字）無其敵』；眞知言哉。」（註十二）

如果一切順利，明年第十卷的祝枝山書亦可上石。三十三年秋王世貞離蘇北上前，曾見過祝枝山于嘉靖四年九月爲文嘉所書的「古詩十九首」眞蹟。他認爲淸圓秀潤，風骨不凡，在王獻之之下，卻在李懷琳、孫過庭之上。

第十二卷，將以文徵明書壓軸。以前所刻各卷，爲了存眞，均由文彭、文嘉兄弟親自摹勒。兩兄弟當然希望全部〈停雲館帖〉，均能早日完工，了卻父親一件心願：但，最後一卷，直至嘉靖三十九年，文徵明逝世的次年，始得問世，也不能不說是美中不足。

初秋十日，文徵明完成倣吳鎭山水詩翰合册，潑墨濃潤，筆法蒼勁。沈周在日，對勝國四家，推崇備至，曾有倣梅道人吳鎭長卷遺世，論者以爲文徵明此册，雖說倣梅道人，實則是倣透過沈周所詮釋的吳鎭筆墨。沈、文師徒畫，世所貴者，爲「細沈粗文」；此册可謂「粗文」一格。

一個月後的八月初十，另一卷「粗文」風格的「溪山高逸圖」問世：絹本、墨畫，在溪山深曲之處，賓主坐談於茅屋之間。溪中扁舟，飄然而至。幅後行書杜甫「秋興」詩八首：

「聞道長安似奕棋，百年世事不勝悲，王侯第宅皆新主，文武衣冠異昔時。直北關山金鼓振，征西車馬羽書遲，魚龍寂寞秋江冷，故國平居有所思。」（八首之四）

放眼西北、東南的寇氛和朝政，古今境況何其相似；文徵明爲書至此，心中不覺黯然神傷。兩年來，蘇州城門往往一閉經月。朝中已爲嚴嵩、聶豹、趙文華之流把持，東南海疆則頻頻陣前換將。稍有作爲者，殺戮、撤換隨之而至。畫此畫，錄此詩，不知文徵明有意或是無意。

在這烽煙瀰漫的一年中，文徵明有幅高、寬均不及二尺的墨畫。畫中雖具年款，卻未署月日，從圖景和詩意判斷，應係深秋初冬之際。夾岸紅葉，林木蕭條，長河迴環，予人一種離別的惆悵。

人到高齡，作別好友時感慨特別深，總有一種後會難期的愁緒，縈繞胸中：

「五十年來賓主情，忍看執手別柴扃，秋風寂寞陳蕃榻，荒草依然茂叔庭。千里去來頭總白，一樽相對眼猶青，臨行為寫吳楓冷，何日高蹤再此經？」文徵明於詩後自

跋：「德孚弘治間處余西塾，自是往來，今五十年矣。將歸，出舊作相示，因次韻餞行。嘉靖乙卯，徵明。」（註十三）

註一、〔陸包山集〕頁一八〇，學生書局版。
二、〔陸包山集〕頁二六三「附錄」。
三、〔式古堂書畫彙考〕册四頁四六九、〔祕殿珠林〕頁九八。
四、〔式古堂書畫彙考〕册四頁四六九。
五、〔祕殿珠林〕頁九八。
六、〔甫田集〕頁三四五。
七、〔甫田集〕頁三四六。
八、〔甫田集〕頁八四一。
九、〔明代平倭史實〕頁一一一，王儀著，臺灣中華書局印行。
十、〔式古堂書畫彙考〕册三頁三二七。
十一、〔甫田集〕頁八四一。
十二、〔弇州山人稿〕總頁六一六二「文氏停雲館十帖跋」。
十三、〔壯陶閣書畫錄〕册三頁六三。

第九十九章　一塵無染鏡涵秋

爲孫子和曾孫寫字作畫，是文徵明老年的一大消遣，也是一種苦差。看著他們喜好文學書畫；有的稚氣中，帶著一股典雅，他暗慶家學得傳，詩禮之風將綿綿不絕；豈不正是父親以「宗儒」爲字的原意。當他們纏著他，乞索不休時，他又很希望得到安寧和休息。嘉靖三十四年深秋，他爲塾師錢尚仁（德孚）餞行，作「吳楓送別圖」前後，也正忙著爲四孫書小楷〈離騷〉和〈九歌〉。有時，字、畫完成，他又請文彭、文嘉，乃至周天球、王穀祥等爲之題跋。

門弟子和訪客，看他年近九十，但精神矍鑠，書畫不輟，都認爲他必能「五世同堂」，文徵明滿心期待，往往笑而未言。

「燈前歲酒笑相酬，鏡裡流光又一周，人世百年原有限，吾生萬事總無憂。餘窮不用焚車送，殘病都從爆竹休，去日已除來日在，春風檢曆又從頭。」——乙卯除夕（註一）

從這首送歲的詩意來看，即行邁入八七高齡的文徵明，將無憂無慮，心滿意足的樂享天年；但，似乎並不盡然。首先是身體難由自主，其次便是子孫功名，彷彿前定，無法勉強。

「殘病都從爆竹休」，只能說是一種自祝之辭，事實上到了嘉靖三十五年二月中旬，他仍舊受著疾病的折磨：

「嘉靖丙辰二月既望，余時病間，臂尚怯弱，且中書君亦不中書，字法殊不工，可笑。徵明時年八十有七矣。」（註二一）文徵明在所書韓愈撰「滕王閣記」中識。

徵明中年出仕，時間雖短，但在翰林苑中所參與的一些活動，所留下的詩篇，都認爲是一種榮寵和生命的重要里程，南旋後不時鈔錄，贈送親知。

「恭候大駕自南郊」、「駕幸文華殿日講」、「實錄成蒙恩賜襲衣銀幣」……這一年三月中旬病癒，他首先便以紅絲闌紙，鈔錄都中舊作十首。由此可見，文徵明雖然身老林泉，不作金臺之夢，但他也始終未能忘情那短暫的宦海生涯。

最能反映文徵明這種心態的，是他八十八歲所賦「丁巳元旦」詩：

「昔隨元宰賀正元，鹵簿分陳舜樂懸。萬炬列星仙仗外，千官鳴珮玉階前。履端同慶承天語（是日群臣致詞畢上宣旨云履端之慶與卿等同之），山壽齊呼祝聖年。潦倒今無朝省夢，絪縕空憶御鑪煙。」（註二二）

由此可見「潦倒今無朝省夢」，正是心夢未斷的緣故。他認爲祖父、父親、叔父兩代爲官，到他自己時無論官職大小，總算僥倖維持宦業與家聲於不墮；他對子孫的蹉跎功名也就格外地憂心。

直到嘉靖三十六年秋冬，長子文彭得授嘉興訓導，他才開展歡顏，賦詩相送：

「東望嘉和近百程，漫隨儒牒去親庭；蟬聯宦業承三世，辛苦傳家有一經。我老自憐衰鬢白，汝行不失舊氊青，還應別後鍾情處，飛夢時時秀水亭。」（二首之

二）（註四）

詩裡不難感受出文徵明送子赴任的矛盾心情，除了一般家務賴兒子和長孫操勞外，多年來在「停雲館帖」和平日書畫創作方面，也靠父子合作無間。一向依爲左右手的長子，離家雖僅百里之遙，心中仍舊有抹說不出的空虛和悵惘：「九十老人須在念，頻頻書札問興居」；在另一首送別詩中，文徵明殷殷相囑。

身體的健康、家業的綿延和子孫的功名之外，文徵明也爲頤養天年作了「玩古」和「臥遊」的準備：

端溪硯臺、篆刻、書畫碑帖和名著古籍之外，未聞文徵明像乃師沈周、琴師楊季靜或袁氏諸兄弟那樣，鐘鼎彝器羅列滿案。但是，從他嘉靖三十五年三月既望，在仇英「玩古圖」上所書自撰「玩古圖說」（註五），可以看出他對此道的眞知灼見，推測「玩古」亦可能是此老晚年的一種消遣。

〔景德傳燈錄〕中，文偃禪師把「骨董」泛指爲雜器物：

「若是一般掠虛漢，食人涎唾，記得一堆一擔骨董，到處逞驢脣馬嘴。」

宋吳自牧〔夢溪錄〕謂：「買賣七寶者，謂之骨董行。」

文徵明以爲萬物皆有骨，而「董」，含有「知道」和「憑藉」的雙重意義。譬如古鐘鼎彝的青綠，玉的血斑，繪畫的形色，就是藉著銅、玉，絹素紙張而存在。「骨董」兩字相連，是意味鑒賞者要具備眞知，才能辨明眞假及品第，了解維護保存的方法。如此看來，他所重視的是鑒別古物形制眞僞的知識、審美的眼光與享受。

骨董品類繁多，有金玉、書畫、石章、琴、劍、硯、鏡等四類十一品。以文徵明〈甫田集〉觀之，其題跋考據者，非帖即畫，不然則爲詩書古籍。對於人物的生平、作品的風格等第、流傳的過程，條分理析，源源本本；可見他不但早就以此爲寄托，而且淵博精到。

「吳中山水，殊為秀麗，暇日因所常遊者，各為之圖，時一展玩，聊遣少文之興耳；覽者勿謂老人尚多兒態。丙辰三月既望，徵明識。」（註六）

丙辰，爲嘉靖三十五年。

南朝宋人宗炳，字「少文」，暢遊荆巫、衡嶽，其後以老病還江陵，圖所遊勝景於素壁之上，曰：

「老病俱至，名山恐難遍覩，惟當澄懷觀道，臥以遊之。」又說：

「撫琴動操，欲令衆山皆響。」

文徵明生於吳，長於吳，致仕後更隱居終老於吳。像乃師沈周一樣，生平所寫吳地山水無計其數，但，此際所畫，實爲「老病俱至」，臥遊而作。

設色，絹本，畫計四幅，縱不過尺二，橫爲一尺六寸三分，眞正可以臥遊於枕上。

虎邱、石湖、天池、天平；四景皆爲常遊之地，有的年年往遊；他所最鍾愛的石湖楞伽，則開年以來，便已三度登臨。只是對九十老人而言，誰都無法確定下一次遊期。在每景分題的七律中，他對一草一木都有無限的依戀，都像是永久的叮嚀與告別：

「清陰夾道樹交加，三月江村處處花，野飯初燒燕來笋，山僧能供雨前茶。煙霏草色

清波遠，熳送鶯聲翠柳斜，白首不教辜勝賞，新年三度到楞伽（右石湖）。」（仝註六）

文徵明另一種少爲人知的消遣，則是賭棋。

嘉靖三十四年所賦「閒興」的六首之三，便對這種閒適的生活情趣，有所描繪：

「繞庭芳草燕差池，滿院清陰樹綠離，簾捲不知西日下，自持閒客了殘棋。」（註七）

三十五年十月二十二夜，文徵明與得意門生朱朗賭棋。雨窗外望，竹影搖曳，別是一種情調。棋罷，文氏剔燈楷書「後赤壁賦」，用以償負。

「惜乎退筆作字，強澀難甚，時年八十又七，徵明。」（註八）

徵明過世後，其子文嘉爲此册作跋：「先待詔存日即應酬不暇，曾未嘗苟率落筆，然亦甚苦之。至於遺情寄興，則多得之燕閒。此『後赤壁賦』，固其所以償負局者也，楷法遒勁，政人間不復易得者，識者珍之。」（仝註八）

這一則師生冬夜賭奕故事，既可以見出文徵明燕居的高懷雅致，亦可從跋中見出文氏父子相知之深。

△　△　△　△

宋箋本，行楷書的趙孟頫「文賦」卷後面，有陳淳的一則短跋：

「右松雪翁書文賦，精妙無容贅言，乃余家舊藏物也。別去二十餘年，無日不在夢想，今得於于舜凝香閣再見，恍若隔世事。于舜好古博雅，最所珍重，此卷其得所

矣，吾何憾焉！嘉靖壬寅冬暮，白陽山人陳道復。」（註九）

壬寅，嘉靖二十一年，兩年後的孟冬，陳淳即回歸道山。

對文徵明而言，趙孟頫乃其終生崇敬的書畫家，陳淳是他得意的弟子，面對「文賦」卷時，心中自有無限的感慨。

陳淳失去家藏舊卷，二十年間無日不夢，其心境不難體會。而他的一句「此卷其得所矣，吾何憾焉」，不失爲達者胸懷。文徵明不得面對這位才氣縱橫，有三世情誼的高弟，轉眼已十二三載，如今趙書「文賦」爲石川子所藏，文氏睹物懷人，情何以堪！

松江普照寺，是「文賦」作者陸機（士衡）的故宅，文徵明屢有松江之行，諒曾憑弔。前有洛陽令俞焯題「三王去後久無人，文賦書來筆法存，深得晉人波撇意，風流氣象見王孫」，文徵明有先得我心之感。由此使他聯想到趙孟頫一段論書的話：

「結字因時相傳，用筆千古不易；書法雖以用筆為上，而結字亦須用工。」（仝註九）

趙氏初學「孟法師碑」，晚學李北海，均有出藍之譽。從文賦結字用筆之精到，文徵明斷定爲趙孟頫中年得意筆。他的結論是：

「昔胡汲仲謂子昂書『上下三百年，縱橫一萬里，舉世無此書』，非過論也。嘉靖丙辰七月七日文徵明跋。」（仝註九）

距丙辰七夕一個半月之後，文賦卷傳至長興劉麟尚書的「神樓」之中。劉麟飽覽勝國前賢遺墨之外，對文徵明的跋文和字，也異常留意。

劉麟對趙孟頫書法的仰慕不下於文徵明，他說：

「書學自王右軍以降，乃有吳興趙承旨。研窮奧妙，數百年操觚之士，鮮克追步。」（仝註九）

不過他以爲趙孟頫的書學成就，並非如某些人所贊嘆的，純出於天才流露，未可學而能之。劉麟以趙氏向僧人淳鵬乞得「蘭亭帖」爲例：趙孟頫求得蘭亭帖後，舟載北上，且臨且跋，短短月餘，便得跋一十三篇，其用功之勤，可以想見。

他又舉「文賦」中描寫才士作文的艱辛過程，印證無論文學、墨翰的成就，都非倖致：

「其始也，皆收視反應，耽思傍訊，精騖八極，心遊萬仞。」

此外，劉麟更由文徵明跋中，引發他對「樓居圖」和「神樓圖」作者的無上景仰：

「衡山文翰詔，今之異人。騣騣九十，方瞳炯炯，上下鍾王米蔡，無乎不善。局中學者，必由承旨以求右軍，吾則由翰詔以求承旨，不亦可乎！」（仝註九）

這位高齡八三，悠遊於霅溪的老尚書劉麟，囑託「文賦」藏者石川子返吳後，先爲致意文徵明，不久他將北上，像趙孟頫向淳鵬和尚乞蘭亭那樣，乞書於文氏，使其能藉「金丹」以換凡骨。

三十五年的七月，東南倭亂局勢，依然撫剿未定，混沌不明，人心惶惑難安。文徵明雨中所作山水小幅，不由得使人聯想到某些象徵意味。

近景的平臺上面，古木、柴籬、孤獨的茅舍。一個紅衣人展書而讀，頗富「風簷展書讀，古道照顏色」的詩趣。中景爲坡石、板橋和急湍的溪流，有人張傘從板橋上疾行而歸，和讀書人成爲動與靜的強烈對比。平灘遠樹，則盡付一片朦朧之中，橋外彎彎曲曲的溪岸，對沖激的溪水，似乎有穩定和平衡作用，也別有一種寧謐的氣氛。通幅以水墨爲主，除讀書人衣著之外，只在沙灘、茅屋和樹幹上，染少許淺絳。文徵明自跋：

「**嘉靖丙辰秋七月既望雨中作，徵明時年八十有七。**」（註十）

在風雨中保持一份專注和寧靜，是讀書人的定力；但也未嘗不是一種無奈。

不過，到了這年中秋以後，太平終於等盼到眼前。

△　△　△　△

有關嘉靖三十五年中秋，文徵明書畫「赤壁賦」卷，筆者所見資料有三則：

一、周道振「文徵明年表」載，嘉靖三十五年「中秋日，倭患稍平，畫赤壁圖幷書賦。」

二、周道振（文徵明書畫簡表）頁一五五載：「作『赤壁書畫卷』，（嶽雪樓）著錄……末識『嘉靖丙辰中秋，倭平，書於停雲館中，徵明。』孔廣陶跋。」

三、江兆申（文徵明與蘇州畫壇）頁二六〇：「中秋，倭平，作書畫赤壁賦卷於停雲館中。倭寇自杭西掠，直犯南京，趨無錫、滸墅，歷時八十餘日，始爲官軍所殲。」

多少年來，倭寇和海盜倡亂，蘇州一帶兵連禍結。年近期頤的長者，好不容易盼到太平來臨，又時值佳節，爲書作畫，以誌內心的欣慰，不但合乎情理，也不失爲藝壇佳話。唯證諸史册，在倭患平息的時間上，似乎稍有出入，値得加以推敲。

前列三則記述中，一致載錄「中秋，倭平」的文氏畫跋；但實際倭平的時間爲三十五年八月二十五日：

據〈鹽邑志林〉、〈明代平倭史實〉所載，嘉靖三十四年五月，張經和李天寵爲趙文華、嚴嵩構陷，被逮入京。胡宗憲以僉都御史代李天寵爲浙江巡撫，後又擢爲兵部侍郎代總督。在他的策劃下，計誘盜首徐海、陳東等相互攻殺，然後再會合各路兵馬，一舉圍殲江浙一帶的倭寇和海盜。七月二十九日發兵，八月二十五日倭平。捷上，朝廷於是年九月，舉行告廟大典。從進兵、倭平至告廟，三者無一巧在中秋。

至於江兆申書中所附擾杭倭寇流竄及受殲過程，爲嘉靖三十四年之事。

綜據〈明史〉「曹邦輔傳」及「日本列傳」（註十一）：

嘉靖三十四年七月，倭寇六七十人，從杭州北新關向西剽掠淳安，突徽州歙縣……過涇縣、南陵，燒蕪湖南岸。

大約八月左右，奔太平府、犯江寧鎮、直侵南京……地方官吏，有的按兵不動，有的縱酒失機。不過，當賊衆由溧水，劫溧陽、宜興時，聞任環與俞大猷兵出，一晝夜間奔行一百八十里。在此一役，文徵明的好友，也是玉女潭、玉陽洞天等勝景闢建者史際，亦曾於宜興募勇邀擊倭寇。

九月，逃抵武進和無錫一帶的倭寇，終被應天巡撫曹邦輔指揮下的官軍追至滸墅，圍殲于楊林橋；「日本列傳」中特記：「此三十四年九月事也」。這股倭寇共計八十日內，流竄數千里，中國軍民死傷幾達四千人。

由于筆者未見清孔廣陶所撰〔嶽雪樓書畫錄〕，不知所附倭寇流竄過程究竟以何爲據。因爲上述時間上的差距，關係到著錄中文徵明八十七歲中秋所作「赤壁書畫卷」的眞實性。

△　△　△　△

嘉靖三十五年八月二十五日，即江浙一帶倭平之日，文嘉在沈周臨「梅花道人秋江晚釣圖卷」上題：

「一月散千江，千江同一月，欲知本來性，空明自昭揭。」（註十二）

沈周臨此畫，爲宏治五年，時已六十有六，文嘉之父徵明，年止二十三歲；算來這幅秋江晚釣臨本，存世已有六十四年之久。

沈周筆法蒼勁，不但接近梅花道人，頗有董巨遺意。題詞則更豁達瀟灑，饒有禪意：

「斜日映江皐，波影迢迢，恠他踈樹葉蕭騷，似伴老夫雙短髩，物弊人凋。放個小漁舠，順落秋潮，笛聲閑送月兒高，料得無人來和我，且自逍遙。」（仝註十二）

「笛聲閑送月兒高」；不知是否夙緣？沈周這幅臨作後來竟爲高僧「月江上人」所得，月江一名「覺上人」。月江以畫請吳中名士題詠，袁袠、彭年、王庭、王穀祥以及文氏父子，皆在受邀之列。而衆人所賦，也都以「月江」和禪理爲中心。

文徵明題在文嘉之後，所不同者爲七律，而非五絕：

「月印千江不盡流，江清月白兩悠悠，澄來夜色金精溢，散卻寒芒玉氣浮。萬頃不波天在水，一塵無染鏡涵秋，道人悟取原來性，滿目風煙一釣舟。」（仝註十二）

沈周之畫，文氏師生父子之詩，六十六年後集於一卷之上，是否也算一種夙緣！

註一、〔甫田集〕頁三四七。

二、〔古緣萃錄〕；轉錄自〔文徵明書畫簡表〕頁一五二。

三、〔甫田集〕頁三四八。

四、〔甫田集〕頁三四九。

五、〔穰梨館過眼錄〕冊二頁七六九「仇十洲玩古圖軸」條。

六、〔石渠寶笈〕續編冊五頁二八〇四。

七、〔甫田集〕頁三四六。

八、〔石渠寶笈〕三編冊二頁六一二。

九、〔石渠寶笈〕頁三五三。

十、〔石渠寶笈〕續編冊四頁二〇六五，畫見〔吳門畫派〕圖一五九、〔文徵明畫系年〕圖三十六。

十一、〔明史〕冊五頁二二二四、〔明史〕卷三頁二十二。

十二、〔吳越所見書畫錄〕卷三頁八十六。

第一〇〇章　蜀素帖

嘉靖十六年二月，文彭妻子病逝，次子元發當時年幼，整天跟著祖父文徵明，坐臥不離。年近古稀的祖父，不但哄著幼孫，還要爲他編草、摺紙，作些簡單的玩具。

轉眼二十年過去，文徵明已是年高八十八歲的老人，文彭也年及耳順，二十三四歲的文元發，眞可謂英姿煥發，溫文爾雅。寒窗筆硯之餘，要的已不是玩具，而是祖父的墨寶。

對於祖父一生行事，文元發瞭如指掌，談起來如數家珍。放眼天下，文徵明百年之後，能爲他銘碑、作傳者，不知何人！文元發心中，常暗自思忖。他想到數年前避寇吳城，經常出入停雲館的王世貞，其家世、文才和聲望，至今爲祖父文徵明所稱道，有意無意間，祖父百年後，似乎已屬意于有江南才子之目的王世貞。

嘉靖三十六年，暮春三月十三夜，祖孫閒坐玉蘭堂中，文元發見祖父精神和興緻很好，便出紙請作古木奇石。文徵明稍事思索，即以水墨寫成一尺見方的小幅。山隈間木石相倚，槎枒起伏，像君子般的，旣遺世獨立，又互相彰顯，互爲知音。此外，「古木奇石」，也多少有點取莊子「人間世」櫟社樹的寓意。

這幅祖孫夜坐，揮毫遺興的小幅一經懸壁共賞，許多經常出入衡門的好友和門生，如陳鎏、袁褧、許初、彭年、王穀祥、周天球、陸師道等，都知道文徵明作畫時的複雜心境：

在文徵明心目中，這個自小爲他所疼愛及照拂的次孫，無疑是文家寶樹，希望有朝一日，會龍騰而去，光耀祖先的餘緒。

然而在朝綱紊亂，是非不分的混沌局勢下，他也希望子孫能像莊子寓言中的櫟社樹，以無用而自全，使能盡其天年。抗倭有功，反遭構陷，去職的有曹邦輔，被斬的有張經、李天寵。更令人感到冤抑的，是嘉靖三十四年十月，與張、李二人同日棄市的兵部員外郎楊繼盛。

楊繼盛（仲芳），容城人。嘉靖三十年三月，楊氏以大將軍仇鸞在大同宣府通敵辱國，奏言「十不可五謬」彈劾仇鸞。仇鸞病死，復被朝命戮屍後，楊氏一心要以言論報國，爲朝廷除奸去惡；三十二年正月，不顧嚴嵩對他的拉攏和提拔，毅然上疏劾嚴嵩「十罪五奸」。結果反遭嚴嵩構陷，死於非命。

「古木離奇山徑隈，先容不必歎無媒，一朝匠石來相顧，便作明堂梁棟材。王穀祥。」（註一）

「老眼篝燈點筆時，古槎香葉影差差，恍然一夕成龍去，每見孫枝有所思。周天球。」（仝註一）

王穀祥、周天球、陸師道……一干衡門弟子跋「古木奇石」，多著眼於文家寶樹，飛騰有時這重寓意。

好友袁褧之跋，則獨重櫟社樗散得全的第二重寓意：

「空山虬枝，孰云樗散，莊生寓言，文翁握管，永言貽謀，取材圭瓚。袁褧奉題。」（全註一）

九月，太子太傅武英殿大學士徐階（字子升，號少湖、存齋）五十壽；初秋時節，徐階侄兒徐瑚向文徵明索祝嘏詩畫。

以文徵明的高齡盛德，一般求祝壽詩畫者，已經很少敢于驚動；有則亦必婉謝。但若致仕尚書劉麟、功在社稷的徐階，爲文徵明所衷心欽佩的高尚之士，又當別論。

嘉靖二年文徵明入京，詔授翰林待詔，由于不是進士出身，許多翰林同僚把他視同畫工，不予尊重；有的甚至冷言冷語的譏嘲。但當時新科榜眼，授翰林院編修的徐階與少數同官，對名滿江南，潦倒功名的文徵明，卻視如前輩，禮敬有加，讓居上座。

留在文徵明記憶深處的徐階，年僅弱冠，身材短小，皮膚白晰，行止雍容，性情穎敏。曾遊於王陽明之門，有權略，但持重而不輕於外泄。

嘉靖二十二年七月，徐階路經蘇州，知府王廷設宴於竹堂寺，邀文徵明作陪，文氏曾以詩贈行。

多少年來，嚴嵩以吏部尚書兼太子太師，其子世蕃官工部左侍郎；父子結黨營私，構陷異己，屢成冤獄。對徐階更銜之入骨，無時不思除而後快。而徐階則以其雄才遠見，獻議處理棘手的朝政與邊患，常能深得帝意。

嘉靖皇帝耽於道教修鍊之術，嚴嵩以寫「青詞」—用青藤紙、硃筆寫的上奏天神表章—稱旨，得掌國柄；至有「青詞宰相」之稱。徐階也投朱厚熜所好，以爐火純青的青詞，獲得皇帝寵信和依賴，作爲對抗嚴嵩父子的政治資本。並以恭謹的態度對待嚴嵩，使其疏於防範。

此外，他也結納及營救忠直之士，希望有朝一日，能一舉肅清奸黨，澄清朝政。他彷彿正德初年劉瑾竊政時代的王鏊太傅，但徐階比王鏊更能忍隱、沉潛。

徐階用心之苦，立朝之危，文徵明知之頗深。先以紙本隸書「永錫難老」四字爲祝嘏卷的引首，筆力千鈞，有如蒼松古檜。次以絹本設色，圖徐階之貌，攜卷坐於松柏古藤之下。寫他淡泊、寧靜、從容不迫的古大臣氣度。

其後，則爲祝壽七律一首：

「經綸黃閣履憂端，五十纔臨髩已斑，早際風雲裨袞職，久依日月近龍顏。天教昌熾應難老，身繫安危未許閒，白髮野人何所頌，短章聊賦信南山。」（註二一）。

詩後的自跋，文徵明也顯得語重心長：

「大學士存齋先生，九月實維降誕之辰，從子瑚索詩稱慶。徵明於公，固有不能已於言者，既為製圖，復贅短什。時嘉靖三十六年丁巳。長洲文徵明頓首上。」（仝註二一）

△　△　△　△

無錫華氏，富書畫收藏者，首推華雲（補菴）的「劍光閣」、「眞休園」，次則華夏（東沙子、仲甫）的「眞賞齋」。文徵明與二華的來往和交誼，似乎難分軒輊。華夏和華雲一樣，曾師事南京兵部尚書喬宇、南京禮部尚書邵寶，並曾同遊於王陽明之門。

「眞賞」二字，依文徵明的解釋，對於古代圖書、書法墨蹟與刻石佳拓等，不僅收藏豐富，專心不二，而且學識要淵博深湛，才能稱爲「眞賞」；這跟他對「骨董」二字的詮釋，頗爲類似。

華夏遠自弱冠便雅好古書圖畫，轉眼已四十年，文徵明以歐陽修好金石、米芾嗜圖書來勉勵華夏：

「歐公云：『吾性顓而嗜古，於世人之所貪者，皆無欲於其間，故得一其所好，翫而老焉。』米云：『吾願爲蠹書魚，遊金題玉躞而不爲害。』此其好尚之篤，賞識之眞，孰得而間哉；中甫殆是類也。」（註三）

致仕後的文徵明，幾乎每年都會過訪眞賞齋。室廬幽深雅潔，焚香設茗，清話之外，便手展所藏書畫，共相析賞品評。華夏某些令藏家垂涎三尺，千載難求的法書碑帖，文徵明知之甚詳：

鍾太傅「薦季直表」、王右軍「袁生帖」、虞永興「汝南公主墓銘草」、王方慶「通天進帖」、顏魯公「劉中使帖」、徐季海絹書「道德經」

金石方面，則有「周穆王壇山古刻」、「蔡中郎石經殘本」、「淳化帖初刻定武蘭亭」

八年前，文徵明曾受託以宣德箋紙畫設色「眞賞齋圖」，嘉靖三十六年三月既望，眞書他所撰眞賞齋銘。一個月後，再隸書齋銘；爲酬知音好友，八十八歲老人，可謂盡心盡力。

「眞賞齋」匾額，由已故大學士李東陽（西涯）以八分所署，而文徵明的眞賞齋圖與齋銘卷，用的也是李東陽隸書引首；李東陽歸道山已經四十餘載，遺澤與文徵明同卷裝裱，或許也是夙緣。

三十六年六月，文徵明爲另外一位收藏家項元汴，以小楷書「古詩十九首」及「田園詩」。

兩三年來，有文徵明合意之作，爲項氏所藏。也有文氏珍藏的前賢書畫，忍痛割愛，入于項元汴的天籟閣中，其中原因，値得玩味。

嘉靖十年冬月，雪後，袁褒過訪停雲館。身裁魁梧的袁褒，使文徵明聯想到趙孟頫描寫袁安的「汝南高士圖」，乃乘興揮毫，爲袁褒作「袁安臥雪圖」。

十一年，文徵明從松江朱氏，借觀趙孟頫「汝南高士圖」，深覺筆力簡遠，意匠高雅，自愧不如。適巧袁褒把文圖裝池成軸，攜來停雲館共賞。文徵明感念知音，以高八寸六分，長四尺的烏絲闌紙，眞書長達八十七行的「袁安傳」。時爲十一月隆冬之際，落筆艱辛不難想見。

此一圖、傳合卷，何時落入項元汴手中不得而知，原價僅爲壹拾陸兩。三十五年二月上巳，項氏重新爲之裝池。「袁安臥雪圖」、小楷「袁安傳」，寓意深遠，爲酬知音之作，結果卻以十六兩紋銀而易主。

嘉靖三十五年秋天，文徵明父子珍藏的「張雨自書詩帖」，爲項元汴購藏，知者莫不訝異。

「張貞居墨妙，共計陸拾貳紙，項墨林識。嘉靖三十五年秋日，得於吳趨文衡山家……」（註四）項元汴在第二冊詩後寫。

張雨字伯雨、天雨，號貞居子，錢塘人。二十歲出家爲道士，自稱「句曲外史」，工詩詞書翰，與楊維楨、趙孟頫友善。

元世祖至元二十三年，歲在乙酉，自春至夏，霪雨不止，五個月間，僅一日放晴。張雨感覺上，彷彿處於澗阿幽篁之中，時弄筆研，聊以自遣。成詩五十五首，共分兩冊，以贈好友袁子英；並殷殷相囑：「勿示不知我者」。

第三冊，爲元明兩世名賢題跋，先後達二十八九則之多。文徵明和文彭，只有收藏印記，並無題跋。但從已故蘇州文壇前輩楊循吉的跋中，就不難得知人們對張雨詩和書法的寶愛：

「僕生平最嗜外史詩，集中諸律，略皆上口，僭評其高處，當爲元人第一家……戒卿何幸，乃富有之如此。當知貞居眞札，流落人間，雖有存者，斷不能與之爲敵矣。使僕時時來過，出而閱之，味其點劃，求其興致，以開余情，不亦暢乎！晚學循吉奉題。」（仝註四）

嘉靖三十六年春，文氏所藏梅花道人竹譜，亦入項元汴之手。譜後，梅花道人自題詩，亦頗雋永：

「與可畫竹不見竹，東坡作詩忘此詩，高麗老繭冰雪冷，戲寫歲寒巖壑姿。紛紛蒼雪落碧篠，謖謖好風扶舊枝，試聽雷雨虛堂夜，拔地起作蒼虬飛」（註五）

連年之間，文徵明受託寫「古詩十九首」外，贈好友的圖與字，珍藏不輕示人的詩冊、竹譜，紛紛流入藏家之手，予人一種頗不尋常之感。究因世亂時艱，或別有所用，需款孔急，則不得而知。

「嘉靖丁巳十月三日，長洲文徵明觀。」（註六）文徵明第一次欣賞傳說已久的米芾「蜀素帖卷」。由於前面已經有了沈周、祝枝山二跋，他抑制住心中對此帖的激賞寶愛，僅題簡單數語。但他作夢也沒想到，未久之後，此一流傳達五百餘年的寶物，幾乎沉落水中，永遠不得再見。

北宋邵希（子中）家中，有幅宋仁宗慶曆年間產自四川東部的珍貴生絹。深藏二十年後，邵希取出裝裱成卷，成爲上好的書畫材料。正由於其名貴與富紀念性，邵希遲遲未能請到意中人揮毫落墨，自己和兩三位好友，也僅僅在卷尾記述數語，「虛位以待」不世之才揮灑其上，使成爲人世間永久的寶物。

宋哲宗元祐三年，就也是蜀素製成後的四十四年深秋，素有「米顛」之稱的書畫奇才米芾，往游吳興。途中艤舟於吳江垂虹橋畔，在垂虹亭中飲酒賦詩，微醺之際，乘興書於蜀素之上：

「斷雲一片洞庭帆，玉破鱸魚金破柑，好作新詩繼桑苧，垂虹秋色滿東南。泛泛五湖霜氣清，漫漫不辨水天形，何須織女支機石，且戲嫦娥稱客星（為湖洲之行時）。」——吳江垂虹亭作（仝註六）

而後且行且賦，自九月五日至二十三日，共書雜詩六首，五百五十六字，喧騰一時的名素、名詩與名書，於焉降世。

明朝宏治、正德年間，蜀素帖流傳于吳，爲沈周好友汪宗道所藏。正德元年八月，八十老人沈周，應汪氏之請，跋於拖尾，表現出他對米芾其人其書的景仰：

「襄陽公在當代，愛積晉唐法書，種種必自臨搨，務求逼真。時以真跡溷出，眩惑人目，或被人指摘，相與發笑，然亦自試其藝之精，抑試人之知如此。所以名書於宋，與蔡蘇黃為四大家……但以蘇長公論其清雄絕俗之文，超妙入神之字，今於此卷見之……」（仝註六）

枝山之跋未署年月，自稱在有意學米書之時，得見米氏精品，恨不能時時面對此帖。

嘉靖三十二年，研山居士顧從義，見蜀素帖於北京友人家，愛不忍釋，傾囊以購。此帖正德年間於吳，留下沈周及祝枝山手澤，輾轉流傳，將近四十年後，文徵明復得寓目於吳，不能不說是一件奇事。尤有奇者，大約嘉靖三十七年，某日顧從義前往蘇州過訪停雲館，不意途中舟覆，船中書畫，多隨波逐流，或沉之江底。文徵明得知此事，第一句話便問：

「米書在否？」

顧氏珍藏中，尚有趙孟頫絹本山水，文徵明時時借臨；對趙孟頫作品寶愛無間的文徵明，開口先問米書是否無恙，可見此帖在他心中的份量。

當顧氏告訴他蜀素帖並未帶在船上時，文徵明始如釋重負地說：

「豈無神物呵護至此耶！」（仝註六）

宋　米芾　蜀素帖

從他對書畫這樣耽迷與關懷，可以想見，他們父子珍藏的詩册、竹譜割愛給項元汴時，其內心當何等難割難捨，輾轉思念。

隨著年齒增長，閱歷與財力日豐，項元汴的收藏事業，也如日正中天。

不知何時，文徵明心目中的至寶，米芾蜀素帖，也爲天籟閣典藏。

嘉靖三十六年秋，文彭赴嘉興任訓導之後，與七十里之隔的檇李項氏更結下不解之緣。文彭和項元汴不但經常鑑賞分析天籟閣的藏品，評估來自四方典當與待沽書畫的眞僞和價值，他也代爲蒐羅名家書畫。文彭寫給項元汴的許許多多談書論畫的手札，即始於此際；不過，連這些書法卓越的手札，也被隨時裝璜成册，爲天籟閣珍藏的一部分。

項元汴知道文徵明年壽已高，來日無多，因此，趁機倩文彭索求乃父書畫。文徵明三十六年十月既望的「蘭亭修褉圖卷」、三十七年八月既望的「蘭亭記」，便是應索而作。

嘉靖二十八年，紹興知府沈啓（子由）重修蘭亭成，曾倩文徵明爲撰「重脩蘭亭記」；三十七年的「蘭亭記」後，他感慨系之地談及此事：

「余每羡王右軍蘭亭修褉，極一時之勝，恨不能追復故事，以繼晉賢之後也。往歲有好事者，嘗修輯舊蹟，屬予為記。兹復於暇日，彷佛前人以作圖，重錄蘭亭記於卷末。蓋老年□下多所閒適，聊此遣興，其畫意書法都不暇計工拙也。戊午八月既望，時年八十有九矣。徵明。」（註七）

比起幾年來的兵荒馬亂，人心惶惶，對文徵明而言，嘉靖三十六年，是幸福而平靜的一年。六十年前的「丁巳」年，有日者徐生說他將會轉運。那年他二十八歲，四月十三日生子文彭，舉家大喜過望。賦詩感謝徐生之外，彌月湯餅之會，文徵明賦詩兩首誌喜：

「三十相將始洗兒，百年回首即非遲，祖書敢謂今堪託，父道方慚我未知。頗魯難憑蘇子論，勝無聊有樂天詩。人間切事惟應此，對客那無酒一卮。」（二首之一）（註八）

如今又逢丁巳，文彭適已釋褐，家人竊傳，不出明年，他將爲五世之祖，希望是個玄孫；莫非又是轉運之年？

註一、〔江邨消夏錄〕頁四四三。

二、〔吳越所見書畫錄〕卷一頁六七。

三、〔石渠寶笈〕頁六〇二「眞賞齋圖」。

四、〔石渠寶笈〕續編册一頁三六六。

五、〔式古堂書畫彙考〕册四頁一二八。

六、〔故宮書畫錄〕卷一頁五五「宋米芾蜀素帖」。

七、〔穰梨館書畫過眼錄〕册二頁七四二「文衡山蘭亭修禊圖卷」。

八、〔式古堂書畫彙考〕册二頁三八〇。

第一〇一章　獨樂園

燈燭輝煌、杯盤狼籍，文徵明在孫曾一片恭喜稱壽聲中，度過了嘉靖三十六年的除夕。易去桃符，翻開新曆，已經是年高八九的老人。他在「戊午元旦」中寫：

「黃鳥風簷遞好音，白頭窗下整冠巾，喜聞海上烽煙息，又見人間日月新。霽景勝輝金勝曉，暖痕霏雪玉梅春，何當載酒尋芳去，綠滿郊原草似茵。」（註一）

老年的文徵明，每到冬天，往往纏綿病榻，只要春天一到，梅花吐蕊，他的病也就不藥而癒，他自覺像草一般，春天一到，自然萌出嫩芽。嘉靖三十七年春天，不但沿海烽煙已息，天暖得早，花開得也早。文徵明畫興、詩興很快地勃發出來。「初春書事三首」，描寫他早春的生活情趣，更像發自他心中的樂曲：

「流雪冉冉度湘簾，綠映輕衫草色鮮，淑氣薰人淹宿酒，花香入夢惱春眠。影搖鎖影霏霏日，篆裊鑪薰細細煙，門掩紅塵無過客，自臨南牖了殘編。」（三首之一）（註二）

「門掩紅塵無過客」，固然也是宴居一樂，但是良友不至，心中也別有一種落寞。往年正月，門弟子、王庭、張氏兄弟，總會詩酒雅集，吟詠盈卷。這一年風流瀟灑，善詩而又蒐集徵明詩不遺餘力的張獻翼，避居石湖治平寺讀書，感覺中彷彿缺少了一個知音。三月八日，文徵明特別以行書鈔錄「丁巳除夕」、「戊午元旦」等近作，寄上方山治平寺，

款：「徵明詩帖子，上幼于文學至契，三月八日。」（註三）

張鳳翼在治平寺讀書日久，使文徵明和文彭時常想起經營石湖精舍，經常和蔡羽、王寵居山讀書、石湖泛舟的往事。

嘉靖十七年初秋，張鳳翼從寺中得到一幅陳淳的石湖圖，拿給文徵明共賞。文徵明稱贊良久，欣然也有技癢之意，張鳳翼遂出紙墨請文徵明揮毫。信宿之間，也完成石湖清勝圖一幅。對張鳳翼而言，眞是如獲至寶。嘉靖三十六年十月二十三日，離作圖已經將近二十年的歲月，張鳳翼持圖求題，文徵明找出詩集中所詠石湖詩篇，如「遊石湖」、「京師歸初汎石湖」、「再泛」……各錄一遍（註四）。這衆多石湖詩，簡直可以刻成一部〈文徵明石湖詩畫集〉。其後，張鳳翼又持卷請王穀祥、袁尊尼，各錄石湖詩多首。尤其希望曾與王寵同在石湖讀書的文彭和文嘉題詩，但還沒有適宜的時間。

著錄中，另有一件有關石湖圖與詞的記載：

嘉靖三十七年暮春，陸師道兄弟作東，邀請文徵明等吳下名士泛舟石湖。酒筵中，有人出示祝枝山外公徐有貞（天全）的遊山詞，文徵明欣然次韻，調寄滿庭芳：

「岸柳霏煙，溪桃炫晝，時光最喜春晴，風暄日煦，況是近清明……」（註五）

「春日承子傳禮部，邀遊石湖，坐客出示天全公遊山詞，因次韻，邀諸君同賦，詞寄滿庭芳。昨來叨擾廚傳，謹此奉謝！徵明頓首上。令弟子行同此。」（仝註五）

陸治爲石湖圖，煙樹溪橋，帆檣迤邐，一抹遠山，映帶湖中。款：

「嘉靖戊午三月，陸治為五湖先生作。」與文徵明的滿庭芳，成書畫合璧。

這可能是高齡八十九歲文徵明今生最後一次石湖之遊，其紀念價值，不難想像。

文徵明識謂「邀諸君同賦」，顯然，是日吳下名士所賦滿庭芳必有多闋。但卷中，徵明詞後，則爲辭世已達二十四五年的王寵所書「石湖八絕句」、彭年「夏日奉陪衡翁石川海峰胥江元洲幼海諸公雨後石湖臨汎」倡和詩多首，及周天球「從衡翁元洲諸公石湖臨汎」倡和之作數首，與所邀和的滿庭芳毫無相關，因此，此一書畫合璧的眞實性，不免可疑。

春居無事，有客持前朝錢舜舉所畫茘枝圖相析賞。圖中有陵陽牟獻之七絕一首，頗富情趣：

「紅棉花底聽春歌，我為東坡織絳羅，一百餘年前後事，詩思畫筆等閒過。」（註六）

「日啖茘枝三百顆，不妨長作嶺南人」，文徵明隨口吟哦蘇東坡的名句。吟哦，吟哦，他忽然若有所思的沉默下來，從這位嗜茘枝如命，宦途坎坷，半生顛沛的大文豪身上，聯想到歷代帝王往往由於一己所好，致使多少官吏百姓，爲之奔走塗炭。

蘇東坡嘗畫朱竹，文徵明亦多同調。前後赤壁賦，他連寫帶畫，更是無計其數。蘇東坡當日借題發揮，寓意深長的「茘枝歎」，他倒是首次命筆。文徵明稍加思索，隨吟隨寫：

「十里一置飛塵灰，五里一堠兵火催，顛阬仆谷相枕藉，知是茘枝龍眼來。飛車跨山鶻橫海，風枝露葉如新採，宮中美人一破顏，驚塵濺血流千載。永元茘枝來交州，天寶歲貢取之涪；至今欲食林甫肉，無人舉觴酹伯游……」

漢和帝永元年間，進貢荔枝來自交州，臨武長唐羌（伯游）上疏言進荔枝苦況，和帝即罷荔枝之貢。但李林甫諂媚唐明皇、楊貴妃的結果，則如杜牧「過清華宮」詩所描寫的：

「長安回望繡成堆，山頂千門次第開，一騎紅塵妃子笑，無人知是荔枝來。」的景象。杜牧、蘇東坡之詩，正是先後輝映。不過，東坡之詩，尚有更進一層的現實含義；他想像唐羌一樣，犯顏直諫，期能開悟時主，罷除官茶和牡丹花之貢：

「……我願天公憐赤子，莫生尤物為瘡痏，雨順風調百穀登，民不饑寒為上瑞。君不見，武夷溪邊粟粒芽，前丁後蔡相籠加」

在這裡，蘇東坡詩中特別附註解：

「大小龍茶，始於丁晉公，而成於蔡君謨。歐陽永叔聞君謨進小龍團，驚嘆曰：『君謨士人也，何至作此事耶？』」

蘇東坡不計個人禍福，繼續在詩中寫：

「……爭新買寵各出意，今年鬥品（鬥茶）充官茶。吾君所乏豈此物，致養口體何陋耶！洛陽相君忠孝家，可憐亦進姚黃花。」

朱厚熜沉迷道教，求導引服食之術。嘉靖三十五年九月，帝所拜散人高輔，向徽王朱載㙉索所煉女癸，以爲皇帝服用。徽王不予，高輔因而乘間言朱載㙉過失，朱厚熜下旨按治，廢朱載㙉爲庶人，錮之高牆。未幾載㙉自縊，妻妾皆從之赴死。

嘉靖三十六年冬十月，玄嶽諸山獻紫芝，一時總督胡宗憲、巡撫阮鶚、御史路楷等，紛紛覓紫芝上獻，勞民傷財，以市帝王之寵。

從此看來，文徵明題錢選（舜舉）荔枝圖時的心境，實與蘇東坡賦「荔枝歎」時的心境與用意，遙相呼應，可惜人在山林，恐怕難以上達天聽。他在書後自識：

「右荔枝歎，蘇長公作也。偶有客持錢舜舉所畫荔枝卷索題，因為書此，戊午春日，徵明。」（註七）

三十七年春天，文徵明所作兩幅山水圖立軸，布局都很奇特。一幅畫面狹長，自高處俯視峰頂，流泉縈迴，至懸崖飛奔而下，漸爲古木寒林所掩，穿越林腳之後，則成急湍溪流，兩岸嵯岈怪石，彷彿可以聽見淙淙水聲。款：

「戊午春日徵明寫。」（註八）

另幅立軸，爲西江陳氏所畫，除文徵明自題外，尚有王穀祥等題跋。陳氏隱於吳淞江水湄，所畫亦爲吳淞江景。江波浩淼，遠山連綿起伏。中有一島，殿宇屋舍，塔影高聳。近處島上，竹籬茅舍，古木掩映，茅屋中賓主相對，狀貌奇古。幅下微露樹梢；當另是一島。感覺上，江中島嶼衆多，參差有致，別有一種世外桃源的幽隱神秘。（註九）

雜畫册，也是作於這年春日，他找到一首舊作，就信手題寫册後：

「碧桐已蕭蕭，冰谷流泱泱！獨行蒼莽間，犬吠人蹟絕；旭日穿樹林，青煙忽消滅，時看殿巖風，吹落松上雪。戊午春，偶見古紙數番，信筆為戲墨，因閱舊作，漫詠以副。徵明，時年八十九。」（註十）

「獨行蒼莽間，犬吠人蹟絕」，書後，文徵明擱筆沉吟；好像在回憶已往賦詩時的情境。蕭蕭林木，在旭日照射下，愈發顯得寂寥。他詫異，當時怎麼會有這種感覺，這樣的詩句。如今重行錄寫，他仍舊像在一種孤絕的夢中。

「死後元知萬事空，但悲不見九州同，王師北定中原日，家祭無忘告乃翁。」文徵明自幼受放翁詩的薰陶，死後之「空」，不知是一無所感的眞空，或如自己詩中所寫的境界？即使是放翁悟得的眞空，但他仍舊殷殷囑咐子弟，關心中原的統一；自己百年之後，又將何所寄望！

文徵明雖然身老江湖，但從邸報、南來北往的友人口裡、子孫和門弟子所聽得的傳言中，都不難知道朝廷的近況。成化、正德、嘉靖：歷數國朝，近代帝王除宏治外，閹黨、奸佞和對宗教的耽迷，幾乎無日無之。再加上南北邊患，內陸盜賊，某些藩邸的不法，讓曾爲太史的他，感到憂心忡忡。但，人微言輕，使他開悟無門。一縷忠憤，有時自然流露在送行序、詩詞或書畫題跋之中，如題錢舜舉的荔枝圖，藉以傳播，冀能引起一些反響與共鳴，維繫人心於不墜。區區用心，文徵明也不能確知是否有益於世道。如果有什麼未了之志，也許只能從他題詠著作中，探索出一些消息。

△　△　△

嘉靖三十七年六月左右，文徵明喜獲玄孫，成爲名符其實的「五代同堂」。而亡友王寵，則於六月十九日添得一孫；兩家親交，爲之欣喜不已。文徵明好友許初（元復）在給友人信中說：

「……尤可喜者，王玄靜以六月十九日寅時，側出一子，云頗奇偉，可為履吉有孫之慶。衡翁愈健，亦見玄孫矣，明冬九十，可無詩寄賀耶！」（註十一）

玄孫爲曾孫文應周所出，當時文徵明長孫元肇（肇祉）正在金陵「呂公祠」讀書，準備鄉試，忽然接到祖父家書云：

「周孫得子，於我為玄孫；此是家門之慶也。」（註十二）

文徵明接到的，是肇祉一首志喜的五律：

「昨夜燈花吐，書來喜得孫，高玄看五世，閭里賀盈門。繩武培前業，貽謀有後昆，吾翁當此際，燕賞倒金樽。」（仝註十二）

七月既望，閒居中，文徵明又想起在北京的一些往事。

嘉靖三年秋天，不僅朝中發生議禮及哭門事件，邊關也很不寧靜，兵報時傳。那時，他極想離開是非之地，他在家書中告訴兩個兒子：

「我歸興頗切，而當道方以格律錮人，謂人非七十不得致仕，非病危不得請告。不知陶淵明、錢若水在今日，當得何罪，可發一笑也。所幸立法雖嚴，而守法不固，數日來稍稍有引去者矣……」（註十三）

家書作於「十一月朔」，未署年，依情景推測，當爲嘉靖三年冬天。到了四年春天，文徵明去意已決，自知在京已無多日，故爲西苑、西山之遊，以作永生的紀念。南歸後，非但自己吟哦賞玩，並時常錄贈知交，使知禁苑氣象，想著，想著，不由技癢，乃拈毫行書「西苑十詩」，末識：

「右詩，嘉靖乙酉官京師時作。及今戊午，三十有四年矣。時同遊苑三人，俱已物故。而余年八十九，追思舊遊，恍如一夢。是歲七月既望，重書一過。徵明」（註十四）

七八月間，文徵明對司馬光（君實、迂叟）的「獨樂園圖」有了濃厚的興趣；應項元汴之請，也是原因之一。

七月廿日，仿王叔明墨法作獨樂園圖（註十五），臨水茅堂，背後遠山遙相呼應，屋側竹柏松杉，竹籬環繞。畫素牋本，縱八寸三分，横四尺三寸八分，包括獨樂園圖、司馬光獨樂園記及蘇東坡的獨樂園詩。記和詩書於同年閏七月既望，前後相隔不到一月。

「青山在屋上，流水在屋下，中有五畝園，花竹秀而野，花香襲杖屨，竹色歸盞斝，樽酒樂餘春，碁局消長夏……兒童誦君實，走卒知司馬，持此欲安歸，造物不我舍，聲名逐吾輩，此病天所赭，撫掌笑先生，年來效喑啞。」

文徵明仔細品味蘇東坡詩意，與自己眼前生活景況，倒也頗多相像。東歸之後，徜徉湖山，不覺三十餘年，杖履所至，無論識與不識，常以杯酒相迎，以能接杯酒之歡爲榮。賢達雅士道經吳門，紛紛來停雲館拜謁，外國使者往往以不得一見爲憾。

「樽酒樂餘春，碁局消長夏」、「聲名逐吾輩，此病天所赭」；在蟬鳴聲中，文徵明反復吟詠著。

另一篇獨樂園記，書於前此二、三日的閏七月十三。其後項元汴以之與仇英無年款的仿李公麟獨樂園圖裝裱在一起，成爲文仇合璧。

八月十一日，也寫了一卷獨樂園記，和仇英圖卷合裝一處；這一年裡，從荷花飄香到秋風漸起，文徵明心中無時不縈繞著獨樂園的蓊鬱竹木、花檻草舍、繞亭白鶴，和司馬光在松下、石邊獨坐的身影。

「若夫鷦鷯巢林，不過一枝，鼴鼠飲河，不過滿腹，各盡其份而安之，此分迂叟之所樂也。」司馬光不取王公大人的「衆樂樂」，也不取「一簞食、一瓢飲不改其樂」的聖賢之樂，僅取各盡其份的獨樂樂。

宋神宗熙寧年間，司馬光爲御史中丞，因議王安石新法不合，去官遷居洛陽。獨樂園築於熙寧六年；入洛的第三年。閒居獨樂的司馬光，漫長十五年間絕口不論時事；東坡詩的尾句：「撫掌笑先生，年來效喑啞。」大概就是指此而言。由是以觀，司馬光的獨樂，也是一種面對時勢的不得已之樂。展開司馬光〈資治通鑑〉的「進書表」，文徵明眼中不禁有些模糊。自身亦爲太史的他，每讀此表，思及司馬光生平，總是不勝唏噓。一再書、畫獨樂園記、詩與圖之後，心中感慨，似乎特別深。

「臣光言：光奉敕編集歷代君臣事跡，又奉聖旨賜名〈資治通鑑〉，今已了畢者。伏念臣性識愚魯，學術荒疏，凡百事爲，皆出人下，獨於前史，粗嘗盡心，自幼自老，嗜之不厭。每念遷、固以來，文字繁多，自布衣之士，讀之不徧，況於人主，日有萬機，何暇周覽！臣常不自揆，欲刪削冗長，舉撮機要，專取關國家盛衰，繫生民休戚、善爲可法，惡爲可戒者，爲編年一書，使先後有倫，精粗不雜……。

重念臣違離闕廷，十有五年，雖身處于外，區區之心，朝夕寤寐，何嘗不在陛下之左右……」

於此可見，司馬光獨樂之隱，並未能眞正忘情於朝政之治亂，只想以古鑑今，一勞永逸地開悟人主，冀能重見淸平治世。

「……顧以駑蹇，無施而可，是以專事鉛槧，用酬大恩，遮竭涓塵，少裨海嶽。臣今骸骨癯瘁，目視昏近，齒牙無幾，神識衰耗，目前所為，旋踵遺忘；臣之精力，盡於此書。」

比起表面上蒔花放鶴，實際卻爲一部不朽鉅著焦思苦慮，盡心竭力的司馬光，他的停雲館才是名符其實的「獨樂園」。半生潦倒場屋，繼而盛年勇退，既無補於時，詩文書畫之外，更無足以益世的煌煌鉅著；百年之後，論及文某，不知將何以爲言！

面對篇帙浩繁的〔資治通鑑〕和司馬光的獨樂園記，文徵明不覺暗自汗顏。因此，也對知府溫景葵，強其所難地要他賦詩賀太子太師大學士嚴嵩八十壽，感到無比的憤懣。

註一、〔甫田集〕頁三五〇。

二、〔甫田集〕頁三五一。

三、〔文徵明書畫簡表〕頁一六四。

四、〔虛齋名畫錄〕册三頁三一八。

五、〔石渠寶笈〕三編册四頁一九八七。

六、〔石渠寶笈〕三編册四頁一五二八。

七、錢選荔枝圖見〔石渠寶笈〕二編冊四頁一五二八，文識則見於〔文徵明書畫簡表〕頁一六四。

八、〔唐宋元明名畫大觀〕續足本冊下圖三〇五。

九、〔唐宋元明名畫大觀〕冊下圖一九四。

十、〔文徵明與蘇州畫壇〕頁二六八。

十一、〔式古堂書畫彙考〕冊二頁四四五「許元復去歲札」。

十二、〔文氏五家集〕卷十二頁十。

十三、〔文徵明集〕冊下頁一四八五「付彭嘉」，周道振輯校，上海古藉出版社。

十四、〔文徵明書畫簡表〕頁一六六。

十五、〔石渠寶笈〕續編冊二頁一〇四三。

第一〇二章　貞獻先生

嘉靖三十五年，蘇州知府林懋舉升任廣東副使，山西大同舉人出身的溫景葵，以御史遷爲蘇州知府。溫氏剛正敢言，蒞任後，發奸摘伏，整頓吏治頗具成效，官吏畏懼，民衆愛戴。對德名素著的文徵明，溫景葵敬重禮遇，可謂不遺餘力。但他認爲年高位隆的介谿翁嚴嵩八十壽詩，非出文徵明之手，不足以顯示其誠懇與隆重。溫景葵的一再囑托，使文徵明感到非常困窘；以嚴嵩行徑，在朝野間的風評，有隻言片語落其手中，平生氣節，豈不付之東流？面辭不得的文徵明，爲此徹夜難眠。

在紊亂的思緒裡，他想到自小跟他同學、志同道合，晚年又經常杖履同遊的王庭。以王庭的精敏幹練、才德聲望，以及對他性格瞭解之深，必能爲他解除目前的窘迫。東方發白，群鴉亂啼聲中，文徵明喚起書僮，燃燭、焚香，洗去滿臉倦意，隨即拈筆揮毫，致書陽湖王氏：

「昨蒙府公垂顧，命爲介翁壽詩。徵明鄙劣之詞，固不足爲重輕。老退林下三十餘年，未嘗敢以賤姓名通於卿相之門。今犬馬之齒，踰八望九，去死不遠，豈能強顏冒面，更爲此事？」（註一）他描寫這種別人眼中的「榮寵」，造成他心頭的困擾：

「昨承面命，不得控辭；終夕思之，中心耿耿。欲望陽湖轉達此情，必望准免，以全鄙志。倘以搪突爲罪，亦不得辭也，伏紙懇懇，徵明頓首懇告陽湖執事。」

唯恐王庭看不出此事的嚴重性，文徵明又在紙尾加上一句：

「前石川之事，執事所知，此亦可鑑。」

石川，爲崑山致仕通政司參議張寰之字，性情高曠，好游名山，足跡幾遍東南；與尙書劉麟等十五人結峴山逸老詩社。文徵明所指之事，可能與抗拒權奸，保全名士節操有關。

嘉靖三十七年八月廿四日，文徵明受項元汴之託書韓愈「畫記」。據說，項氏藏有沈周畫的韓愈畫記，絹本，無款，有人認爲是沈周中年之筆，深得董源、李成遺意。

韓愈「畫記」故事曲折，足見達者胸襟，引人深思；與爲爭一物，巧取豪奪，其至不惜利用權勢陷人於罪者，不可同日而語。

「雜古今人物小畫共一卷：騎而立者五人，騎而被甲載兵立者十人，一人騎執大旗前立，騎而被甲載兵行且下牽者十人……」韓愈文中。詳記畫中人物、牲畜和器物的數量，描述人畜的動態；雖然具體，但予人的感覺，卻不免瑣碎。韓氏總結卷中景物。

「……凡馬之事二十有七焉，馬大小八十有三而莫有同者焉。牛大小十一頭，橐駝三頭，驢如橐駝之數，而加其一焉。犬羊狐兔麋鹿三十，旃車三輛。雜兵器弓矢旌旗刀劍……壺矢博奕之具，二百五十有一，皆曲極其妙。」

但他眞正著墨之處，不在於對畫中人物、動物和器物的描寫，而在於無法形之丹青的人性的刻劃：

「貞元甲戌年，余在京師，甚無事，同居有獨孤生申叔者，始得此畫，而與余彈棊，余勝而獲焉。意甚惜之，以爲非一工人所能運思，蓋聚集衆工之所長耳；雖百金不願易也。」不過獨孤的戀戀不捨之情，並未使韓愈因而感動，令他感動的是那因愛畫而千辛萬苦的摹畫，又因失去摹本而朝思暮想的趙侍御。

韓愈獲得畫卷的第二年，由京師前往河陽。一次正與二三友人展卷品評之際，座中有位趙侍御見畫不禁戚然：

「噫，余手之模也；亡之且二十年。余少時常有志乎茲事。得國本，絕人事而模得之，遊閩中而喪焉。居閑處獨，日往來余懷也……」故事的結尾是，韓愈既愛畫，又爲趙侍御眞情所感，只好作「畫記」留作將來的回味，而把畫贈還原主。畫記後，文徵明款署：

「嘉靖戊午八月廿四日，爲項君子京書。徵明。」（註二）

回想嘉靖十二年十月，當他見到自己久失復現的山水畫時，心中感慨無限，曾不自覺地聯想到韓愈畫記中的情景。而今受託親書畫記；腦海間不免又是一番起伏。

不過，這卷畫與畫記，也有些令人不解之處：

蘇州藝林，對「細沈粗文」往往特別珍視，主要原因是這類作品超出了他們自各擅長的畫風，是他們的變體；成了一種特殊趣味的表現。但像「畫記」這樣細瑣繁雜的題材，是否爲性情率眞，不耐繁鉅，筆法蒼勁的沈周所樂於嘗試？實在難以想像；何況畫中名款皆無。

畫後有項元汴一跋：

「沈石田畫韓文公畫記圖，文衡山書，墨林項元汴眞賞。明嘉靖三十一年春三月上巳裝池。」

莫非三十一年裝池，八年後再索書畫記於文徵明？這也是值得玩味的事。

此外，這年冬至日，文徵明所補書蘇東坡赤壁賦三十六字事，也頗爲奇特：

東坡親書之前赤壁賦，前缺賦名及「壬戌之秋，七月既望，蘇子與客汎舟，遊于赤壁之下，淸風徐來，水波不興……誦明月之詩」

補書的左下方，有「右繫文待詔補三十六字」小楷一行，不知何人所書。

賦後有文徵明一跋：

「右東坡先生親書赤壁賦，前缺三行，謹按蘇滄浪補自序之例，輒亦完之。夫滄浪之書，不下素師，而有極媿糠粃之謙。徵明於東坡無能為役，而亦點汙其前，媿罪又當何如哉？嘉靖戊午至日。」（註三）

蘇東坡親書前赤壁賦、文氏補書缺字與題跋，不知何時竟落入嚴嵩之手。七年後，嚴嵩事敗，家產抄沒，徵明次子文嘉，奉提學之命，前往嚴氏多處住宅，以三個月的時間，登錄嚴氏父子所藏書畫，此卷赫然在目：

「蘇軾親書前赤壁賦一紙白如雪，墨蹟如新，惟前缺四行，余兄補之，吾家本也。」（註四）文嘉在〈鈐山堂書畫集〉中寫。他又特別註明：「以上四卷俱眞蹟」；所謂四卷，前赤壁賦外，尙含蘇氏「小楷芙蓉城詩」、「大字書淵明飲酒詩」和「簡帖」。

這原是一件很單純的事，但，一經文嘉指出係乃兄文彭補書，並非出自其父文徵明之手，就使人如墜五里霧中；跋赤壁賦、補書缺字，並非泛泛應酬筆墨，文徵明何須假手長子？莫非知道此件與嚴嵩有關，而預留餘地？

冬天，岑寂中，文徵明又畫了一幅赤壁圖，並書前赤壁賦。畫以水墨寫成，紙幅狹長，岩壁千尺不見其顛。「清風徐來，水波不興」，完全是賦中所描寫的景色，軾與二客，吟詠舟中，一童子操槳，另一童子在船頭搧火烹茶。款：

「戊午冬日，徵明畫并書，時八十有九。」（註五）大概也是爲臥遊之用。

天寒地凍之際，江南士人紛紛北上，有的趕赴禮闈，有人往游太學，文徵明長孫肇祉也在其數，徵明依依不捨地賦詩送別：

「阿翁九十苦鍾情，倚杖那堪送汝行，壁水去遊天子學，春風須聽上林鶯。壯途初發千山軔，雅志無忘萬里程，三百年來忠孝在，慎言無潰舊家聲。」（註六）

肇祉生于正德十五年，如今年僅三十八歲，卻已作了祖父。唯功名路上，與父、祖一樣，潦倒場屋多年。有時，他心中依然想著祖父帶他嬉戲的神情，隨侍到陳湖、越來溪訪陳淳和王寵二丈等往事。祖父每有得意之作，在獸香裊裊中，輕敲玉磬朗聲吟哦的音調，更時時繚繞耳際。然而，北行之別，竟也是祖孫二人的永別：

「吾祖頻頻入夢中，昨宵有夢又追從；提攜無異當年愛，談笑依然舊日容。玉磬音餘桐館靜，碧山寒瑣白雲重；覺來枕上飛雙淚，月落長安上苑鐘。」（註七）

正是文徵明詩中所賦「春風須聽上林鶯」的時候，文肇祉卻只能在金臺夢中，會見祖父的音容。

△　△　△　△

嘉靖三十八年元旦，文徵明心滿意足地歌頌新歲，嘆賞梅花的再一度開放：

「勞生九十漫隨緣，老病支離幸自全，百歲幾人登耄耋，一身五世見曾玄。秖將去日占來日，誰謂增年是減年，次第梅花春滿目，可容愁到酒樽前。」（註八）

正日十五日，郡庠行鄉飲大典，文徵明被舉爲大賓。身著禮服的文徵明，雖年高九十，精神矍矍。手中所攜「魚鬚」杖，乃明成祖永樂年間琉球進貢之物，色如古玉，望之如神仙一般。

鄉飲禮畢，知府溫景葵親率僚屬、鄉達及郡學諸生，向文徵明祝壽。壽文爲皇甫四傑中行三的皇甫汸代筆。

皇甫汸字子循，七歲能詩，中嘉靖八年進士。但在宦途上則頗爲潦倒；官工部主事時即名動公卿，由於沾沾自喜，被貶爲黃州推官。及至遷爲南京稽勳郎中，因故又復貶爲開州同知。最後從雲南僉事任內，又因故論黜。居鄉的皇甫汸，和易近人，唯獨好聲色、喜狎游。

溫知府祝嘏，被視爲儀物隆腆，一時盛事，皇甫汸所撰壽文，也爲士林嘖嘖稱賞不已。

正月十八日，以文氏門生自居的洞庭東山張本，以五言八十韻爲壽：

「醇儒應間世，哲匠蚤知名。文物真師表，朝廷老畯英。古今逢大運，天地得奇精。學懋天人貫，才高海嶽鳴。卻金全父德，辭餽覺王情……」（註九）

張本之詩，洋洋灑灑，遍述文徵明一生的學養、風骨和退隱後的生活，以及所受到的景仰與尊崇。

然而，張本本身也是一位奇人：

張本，字斯植，少年時曾試有司，取在高等。但寫榜吏不愼，將其名誤書爲「張木」。正好有位張木也來應考，就冒佔了張本的名位，張本也不與他計較。但以後再參加考試則不利；張本索性捨去功名一途，從鄉太傅王鏊學文，王鏊對他賞識異常；所以他和文徵明是同出太傅門牆。

張本有位門生，得到祖父遺金，想寄存張本處，爲張本所拒；而這位門生卻將金子偷埋館內。後來門生物故，張本便找來門生父兄，告以埋金之事。父兄感激不已，欲分金給張本，張本笑曰：

「使予欲之，豈復令君知哉！」（註十）

識者以爲，張本生平用功之處，掇菁咀華，悉以爲詩；爲文徵明祝壽的長詩，是其用心之作，描寫文氏風骨節操，無異文徵明生命的史詩，因此也就格外具有紀念價值。

△　△　△　△

總括嘉靖三十六七年間，北方邊患不斷。

嘉靖三十三年，巡撫王忬從浙江調往北方後，先任右副都御史，巡撫大同。秋防事竣，加兵部右侍郎。後薊遼總督還朝，乃命忬代理總督之職，進右都御史。表面上王忬官運一帆風順，但也爲邊事疲於奔命。一方面北寇經常窺伺，不時進犯，一方面嚴嵩父子事事掣肘，動輒得咎。

薊州屬北方要衝，具有捍衛北疆和拱衛明陵、京師的雙重重要性。但編制的兵額只有數萬；多年來逃逸者有之，餘多是老弱殘兵，無從訓練，難以任戰。在不得已的情況下，王忬只好每年調邊兵保衛薊州；因而影響邊防，也是可以想像的事。

幾年來，在戰事上，互有勝負，王忬官等則隨之升降不定。但究竟應訓練薊州士卒，或調邊兵協防薊州，便成了朝廷爭論的焦點。寇氛不止、練兵與調兵的爭議，加上嚴嵩父子不斷的挑撥，使原本寵信王忬的嘉靖皇帝，也逐漸猜疑王忬的忠心和能力。

每當朝廷派給事御史到薊遼視察邊政，嚴嵩往往會有一番吩咐；多查王忬的缺失，有無乾沒軍餉情事，是否措置失當？作爲劾奏這位封疆大吏的張本。

不過，這些給事御史，有的力持公正，有的則爲嚴嵩心腹，因此呈奏結果也大有出入。

例如給事中袁女（按，該字印刷不清）是、御史凌儒等，詳覈軍情，參酌物論，每於覆勘疏內，極口稱贊王忬：

「白首籌邊，赤心報國。」（註十一）

這類評語，使嚴嵩由失望、慚愧轉成憤怒。

「王某能爾耶？」嚴嵩充滿懷疑的質問（註十二）。

另一位從趙文華而暴起的某兵部郎，因一再暗示王忬行賄嚴嵩未果，回京後疏中盛言戍卒當練不練，只想調發邊兵入衛，士卒疲於奔命，邊境則日益空虛。疏到嚴嵩手中，嚴嵩一面跨大王忬的過失，又在擬詔中故作寬大處分，輕罰王忬，以觀後效；目的是讓皇帝誤以爲他對王忬純係就事論事，並無個人恩怨參於其中。

嚴嵩不斷地羅致王忬罪衍，挑撥皇帝對王忬的信任，據傳有許多因素：

三十二年春，兵部員外郎楊繼盛因劾嚴嵩「十罪五奸」而入獄後，王忬之子世貞不但入獄探視、送食物醫藥，並奔走營救。楊氏遇害前，更助繼盛妻子伏闕上書，請代夫死；以冀開悟君主。三十四年冬十月，楊繼盛被害後，世貞復經紀其喪事，爲文弔祭。王忬在薊鎮聞知楊繼盛噩耗，則彈指痛罵嚴嵩，手指出血，恨猶未已。

三十六年冬十月，嚴嵩殺錦衣衛經歷沈鍊。鍊正直敢言，曾上疏劾嚴嵩十大罪，謂北邊多故，皆由嚴嵩而起。鍊死後，王忬於衆前，痛罵嚴嵩，也傳於嵩耳。

嚴世蕃知道王忬藏有宋張擇端「清明上河圖」，向忬索取。後來有人暗告世蕃，他得自王忬之上河圖僅係摹本；這也增加了兩家的嫌隙。

是以，嘉靖三十六、七年間，從京城到邊關，外敵、內鬨，公憾、私怨，風風雨雨，糾葛不斷。明眼人清楚的看出，王忬的事業，乃至身家性命，無不岌岌可危。

一向關心朝政，注意社稷安危的文徵明，無論從公或他與王世貞兄弟的情誼，都不免爲嚴氏父子日益囂張的氣燄，及王忬的處境，憂心忡忡。

他想到王忬北調前後所受到皇帝的寵信：

三十三年左右，浙閩抗倭戰事正熾，雖有閩浙豪門，乃至御史，抨擊彈劾王忬，但並未動搖朱厚熜對他的信心。當邊寇入侵大同，覆師斬將，中外震動之際，朱厚熜曾密諭嚴嵩，薦舉能臣捍衛北邊；一時之間，嚴嵩驚恐萬分，不知所對，也唯恐皇帝降罪。朱厚熜卻胸有成竹地說：

「吾能得之，吾嚮所自拔者王某耳。」（仝註十二）

于是，朱厚熜手勅吏部：

「朕思大同撫臣須得人，王某可都察院右副都御史巡撫大同，贊理軍務；仍促之往，毋候代。」（仝註十二）

依往例只有拜相，才用皇帝手勅；當時人們莫不認王忬爲殊榮和異數。如今，不過是四、五年前的往事，在嚴嵩及其黨羽的挑撥與蔽障下，眼見聖眷不再。幾年前抗倭立功的張經、李天寵被殺，曹邦輔遭斥逐。連多次獲勝的總兵俞大猷，也被捕下獄；俞大猷及時貸得三千金餽贈世蕃，才僥倖不死，發遣大同立功贖罪。想到此處，身爲太史的文徵明，不禁搖頭嘆息。

猶記十六年前，他題好友勉之珍藏的「宋高宗勅岳忠武書」：

「此宋高宗勅岳忠武公書也。後僅署日月，而不紀年；按此當在忠武討兀朮獲勝時所降下者，故文內猶寓嘉勵之意。嗟乎！倘高宗始終不為檜賊所惑，三字之獄不成，將見妖氛盪掃，何難奏凱於旦夕哉。余觀此，深為忠武惜。而御書煌煌，迄今猶照耀人間。數百餘年，而為勉之所寶，不可謂非厚幸也。嘉靖癸卯冬十月既望。」（註十三）

文後，文徵明又賦「滿江紅」一闋：

「拂拭殘碑，勅飛字依稀堪讀。慨當初，倚飛何重，後來何酷，豈是功成身合死！可憐事去言難贖。最無端堪恨又堪悲，風波獄。豈不念，封疆蹙；豈不惜，徽欽辱！念徽欽既返，此身何屬？千古休談南渡錯，當時只怕中原復。笑區區一檜亦何能，逢其欲！」（註十四）

嘉靖三十八年二月初，文徵明閱邸報、聽傳言及朋友轉告，正為王忬事憂悶煩惱之際，適逢張鳳翼將有雲間之行，衡門告別；文徵明遂錄前述滿江紅為贈，以壯行色，並發抒心中的抑鬱。這也是兩位好友間，最後一次文字交往。

二月二十日，文徵明為御史嚴杰的亡母書寫墓誌。他精神看來似乎很好，並無任何異樣。寫完後，周身有種說不出的倦意，隨即感到一片朦朧，就此擲筆而逝。

袁尊尼在「貞獻先生私諡議」中寫：

「清白守節曰貞，聰明叡哲曰獻。惟公志氣清明，神情朗瑩。博覽多識，妙悟旁通。學貫九流，藝窮三絕。自青衿而潔修，迄皓首而純固……」（註十五）

於是門弟子私諡文徵明為「貞獻先生」。

（全文完）

註一、〔文徵明集〕頁一四四三。

二、〔石渠寶笈〕續編冊二頁一〇二七。

三、〔文徵明集〕頁一三六六。

四、〔美術叢書〕集二輯六頁四二「鈐山堂書畫記」。
五、〔文人畫粹編〕册四圖七七、七八。
六、〔甫田集〕頁三五二。
七、〔文氏五家集〕卷十三頁十五。
八、〔甫田集〕頁三五二「己未元旦」。
九、〔石渠寶笈〕三編册七頁三一〇七「明文徵明江山初霽圖」後附詩。
十、〔蘇州府誌〕頁一九五七「張本」傳。
十一、〔弇州山人四部稿〕頁五一一「奏疏」。
十二、〔弇州山人四部稿〕頁四五八七「先考思質府君行狀」。
十三、〔文徵明集〕頁一三五一。
十四、〔文徵明集〕頁一二三四。
十五、〔文徵明集〕頁一六三七。

國家圖書館出版品預行編目資料

明四家傳 / 王家誠著. -- 初版. -- 臺北市 :
故宮, 民88
冊 ; 公分. -- (故宮文物月刊叢書 ; 3)
ISBN 957-562-345-2(一套 : 平裝)

1. 畫家 - 中國 - 明(1368-1644)

940.987 88003684

中華民國八十八年四月初版一刷
中華民國新聞局登記證局版臺業字第二六二一號

故宮文物月刊叢書③
明四家傳
(四)

發行人：秦孝儀
編輯者：國立故宮博物院編輯委員會
著者：王家誠
出版者：國立故宮博物院
中華民國台北市士林區外雙溪
電話：(〇二)二八八一二〇二一
劃撥帳戶：〇〇一二八七四—一號
印刷者：文盛企業有限公司
台北市廈門街三十四巷十九號
電話：(〇二)二三〇一七九八〇

GPN:020019880037